Horst M. Lapp
Heimat, deine Sünder

Horst M. Lapp

Heimat, deine Sünder

Wilhelm Heyne Verlag
München

Widmung

An alle Leser dieses Buches,
meine Bekannten und Freunde,
besondere Achtung und Verehrung;
auch an alle, die mich nicht mögen,
aber dennoch mein Buch lesen.

Mit dieser Ehre grüße ich auch
meine vielen Bekannten und Freunde
in der Bundesrepublik Deutschland.

Weiterhin widme ich dieses Buch
mit verehrendem Gruß
meinen Bekannten und Freunden
in vielen europäischen
und auch außereuropäischen Ländern.

Mein ganz besonderer Dank gilt
der Stadt Straßburg,
die bis zum heutigen Tage
die Zornkapelle (Jung Sankt Peter)
hegt und pflegt.
Dort liegen seit anno 1519
meine Vorfahren beerdigt.

Der Verfasser

3. Auflage

Copyright © 1987 by Autor
Copyright © 1989 by Wilhelm Heyne Verlag GmbH & Co. KG, München
Umschlaggestaltung: Atelier Ingrid Schütz, München
Gesamtherstellung: May + Co, Darmstadt
Printed in Germany 1989

ISBN 3-453-03970-X

Inhalt

Heimat, Deine Sünder

Der Mentor dieses Buches, Elmar Zimmermann, schreibt an den Autor und Verfasser dieser Lebensgeschichte.

Lieber Herr Lapp!

Heute, am 17. 6. 1987, habe ich die Arbeiten an Ihrem Manuskript abgeschlossen, und beim letztmaligen Durchlesen wurde mir nochmals bewußt, welch erstaunliches Werk Sie geschaffen haben. Der Duft, die Herbe der gestaltenden Innerlichkeit, die Zärtlichkeit einer nur Ihnen eigenen Zustandsbeschreibung von Menschen, Kreatur und Landschaft steigt in plastischer Vollendung aus manchmal wie zufällig hingeworfenen Worten.

Diese schöne Arbeit ist mir nicht schwer gefallen, weil wir beide in ähnlichen Gründen wurzeln.

Ich übergebe Ihnen nun dieses Manuskript in staunender Bewunderung für Ihre Fähigkeit, Leben unverblümt zu fassen, den Charakter ganz bestimmter Jahre in einer einmaligen Fassung gerinnen zu lassen, ganz behutsame Dinge der Nachwelt zu erhalten, die sonst im Sand der Gleichgültigkeit versickert wären.

Was immer mit diesem Text geschieht, er ist eine filigrane Köstlichkeit, gefüllt mit Schmerz, Wehmut, Zähigkeit, aber auch Hoffnung. Das Leben ist so schön, wenn man es wie Sie bewußt und in offener Anmut durchwandert.

Es war für mich eine enorme Arbeitsleistung, neben meinem Beruf her und den Schändlichkeiten täglicher Widerwärtigkeiten die Arbeit so rasch, in genau drei Monaten zu erledi-

7

gen. Sie werden's nicht glauben, aber ich habe durch Ihre Schrift menschlich selbst reichen Gewinn gehabt.

Dem ist alle knechtische Arbeit zu unterwerfen.

Keine Arbeit als zu gering erachten!

Heute würde ich sagen: Ich habe mich an einer köstlichen Quelle, an einem lauteren Brunnen gelabt.

In großer Dankbarkeit an meinen Mentor: Elmar Zimmermann

Heute, am 20. 6. 1987, durfte ich mit einer großen Freude das von Ihnen überarbeitete Manuskript „Heimat, deine Sünder" nach dreimonatiger Arbeit wieder an mich nehmen.

Nur durch Zufall habe ich Sie gefunden, es war ein wunderschöner Zufall, aber ich nenne es einfach Glück im letzten Moment.

Denn ohne Ihre Schaffenskraft wäre dieses Werk, wie Sie, lieber Herr Zimmermann, damals schon sagten, im Sande der Gleichgültigkeit leise und langsam versickert, womöglich für immer.

Ein bekannter Lektor teilte mir am 20. 3. 1987 bedauerlicherweise mit: Um es Ihnen gleich zu sagen, ich kann die Bearbeitung Ihres Buches nun doch nicht übernehmen. Ich habe es sorgfältig mehrere Male gelesen und bin von Ihrer Lebensgeschichte auch sehr beeindruckt. Aber die Art und Weise, wie Sie das Buch bearbeitet haben möchten – das erfordert Zeit und einen großen Arbeitsaufwand. Das würde bedeuten, daß ich mindestens 2-3 Monate damit beschäftigt wäre und in der Zwischenzeit meine Rundfunk- und Fernseharbeit sehr vernachlässigen müßte. Das kann ich nicht. Im übrigen halte ich Ihre Geschichte besser geeignet für eine Fernsehproduktion. Für mich ist diese Sache zu umfangreich, aber ansonsten stehe ich Ihnen gerne zur Verfügung.

Mit vorzüglicher Hochachtung u.s.w.

Daraufhin ließ ich mir noch weitere Leseproben von verschiedentlich guten Leuten anfertigen, aber ich merkte bald, daß man einfach mit diesem Boden verwachsen sein mußte, um überhaupt darüber schreiben zu können.

9

Aber, lieber Herr Zimmermann, bei Ihrer Schriftprobe wußte ich sofort, daß ich jetzt endlich den richtigen Mann für meine Sache gefunden habe.

Auf dieser Seite möchte ich Ihnen und Ihrer Familie meinen großen Dank aussprechen, denn Sie, lieber Herr Zimmermann, waren ja letztlich auch der Geburtshelfer von meinem Buch, also von der Heimat und von den Sünden und deren Sünder.

In Ehre und Dankbarkeit

Ihr Horst M. Lepp

Heinz A. Feuerbaum

Im Juli des Jahres 1987 hatte ich die Gelegenheit, in einer alten Mühle am Ende des Oberlangenbachtales, in der Nähe von Wolfach im Schwarzwald, das Manuskript zu dem Buch HEIMAT DEINE SÜNDER von Horst Lapp zu lesen.

Nach einem flüchtigen Durchblättern des Skripts begann ich mich mit den ersten Seiten zu beschäftigen. Schon nach wenigen Seiten vergaß ich, daß der Autor mich gebeten hatte, einen Kommentar über diese Urschrift zu schreiben. Ich las und las und die Spannung wurde immer größer. Die Anteilnahme an dem Los des Schwächeren, an dem lachenden Erdulder, an dem kleinen pfiffigen Burschen mit seinen arglosen Tricks, an dem Jüngling mit seiner sympathischen Offenheit, an dem jungen Mann, der seine Tragik mit Scherzen verdeckte, brachte die Dramatik, die fast zu einem Lesedrama wurde.

Als ich das Manuskript zur Seite legte, wußte ich, daß dieses Buch keines Kommentares bedarf, es muß gelesen werden.

Bei den Feindbuben im Elsaß.

Woher ich komme, weiß ich bis heute nicht so recht. Wenn sich Vater und Mutter unterhielten, fiel hin und wieder das Wort Kehl am Rhein. Dort sei ich geboren, hieß es dann auch, aber derlei war für unsereiner unwichtig. Nebensächlicher Plunder, dummes Zeug! Nur die Reichen wissen genau, wo sie her sind, mit Stammbaum und so.

Die hängen dann im Salon, fein eingerahmt. Eine Eiche ist auf Elefantenhaut gemalt, und die Wappen mit den Vorfahren sind vergoldet, die Namen in gotischer Schrift piekfein. Um solches Zeug haben wir uns nie gekümmert. Wir waren immer froh, daß wir etwas zwischen die Zähne bekamen. Auch so was wie mein Geburtstag war absolut unwichtig. Auch das Jahr, in dem man mich gemacht hat, habe ich lange nicht gewußt. Irgendwann habe ich es dann mal aufgeschnappt. Das hat sich dann als wichtiges Ereignis in meinen Schädel gebohrt. Denn alle hatten sie ihren Geburtstag, und der war immer nahrhaft. Also hatte auch ich meinen Geburtstag zu haben, als ich in die Jahre kam, in denen man merkt, daß man auch wer ist. Denn so unwichtig war unsere Familie auch wieder nicht. Mein Vater war schließlich am Flughafen von Hagenau beschäftigt. Das ist im Elsaß, und ich nehme an, daß er uns gelegentlich auch dorthin mitnahm, Weib und Kinder, wie sich's gehört. Daß er von Kehl weggezogen ist, das ist so sicher wie das Amen in der Kirche, aber warum wir dann ganz schnell gegangen sind, das hat mir nie jemand gesagt. Ich war ja damals noch ein ganz kleiner Bub, und im Gedächtnis ist von jener Zeit nur ein Loch geblieben. Von der Zeit in Straßburg ist mir auch fast alles entfallen. Wir waren schon eine nette Weile dort gewesen. Da ist es auch mit meinem Gedächtnis besser geworden, zumal ich eines Tages zur Schule gehen mußte. Das ist nötig, hat es geheißen, sonst bleibt man dumm. Jeden Tag dort seine Zeit absitzen, das war hart, fast nicht zu ertragen. Noch schlimmer aber war, daß es dort zweierlei Kinder gab.

Man hat es uns unter Androhung von allerlei Firlefanz beigebracht, daß wir nur mit deutschen Kindern laufen dürften, mit deutschen Kindern zu spielen hatten. Deutsch bis ins Mark, deutsch über alles in der Welt. Und ich war ein deutscher Junge, wenn ich auch von außen wie jeder andere ausgesehen habe.

Dabei hatte ich doch einen so saumäßig langen Schulweg, das dauerte so richtig eine Ewigkeit, mindestens eine halbe Stunde oder auch noch länger. Wenn man keine Uhr hat, liegt einem der Zeitbegriff im Urin. Eine Uhr hätte mir sowieso nichts genutzt, ich hätte sie ja doch nicht lesen können. Und so bin ich halt hingetrampelt, immer schön allein, denn die Elsässer Kinder waren unsere Feinde, so hat's mir unser Schullehrer beigebracht, und der mußte es ja wissen.

Denn so ein Lehrer, der weiß alles, kann alles, hat immer das letzte Wort. Mit dem mußte man sich gut stellen, sonst hatte man's verschissen, und dann zog man ohnehin den kürzeren. Also waren die Elsässer Buben meine Feinde, und wenn mir einer unterwegs rief, tigerte ich los und dachte an die finsteren Blicke unseres Lehrers, mit dem ich es nicht verschissen haben wollte. So einen Lehrer muß man mehr fürchten als einen Feind.

Ich wußte allerdings nicht, was überhaupt ein Feind ist. Jedenfalls machte ich immer ein freudig erregtes Gesicht, wenn ich „Feind" hörte, im Gegensatz zum Lehrer, der sich künstlich aufregte, wenn er das Wort in den Mund nahm und eine gräßliche Visage zeigte. Feinde, die hatte ich so lieb, denn die meinten's doch so gut mit mir, die haben mit mir gespielt, die haben mir erzählt, mit denen bin ich nach der Schule an den Bach gegangen, bei denen war immer was los. Und hat nicht der Pfarrer schon in der ersten Religionsstunde unaufhörlich gesagt, man sollte seine Feinde lieben? Das habe Jesus gepredigt, und den mochte ich auf Anhieb. Ein toller Bursche ist das.

Also am Bach, da war's immer herrlich, erstklassig, und die Feindbuben haben mir alles mögliche gezeigt, zum Beispiel, wo es Krebse hat, wie man Forellen fängt, daß man da baden kann. So richtig frei bin ich mir bei den Feindbuben vorgekommen, ehrlich. Und oft habe ich gebetet: Lieber Gott, schenke mir für die Freizeit viele Feinde, nur laß es meinen Lehrer nicht wissen, der mit Feinden halt nichts anzufangen weiß. In solchen Momenten tat er mir richtig leid, wo er doch so viel wußte.

Und die Elsässer Frauen, die haben am Bach gewaschen. Hei, das war ein Lachen, ein Gequatsche, und wenn wir vorbeikamen, haben sie uns manchmal etwas geschenkt. So Gutsele oder ein Stück Brot. Prima Weiber waren das, gar nicht böse, auch wenn wir sie ärgerten. Manchmal habe ich einen Stein genommen und ihn vor die Wäschefrauen ins Wasser geschmissen. Wenn's dann so richtig geklatscht hat, wenn denen so eine saumäßige Ladung Wasser ins Gesicht geflutscht ist, haben sie schon mal gemault und einen Finger gemacht. Wir sind halt dann meist fortgesprungen, aber tags darauf war's von denen vergeben und vergessen. So wahr ich das schreibe. Prima Weiber waren das, meine Hochachtung ist ihnen immer noch sicher.

Manchmal war's uns auch stinklangweilig, den Feindbuben und mir, meine ich. Da haben wir uns dann an die Wäscherinnen herangeschlichen, haben uns ein Hemd oder eine Hose geschnappt und haben das Ding wie einen Schwan das Flüßlein hinunter schwimmenlassen.

Dazu haben sich besonders die grauen Bettücher geeignet, wenn man vorher eine Luftblase einfing. So was machte Spaß, und unter den Feindbuben gab es geschickte Burschen. Von denen konnte ich was lernen, mehr als in der Schule.

Auch Flieger kamen dahergedonnert, zum Greifen nahe. Die flogen so tief, daß ich oft meinte, sie würden die Häuser und Bäume glatt abrasieren. Und einen Krach machten die, daß man sein eigenes Wort nicht mehr verstand. Das hat so richtig in den Ohren gedröhnt. Wir brüllten uns dann aus Leibeskräften an. Und beim Schleichen zur Wäsche der Weiber war dieser Lärm besonders günstig.

Hinterher heulte meist dann die Sirene, so rauf und runter, ganz hysterisch. Doch kaum legten sie los, waren die schönen großen Flieger schon wieder weg.

Immer wieder trieben wir das Spiel mit den Waschfrauen. Anschleichen, Wäsche reinwerfen, zuschauen, wie sich die Segel blähten, wie die Weiber rannten, um die weißen Prachtstücke wieder zu retten. Das machte gewaltigen Spaß, und man glaubt gar nicht, welche Schnelligkeit Frauenbeine entwickeln können, wenn's um die Wurst geht. Die waren wirklich immer topfit am Flüßchen, das Ill hieß.

Wenn's für die Weibsbilder zu brenzlig wurde, wenn die Lage hoffnungslos schien, zeigten wir uns als wahre Ritter in höchster Not. Mit langen Stangen, die so herumlagen, haben wir die Tücher selbst ans Ufer gezogen. Das war für uns besonders lukrativ, denn aus Dankbarkeit kamen wir dann an wunderbare Gutsele, Äpfel oder Küchle 'ran. So ganz freiwillig haben uns die Frauen die geschenkt, und die schmeckten natürlich viel besser als die von daheim. Kurzweilig war das, solche Spiele nach der Schule, die sich zunehmend bis spät in die Abendstunden ausdehnten. Und wenn mich die Mutter daheim zur Rede stellte, da half mir meine Phantasie über alle Schwierigkeiten hinweg. Aufgefallen ist mir nur, daß die fremden Gesichter häufig wechselten.

So verging die Zeit: Ich wuchs wie ein junger Hund, und auch im Kopf kamen die Zusammenhänge immer besser heraus.

Ein Erlebnis hat sich ganz tief in mein Gedächtnis eingeritzt. Das war so: Meine Schwester spazierte mit mir an einen Baggersee, und ich wollte natürlich alles aus der Nähe sehen. Vorwitzig war ich schon immer, und so beugte ich mich von einem Felsen übers glitzernde Wasser, um einen Fisch zu erspähen. Prompt verlor ich das Gleichgewicht, es platschte mächtig und ich schwadderte instinktiv wie ein Frosch, während die Kälte in meinen Körper kroch und das Wasser Hustenreize verursachte. Das Geschrei meiner Schwester rief den Wachtposten einer in der Nähe liegenden deutschen Kaserne auf den Plan, der sofort Alarm schlug. Ein junger Soldat sprang ins Wasser und zog mich ans Ufer, wo man mich gottlob wieder in dieses Leben zurückbeförderte. Die haben mich dann auf den Kopf gestellt und an mir herumgedrückt, mir ins Maul geblasen, gewerkelt und gewirtschaftet, bis meine Pumpe wieder funktionierte. Das waren Fachleute, die kannten sich aus.

Aber geblutet habe ich wie eine Sau. In meinem Unterkiefer war ein langer, tiefer Schnitt. Man hat mich sofort zu einem Arzt gebracht, der mich richtig zusammennähte, so wie's die

Mutter mit den löchrigen Strümpfen machte. Das waren vielleicht Schmerzen, aber die Wunde ist wieder zusammengewachsen. Nur eine Narbe ist geblieben bis zum heutigen Tage. Doch die tut nimmer weh.

Nie habe ich ihn vergessen, diesen unbekannten, lieben Soldaten, der einfach wegen mir ins Wasser sprang. Wer macht denn schon so etwas für andere? Der hat mir todsicher das Leben gerettet. Nein, das verstehe ich nicht, bis zum heutigen Tage. Über diesen Glücksfall habe ich immer wieder nachgedacht, in guten und in schlechten Tagen. Manchmal hatte ich eine Wut auf meinen Retter. Der ist schuld, sagte ich mir, daß es mir so dreckig geht, wegen dem muß ich leiden und dulden.

Aber Glück habe ich zwischendurch auch immer wieder gehabt, und das verdanke ich zweifellos diesem feinen Soldaten. Der muß mich einfach geliebt haben. Man rettet doch nicht einfach einen wildfremden Menschen aus einem Baggersee. Und doch hat er's getan, ein wunderbarer Mann.

Wo ist er wohl geblieben, dieser Lebensretter?

Hat man's ihm auch mal gedankt?

Wurde er vielleicht auch mal gerettet?

Ich preise ihn, den Guten, ihm bin ich dankbar, mein ganzes Leben lang.

Fast ein Jahr haben wir im Elsaß gewohnt. Straßburg ist eine wunderschöne Stadt. Leider mußten wir dann fliehen, vom Westen in den Osten. Das klingt urkomisch, war aber so. Denn die Fliegerangriffe wurden immer häufiger. Da lagen mit einem Mal Soldaten auf der Straße herum, und wir Buben wunderten uns, daß sie nicht mehr aufstanden.

Wir dachten nämlich, daß sie nur schlafen würden, oder vielleicht hatten sie auch zu viel getrunken. Das Wort Tod war für mich kein Begriff.

Komisch war nur, wenn sie in Blutlachen lagen, das Maul schmerzvoll aufgerissen, mit verzerrten Gesichtern, aschfahl, die Augen starr. Da packte mich die Neugierde, aber auch die Angst schlich in mich hinein. Antwort gaben die ohnehin nicht mehr, auch wenn wir sie schüttelten, und dann wurde es mir unheimlich.

Ich wollte der Sache auf den Grund gehen und setzte mich einfach daneben, oft über eine Stunde lang, bis man die Burschen, steif wie ein Brett, mit Hilfe von zweirädrigen Karren abtransportierte. Da waren auch Frauen und Kinder drunter. Wenn Entwarnung gegeben wurde, hat man sie aufgeladen, und immer noch haben sie geschlafen.

Ich bin dann neben den Wagen hergelaufen, und wenn sie geblutet hatten oder tiefe Wunden hatten, habe ich sie gestreichelt und getröstet.

Aber die haben geschwiegen, und die Transporteure haben mich schließlich verjagt.

So wollte ich selbst nicht daliegen, so schweigend, so stumm.

Das mußte mit den Fliegern zusammenhängen. Darum versteckte ich mich augenblicklich, wenn es Fliegeralarm gab. Ich verschwand in einem Haus, im Keller, hinter einem Vorsprung, denn kaum waren die Flieger da, da hat es auch ganz anständig gerumpelt. Manchmal hat mich auch mein Bruder Herbert, der ein paar Jahre älter war als ich, nachts aus dem Schlaf geschüttelt und mich auf den Speicher geschleppt. Wir gingen dann leise an die Dachluke und starrten in jene Himmelsrichtung, wo es rumpelte und krachte, wo rote Feuerberge am Horizont aufbrandeten. Der grollende Donner klang ähnlich wie ein Gewitter. Herbert erzählte dann, daß Krieg sei und daß man sich gegenseitig umbringen würde. Doch Krieg und Tod, das habe ich nie verstanden, da kam ich einfach nicht mit. Ich war ja noch klein.

Manchmal marschierten Soldaten am Haus vorbei, schön geordnet in Reih und Glied. Sie sangen flotte Lieder, das klang einfach schön.

Mein Bruder und ich rannten dann aus dem Haus und staunten über so viel Ordnung, über die festen Tritte. Wir rannten hinterher, viele Kilometer, bis sie in die Kaserne einbogen.

Soldaten, das waren meine Lieblinge. Hatte mich nicht ein lieber, braver Soldat aus dem dunklen, grauen Wasser ans Licht gezogen? Hatte der nicht mein Leben gerettet?

Und wenn ich mich mit meinen Geschwistern gestritten habe, habe ich mich so herumgetrieben, bis ich einen Soldaten fand, dem ich von meinem Leid berichten konnte.

Mein größerer Bruder, der hat mich nämlich oft gehänselt, bis es zum Krach kam. Gleich hat er mich gepackt und im

Ringkampf besiegt. Ich konnte nichts machen. Der Ältere sei halt stärker, hat's geheißen. Dabei habe ich mich so angestrengt, aber die Kraft hat nicht gereicht.

In der Schule gefiel es mir auf einmal, da ging es plötzlich interessant zu. Kurzweilig ist eigentlich das richtige Wort, denn kaum hatte der Lehrer seine Geschäfte mit uns begonnen, gab's Fliegeralarm. Juchheisasa, auf ging's in den Keller. Wir durften sogar rennen, wo man sonst so gesittet und brav im Schulhaus zu gehen hatte. Der Lehrer war meist der vorderste, wenn's losging, und kaum hatten wir uns in dem Gewölbe versammelt, schob er mit zitternden Händen die zwei schweren Riegel vor uns, saß dann käseweiß und ängstlich zwischen uns, wenn es draußen rumpelte. Oft haben die Mauern gewackelt, die Lampe an der Decke spendete nur kümmerliches Licht.

Dieses mickrige Lämplein war eine Sache für sich. Oft hörte es nämlich ganz auf zu brennen, und wir saßen im Dustern. Direkt hinter der Tür hielt ich mich auf. Das hatte nämlich den Vorteil, daß ich nach der Entwarnung sofort hinauf auf die Straße eilen konnte, und dort war immer etwas geboten. Schreiende Leute hatten grauslige Wunden, andere humpelten lächerlich herum, daß es gar kurios aussah.

Viele Häuser waren nach dem Fliegeralarm total verändert, Wände waren heruntergestürzt, man konnte die Stockwerke von außen sehen. Besonders die Küchen und Wohnzimmer boten sich dar wie in den Puppenstuben, mit denen die Mädchen spielten. Waren die Treppen noch intakt, konnte man da hoch- und 'runtersausen, ohne daß einem jemand daran hinderte. Interessant war das, hochinteressant.

Mit der Zeit durfte ich schon gar nicht mehr hingehen zur Schule.

Es sei zu gefährlich, hieß es. Aber das war mir dann auch egal, ich wußte sowieso nicht, was ich dort bei dem langweiligen Lehrer sollte. Ich habe in der Schule ohnehin meist geschlafen, denn so ein Lehrervortrag ist das beste Schlafmittel. Und da ich daheim auch ein-, zweimal in der Nacht wegen der Flieger aufstehen mußte, hatte ich natürlich am Tag Schlaf. Das verstand auch der Lehrer, wenn er mich gelegentlich weckte. Also nobel war der, manchmal ließ er mich auch weiterschlafen.

Ganz in der Nähe meines Elternhauses war ein riesengroßer Keller. Bunker hat ihn meine Mutter genannt, und wenn sie uns dorthin geschleppt hatte, mußten wir oft stundenlang in dem Mief sitzen.

Das war natürlich auch langweilig, und während der Angriffe fingen manche Leute zu heulen an, so ganz frei heraus. Die genierten sich nicht.

Unsere Mutter war da großartig. Sie hat uns immer gesagt: „Bald ist alles vorüber." Dabei hat sie uns gestreichelt. Oft hat sie zwar nicht recht gehabt, aber geglaubt haben wir ihr immer. Oft habe ich auch meine Mutter daheim erwischt, wie sie vor dem Volksempfänger saß, besonders nachts. Da sind Männerstimmen und schöne Musik 'rausgekommen. Komisch war nur, daß uns die Mutter fortjagte, wenn sie uns bemerkte. Sie gönnte uns doch sonst alles. So eine tiefe, gewaltige Männerstimme ist doch etwas Schönes, auch wenn sie nur leise aus dem kleinen schwarzen Kasten herauskommt. Und erst die Musik.

Später, als wir schon groß waren, hat sie uns gesagt, daß sie damals den Schwarzsender gehört habe, und so etwas tue ein anständiger Mensch nicht, hätten sie gesagt, die senfgelbe Uniformen mit tollen Stiefeln trugen.

Weiß der Teufel, was so ein Schwarzsender ist und warum wir Kinder ihn nicht hören durften. Nannte man ihn vielleicht deshalb so, weil das Radio auch schwarz war?

In den folgenden Tagen und Wochen spürte ich instinktiv, daß etwas nicht stimmte. Vater kam hin und wieder nachts heim und hat mit Mutter lange Gespräche geführt. Ich habe mit meinem älteren Bruder an der Kammertüre gelauscht, aber gehört haben wir so gut wie nichts. Drum sind wir wieder hinauf auf den Speicher gestiegen und haben von dort den wunderschönen roten Himmel bewundert und das aus der Ferne immer stärker werdende Donnergrollen so richtig genossen. Da war was los, da waren wir in unserem Element. Nächte im Bett empfand ich sowieso als langweilig.

Tagsüber sind wir zusammen auf die Pirsch gegangen, haben uns mit Hunden und Katzen angefreundet. Die haben sich an uns gewöhnt und sind uns buchstäblich nachgesprungen. Wir haben sie dann mit nach Hause genommen und in der Waschküche mit ihnen gespielt. Wir konnten es einfach nicht verstehen, wenn Mutter darüber schimpfte, die war doch sonst nicht so. Um sie nicht zu beunruhigen, haben wir die Tiere heimlich geholt, gestreichelt, ihnen etwas zu fressen aus der Küche geholt. Das war ganz einfach. Ich nahm meinen Geschwistern ein paar Löffel aus ihren Tellern, trug den meinen dann gefüllt zu den lieben Freunden und konnte mich nicht sattsehen, wie sie darüber herfielen. Einmal hat mich die Mutter bei meinen Geschäften erwischt und ausgerechnet den großen, lieben Hund fortgejagt, auf den ich besonders scharf war. Sie hat immer gemeint, so ein Hund könnte mich beißen, die Katzen würden mich kratzen. Derweilen hatten die doch Freundschaft mit mir geschlossen, liebten mich.

Gerade der wunderschöne Hund, der nur ein Auge hatte und so mager war, daß er wie ein Strich aussah. Der war so einsam wie ich und freute sich doch auch, daß er einen Kumpel hatte. Nein, ich verstand meine Mutter nie. Der arme Hund hatte ja nicht einmal ein Zuhause. Da ich seinen Namen nicht kannte, habe ich ihn einfach Wolf genannt, weil ich das Märchen vom Rotkäppchen noch in Erinnerung hatte. So richtig hat der Name zwar nicht gepaßt, denn mein armer Hund war so lieb, so anschmiegsam, besonders, wenn er mir meine Hand leckte. Nein, böse wie der Wolf im Märchen ist er gar nicht gewesen. Oft sind wir nur zusammengesessen und haben uns angeschaut drunten im Garten, viele Stunden lang. Wir haben uns so gut verstanden, daß ich bei meinem Wolf hin und wieder eingeschlafen bin. Beim Fliegeralarm hat er sich geduckt und sich ängstlich an mich geschmiegt. Dann hat auch sein Zittern aufgehört, besonders, wenn ich ihn streichelte und ihm alle meine Zärtlichkeiten ins Ohr flüsterte. Ich glaube sogar, daß er mich verstanden hat. Jedenfalls hat er so getan.

Schöne Stunden habe ich mit ihm verbracht, meinem Wolf. Nie werde ich sie vergessen.

Aber mit einem Schlag war's aus, meine Freundschaft zu meinem lieben Wolf war dahin. Er blieb nämlich plötzlich weg, so ganz einfach kam er nicht mehr. So unruhig und traurig ich ihn auch suchte, so zärtlich ich seinen Namen rief. Weg war er, für alle Zeiten.

War er ums Leben gekommen?

Oder hatte er gar sein zweites Auge auch noch verloren?

Alle Straßen habe ich abgeklappert, immer wieder hat es mich durch die Gassen getrieben. Ich konnte ihn nicht mehr finden. Meinen Spielkameraden versprach ich die schönsten Griffel, wenn sie ihn mir brächten. Mit Leichtigkeit hätte ich den ganzen Schulranzen nebst Inhalt hergegeben, wenn ich nur meinen Wolf wieder gehabt hätte, meinen wunderschönen, einäugigen Spielkameraden.

Ich konnte es einfach nicht glauben, daß er mich, mir nichts, dir nichts verlassen hatte. Und wenn er mich auch so suchte, wie ich ihn? Es war nicht auszudenken.

Manchmal glaubte ich, ihn gesehen zu haben, so von hinten sehen viele Hunde ja gleich aus. Aber weg war er. Den sah ich nie wieder.

Mit der Zeit freundete ich mich wieder mit anderen Hunden und Katzen an. Aber so gut wie der Wolf war keiner mehr. Einen solch guten Kameraden findet man nur einmal im Leben.

Der Betrieb auf den Straßen wurde immer rasanter. Soldaten waren auf Lastkarren gepackt, auch ältere Männer in größeren Gruppen staksten auf Fahrrädern durch die Straßen. „Die müssen den Feind aufhalten", sagte meine Mutter. Das Besondere an diesen Fahrrädern war, daß an den Lenkstangen dicke Rohre hingen. Manche Männer hatten solche auch um den Hals hängen. Mit diesen merkwürdigen Dingern könnte man Panzer abschießen, erklärte mir meine Mutter.

Da gab es aber auch Soldaten, die keine solchen Dinger hatten. Das waren freundliche Menschen, die mir oft etwas schenkten, Schokolade oder ganz schwarzes, gutes Butterbrot.

Diese Soldaten hatten auch schönere Uniformen, keine so braunen Kutten mit Käppchen, nein, die trugen Stahlhelme, die Füße hatten sie in richtige Stiefel gesteckt, und der Stoff von Kittel und Hose war unauffällig grau.

Oft standen diese Soldaten stramm vor ihrer Kaserne. Die waren so erstarrt wie Eiszapfen, daß ich glaubte, in den Uniformen steckten gar keine richtigen Männer. Vielleicht müßte man irgendwo an einer Schnur ziehen, so glaubte ich, daß sie sich dann bewegten. Aber da stand meist so einer vorne dran mit silbrigem Zeug am Ärmel. Der quetschte ein paar Wörter aus dem Maul, und schnurstracks bewegten sich alle, als ob sich die Räder einer Lokomotive in Bewegung setzen würden. Jeder Schritt, jeder Handgriff war haargenau, wie abgezirkelt.

Oft habe ich mich auch vor einen solchen Soldaten hingestellt und gemerkt, daß es doch ein Mensch war. Er hat geschnauft wie ich, und manch einer von ihnen ist auch mein Freund geworden.

Wirklich, diese Soldaten waren meine besten Freunde, die freuten sich, wenn man von ihnen Notiz nahm.

Als es kälter wurde, kamen auch manchmal ganze Scharen von schönen, jungen Mädchen mit schwarzen Röcken, weißen Hemden und geflochtenen Krawatten. Am besten aber gefielen mir die mit den dicken, langen, blonden Zöpfen. Einzelne kamen zu uns ins Haus und halfen der Mutter beim Wäschesammeln, die man an arme Menschen und an die Soldaten schicken wollte. Das hat mich sehr gerührt, denn die Soldaten waren ja meine Freunde. Glatt hätte ich für die meine Kleider vom Leib gerissen, wenn mich die Mutter nicht daran gehindert hätte. Ich habe dann geweint, denn immer habe ich gehört, daß die Soldaten bei der Kälte im Schnee frieren würden. Sie könnten dann mit ihren klammen Fingern nicht schießen.

Mutter hat mich dann beruhigt. Es gäbe gar keine so kleinen Soldaten, keinem würden meine Kleider passen. Ich hab's aber nicht glauben wollen.

Die Hektik daheim ging mir zunehmend auf die Nerven. Dieses Durcheinander, die Horcherei am kleinen, schwarzen Radio, das Flüstern hinter der vorgehaltenen Hand! Und uns Kinder hat man immer weggeschickt. Kein Wunder, daß ich immer wütender wurde.

So nebenbei habe ich dann auch erfahren, daß wir bald wegziehen würden. Darüber freute ich mich, denn mein Freund Wolf war vielleicht auch weggezogen, der war ja ohnehin klüger als ich, und so könnte ich ihn vielleicht wieder finden.

Auch die Hühner und Hasen wollte ich mitnehmen beim Umzug. Erzählt habe ich das niemand, denn die hätten mich glatt für verrückt erklärt. Immer hat's geheißen, ich würde sowieso nichts verstehen. Immer haben die hinter meinem Rücken verhandelt, derweilen ich mich um die Hühner und Hasen kümmerte. Das waren auch liebe, gute Geschöpfe. Die hörten einem auch richtig zu und haben auch einen richtig verstanden, denen hat man die Freude so richtig angemerkt, wenn man sie ernst nahm. Niemals hatten wir Streit miteinander. Unser Viehzeug, das waren meine wahren Freunde. Drum habe ich auch oft bei meinen lieben Tieren geschlafen, abwechselnd, damit sie ja nicht aufeinander eifersüchtig würden.

Die großen Hasen haben mir im Schlaf mächtig imponiert, und die Hühner waren auf ihren Stangen wahre Künstler. Die standen auf einem Bein und fielen nicht herunter.

Eines Tages war es dann soweit. Mutter rief uns nach dem Mittagessen zusammen und verkündete, daß wir noch heute nacht wegziehen würden. Sie befahl uns, die Schulranzen zu leeren, die Gute. Da hatte ich ohnehin nicht viel drin, denn mit dem komischen Kruscht, den man mir aufgeschwatzt hatte, konnte ich ohnehin nichts anfangen. War das eine Freude. Endlich ging's auf und davon mit den Hasen und Hühnern, und nach meinem Wolf hatte ich mordsmäßig Sehnsucht. Den Inhalt meines Schulranzens habe ich einfach in die Besenkammer gekippt. Das ging reibungslos. Aber als ich meine Hasen und Hühner einpacken wollte, zog mich die starke Hand der Mutter ins Haus. Bald käme der Feind, meinte sie. Gerade deshalb müßte ich doch meine lieben Tiere mitnehmen, denn schon der Lehrer habe mich doch schon immer vor den Feindbuben gewarnt.

Aber dann fiel mir wieder ein, was für feine Kameraden die Feindbuben gewesen waren. Der Lehrer war ein Schwindler, das wußte ich jetzt genau. Und ich hörte auch nicht auf die Mutter, die eben jetzt behauptete, daß es keine guten Feinde gäbe. Jetzt schwindelte die auch noch, habe ich gedacht, und wenn die Feinde meine Tiere finden würden, ginge es ihnen sicher so gut wie bei mir. Und so ging ich willig mit der Mutter ins Haus und stopfte wie meine Geschwister Kleider in meinen Schulranzen. Dann rannte ich noch einmal schnell auf den Abort und schloß mich von innen ein.

„Und wenn der Feind gar nicht kommt? Wenn meine Viecher eingesperrt bleiben und verhungern?" Das durfte nicht sein. So etwas Schäbiges war nicht in meinem Sinn.

Ich kletterte darum durchs Lokusfenster und kletterte an der Dachrinne zu meinen lieben Tieren herab, öffnete die Ställe und setzte einen Hasen nach dem anderen ganz lieb zur

Erde herunter. Es war, als strichen sie noch einmal mit ihren Köpfen über meine Hand, bevor sie weghüpften. Ich glaube sogar, daß sie mir zuzwinkerten, als sie in den Wald liefen. Und die Hühner konnten sich in Nachbars Garten gütlich tun, ohne daß sie jemand verscheuchte. Mir war jetzt so richtig wohl.

Es war schon nicht mehr so richtig hell, gerade war die Sonne wie ein gelber Eidotter im Westen abgesackt. Der letzte Hase zuckelte aus meinen Händen, während die Hühner beharrlich auf ihrer Stange sitzen blieben und ihre Köpfe in den Flügeln versteckten, grad' so, als hätten sie Angst. Ein letzter Blick ringsum. „Hoffentlich findet ihr einen feinen Platz", flüsterte ich den Hasen zu, „und ihr, ihr lieben Hühner, ihr werdet morgen schon euren Weg machen".

Ich schmuggelte mich von oben ins Haus, und dort hatte die Mutter gerade die Aborttüre eingedrückt. Sie hatte tatsächlich geglaubt, mir sei etwas passiert. Sie schimpfte nicht schlecht, aber ich nahm das gerne hin, denn ich hatte die wichtigste Arbeit der Welt verrichtet.

Mutter hat sich bald wieder beruhigt. Schließlich war noch so vieles zu erledigen. Meine Geschwister brachen immer wieder in Tränen aus, und Mutter strich sich mit dem Schurz über die entzündeten Augenlider. Dann saßen wir unendlich lange da bei der Mutter in der Küche, die immer wieder auf das Kalenderblatt starrte und immer wieder flüsterte: „Dieser November 1944 wird unser Leben ändern." Vom vielen Sitzen war ich so richtig steif geworden. Und dann kam der Lastwagen doch nicht, um uns abzuholen. Die Nacht war tintenschwarz und bedrohlich. Ein paarmal ging Mutter auf die Straße hinunter. Dann kam sie wieder herauf und sagte uns, daß wir nun doch erst morgen weggehen würden.
Die letzte Nacht in Straßburg!

Allein stand ich am Speicherfenster, und der Himmel war buchstäblich blutig. So rot war er noch nie gewesen, und auch der Donner rollte so gewaltig, daß ich richtig staunte. Dieser Feind, dachte ich, der hat 'was los. Wenn ich jetzt dableiben dürfte, würde ich den Feind kennenlernen, ich würde ihn fragen, wie er wohl so famos donnern konnte, wie er den Himmel so schön rot machen kann. Da könnte ich doch 'was lernen. Vielleicht sollte ich doch noch einmal die Mutter fragen, ob sie's mir erlaube, da zu bleiben. Aber ich fürchtete, sie würde mich ausschimpfen und mir wieder sagen, daß der Feind böse sei und daß sie ihn nicht leiden mochte. So blieb mir nichts anderes übrig, in dieser letzten Nacht, als den geschickten Feind tief zu bewundern, der meine Augen und Ohren so verzaubert hat.

Schließlich bin ich müd' geworden. Ich hab' mir den Schlaf aus den Augen gewischt und bin hinunter ins Schlafzimmer geschlichen.

Blitzschnell war es Morgen, und ich war ganz aufgeregt, denn jetzt ging ja die Reise los. Wie sehr ich auch Mutter plagte, sie nannte mir einfach kein Reiseziel. Aber es ist natürlich möglich, daß sie's selber nicht gewußt hat.

Wir saßen noch einmal alle in der Küche, und Mutter sagte: „Kinder, eßt euch satt, denn vor dem Abend kriegt ihr nichts mehr!"

Aber woher den Hunger nehmen, wenn's wie ein Mühlrad durch meinen Kopf geht. Mir war ganz konfus, tausenderlei Dinge wollte ich noch erledigen, zum Beispiel nach meinen Hühnern sehen, die Hasen im Wald besuchen, den Feind beobachten.

Dieses fürchterliche Durcheinander! Das machte mich fix und fertig. Meine Geschwister weinten ununterbrochen, und Mutter war aufgeregt wie noch nie. Mir war alles so unverständlich, ich wußte gar nicht mehr, wo vorne und hinten war.

Wenn ich jetzt meine geliebte Odesa gehabt hätte, die aus Rußland gestammt hat und mir immer in meinen schweren Stunden beigestanden ist. Die hätte mir sicher geholfen und mich getröstet, dieses liebe Dienstmädchen, mit der man Äpfel stehlen konnte. Die hätte mich jetzt gestreichelt, und ich wäre ganz ruhig geworden, wie ich noch von früher wußte. Ja, Odesa war ein Schatz, sie ist mir immer in den schweren Stunden beigestanden. Sie hatte eine weiche Stimme, die ich so mochte. Jetzt erst merkte ich so richtig, daß sie nicht mehr da war. Aber die war ja vor ein paar Tagen plötzlich abgeholt worden, und auch Mutter wußte nicht, wo man sie hingebracht hatte.

Meine liebe Odesa, bei der hatte ich einen Stein im Brett. Wenn ich etwas angestellt hatte, hielt sie zu mir und hat mich nie verraten. An der habe ich viel verloren. Sie hat auch mit mir gebetet. Was sie sprach, konnte ich nicht verstehen, aber ihre Augen waren so milde, wenn sie vor meinem Bett kniete und mich fest an sich drückte. Dann hatte sie Tränen in den Augen, obwohl ich sie doch gar nicht geärgert habe.

O du liebe Odesa, wenn ich dich jetzt hätte.

Was nützte es mir, daß ich die allerschönsten Kleider von der Mutter angezogen bekam? Auch die besten Schuhe wurden herausgekramt. War das eine Aufregung! Zuletzt schloß die Mutter noch die Türen ab.

Im Hausgang unten warteten wir auf das Auto, das so um die Mittagszeit herum kam. Mutter war wieder ganz aufgeregt und sagte mit tränenumflorter Stimme: „Jetzt, Kinder, ist es soweit, der Lastwagen ist da!"

Die Fahrt von Straßburg über den Rhein endet im Schwarzwald.

Es regnete, als ob man kübelweise das Wasser über uns schütten würde, als wir unsere Habseligkeiten durch den Garten auf die Straße schleppten. Einige Schritte vom Haus entfernt stand ein offener Lastwagen. Zwei große Soldaten kamen uns entgegen, einer nahm mich bei der Hand. Ein weiterer Soldat hatte den hinteren Teil der Lastwagenpritsche heruntergeklappt, und wir wurden von den Männern auf die Ladefläche gelupft. Droben waren schon ziemlich viele Frauen und Kinder eingepfercht. Wir waren kaum verstaut, und schon rumpelte die Kiste los in eine mir unbekannte Richtung. Ich hielt mich am Geländer fest und schaute noch eine nette Weile zurück zu unserem Haus, unserem Garten, die beide immer kleiner wurden und dann für immer verschwanden.

Weg war es, unser Anwesen, aber vor meinen Augen stand plötzlich der gute Wolf, die Hasen, die Hühner und meine liebe Odesa. Der Wagen hielt wieder an, und neue Frauen und Kinder kamen zu uns herauf.

Dies wiederholte sich noch einige Male, bis die Pritsche total vollgestopft war.

Irgendwo hielten wir dann sehr lange. Auf der Straße lag ein stattliches Pferd, dem der Bauch aufgeschlitzt war. Aus einer langen Wunde floß immer noch Blut. Man hatte große Mühe, das Tier auf die Seite zu ziehen.

Auch Menschen lagen rechts und links der Straße. Einige schrien laut und bettelten, daß man sie mitnehmen soll. Aber in unserem Auto hatte nicht einmal mehr ein Nagel Platz.

Und der Himmel öffnete immer mehr seine Schleusen. Das sei ein Wolkenbruch, hörte ich meine Mutter sagen. Ich spürte, wie das Wasser sich auf meiner Haut breit machte. Ich fror, während mir der Angstschweiß auf der Stirne stand. Meine Gedanken an die lieben Tiere, die ich gottlob noch befreit hatte und die Erinnerung an die gute Odesa machten mich dennoch heiter, während die zusammengequetschten Menschen Trübsal bliesen.

Und doch brachen nach einiger Zeit meine Mutter mit den anderen Frauen in Jubel aus, wie wenn uns der Lehrer in der Schule einen freien Tag verkündigt hätte. Das konnte ich nun gar nicht verstehen, aber eine ältere Frau klärte mich auf, indem sie ihren durchnäßten Mantel an mich drückte: „Weisch, Büble, jetz' sind wir über dem Rhein. Wir haben doch immer Angst gehabt, daß die Bruck' in die Luft gesprengt wird."

Der Lastkarren schnaufte und stank. Nur mühsam rumpelte er über die mit Schlaglöchern übersäten Straßen. Immer wieder mußten wir anhalten. Da standen nämlich Männer mit braunen Uniformen und wollten uns zum Absteigen zwingen. Unsere Frauen haben sich geweigert. Sie haben gejammert und gesagt, daß sie sitzen bleiben würden. Dann sind die richtigen Soldaten im Auto mit den braunen Männern hintereinandergekommen. Die haben gebrüllt, daß es nur so knallte, und einer unserer guten Soldaten hat plötzlich sein Gewehr hochgerissen. Das hat gezogen, und wir durften wieder weiter fahren.

In der Ferne türmten sich zunehmend gewaltige Buckel, und unsere Frauen sagten: „Das ist der Schwarzwald." Trotz des fürchterlichen Regens sah ich immer wieder schlimme Sachen. Da mühten sich verdreckte Männer um im Schlamm steckengebliebene Militärfahrzeuge, da saßen am Wegesrand viele Kinder, Frauen, uralte Männer, völlig durchnäßt, weinend, blutend. Andere lagen da, als wäre kein Leben mehr in ihnen. Fahrzeuge waren umgekippt, die Räder starrten in die Luft, Trümmerhaufen. Und unaufhörlich goß es in Strömen, es war, als wollte uns der Regen helfen, daß wir nicht weiterfahren mußten.

Mit einem Mal fiel die Nacht über das Land, die Riesenbuckel waren uns ganz nahe gekommen, und wir erreichten eine Stadt, die Offenburg hieß. Uns war so elendiglich zumute, daß wir am liebsten gestorben wären. Nirgends war auch noch ein Fünkchen Lebensmut. Nur schlafen wollten wir alle, weg sein von diesem Elend. Wir fuhren zum Bahnhof, mußten wohl absteigen. Ich tastete nach meiner Mutter und war mit einem Male weg, umgekippt. Als ich erwachte, blinzelte mir Licht in die Augen. Ich lag in einem großen Saal, um mich herum sah ich meine Geschwister und meine Mutter. Die Kleider klebten jetzt trocken an meinem Leib. Ich fühlte mich buchstäblich wie in einem Panzer. Das war mir neu, daß ich auf einer Bank schlafen konnte, so zwischen meinen Tieren, das war immer schön gewesen. Aber so harte Bretter, die habe ich nie gemocht. Aber als ich dann um mich sah, erschrak ich doch über die vielen fremden Menschen, die in den Raum gestopft waren. Da saßen, lagen, standen sie mit zerzausten Haaren, trugen weinende Kinder auf dem Arm, starrten dumpf vor sich hin, murmelten unverständliches Zeug. Ein Gewirr von Leuten, Hustenanfällen, Seufzen, ein Lärm wie auf dem Kirchplatz, nur trostlos, herzbewegend.

Mit einem Male wurde mir bewußt, daß diese Reise etwas Böses in sich trug. Der Magen knurrte, und gottlob kamen Frauen mit weißen Käppchen auf dem Kopf und brachten warme Suppe und Brot.

Und da waren sie wieder, diese eiskalten Männer mit ihren braunen Hemden. Sie haben sich mit uns armen Teufeln unterhalten, aber nur so halt, als ob man's ihnen befohlen hätte. Es wurde auch laut gestritten, daß die Wände wackelten. Dann fingen nicht nur die Kinder, sondern auch die Frauen laut zu weinen an. Einige von uns wurden weggetragen oder an den Händen aus dem großen Saal geführt. Und immer wieder fragten wir umher, wann es endlich weitergehen würde. Niemand wußte, wohin wir fahren würden. Da saß meine Mutter, ein Häuflein Elend, mit verweinten Augen und tröstete uns: „Wir kommen an einen schönen Ort im Schwarzwald."

Das hat mir wieder Mut gemacht, besonders deshalb, weil meine Mutter unaufhörlich das gleiche sagte. Da mußte schon etwas dran sein. Am gleichen Tag sind wir dann mit dem Zug nach Wolfach gefahren.

Man hat uns zu einem Haus gebracht, in dem ein paar Betten standen. Jetzt endlich durften wir uns ausziehen und richtig wie früher ins Bett legen.

Fast glücklich habe ich mich an meinen Bruder gekuschelt,

und die Wärme ist wieder in unsere Körper geströmt. Zufrieden sind wir eingeschlafen.

Am nächsten Morgen schlich ich früh aus den Federn, während die anderen noch friedlich schlummerten. Hinterm Fenster entdeckte ich viele schöne Tannen und hohe Berge. Das war ein Platz, der mir gefiel. Nach längerer Zeit stand dann auch Mutter auf, und die Geschwister erwachten. Beim Anziehen haben wir uns gegenseitig geholfen, Mutter ging mit uns in ein anderes Haus, und wir tranken heißen Kaffee und aßen Marmeladebrote. Nach dem Essen gefiel es uns auch richtig in dem schönen, warmen, netten Haus. Es stellte sich heraus, daß wir über einer Fabrik wohnten, ziemlich oben unterm Dach, und unter uns haben Tag und Nacht Maschinen gerattert. Ich habe von meiner Mutter erfahren, daß unter den Arbeitern auch Männer und Frauen seien, die von den deutschen Soldaten gefangengenommen worden waren. Das machte mich neugierig, und ich wollte wissen, wie man aussieht, wenn man von den Soldaten gefangengenommen wird.

Und so habe ich mich dann bald an diese Arbeitermänner und Frauen rangemacht und war ganz verwundert, daß die auch nicht anders aussahen als wir.

Die Maschinen liefen ununterbrochen. Wenn die einen mit der Arbeit fertig waren, sind andere gekommen. Diese Gelegenheit habe ich ausgenutzt und habe mich zu den gefangenen Arbeitern gestellt. Aber da standen Aufpasser herum, die mich böse ansahen und wegjagten. Drum habe ich mich zwischen die Männer- und Frauenreihen geschlichen, daß man mich nicht mehr sehen konnte. Ich habe auch gleich gemerkt, daß mich die gefangenen Frauen besonders mochten. So etwas spürt man gleich. Sie haben mich an sich gezogen und gestreichelt, wie man einander gern hat.

Auch bei den gefangenen Männern hatte ich einen Stein im Brett. Ich hab' nämlich gemerkt, wie ihnen der Hunger buchstäblich aus den Augen gefallen ist. Mit der Zeit habe ich mich in der Gemeinschaftsküche, wo meine Mutter arbeitete, umgesehen und habe dort gute Sachen aufgestöbert. Besonders das Brot war leicht zu beschaffen. Ich steckte es unters Hemd und hab's diesen gefangenen Menschen gegeben. Natürlich mußte ich höllisch aufpassen, daß mich niemand dabei erwischt hat, sonst wäre es mir dreckig ergangen.

Und einmal hat mich auch tatsächlich so ein finsterer Aufpasser erwischt, als ich einer kleinen, mageren Arbeiterfrau Brot gegeben hab'. Er hat gräßlich geflucht und mir fürchterlich gedroht. Dann hat er der Frau das Stück aus der Hand gerissen, auf den Boden geschleudert und vor ihren Füßen zertreten. Ich bin fortgesprungen und habe nun gewußt, daß ich besser aufpassen mußte. Denn überall standen sie herum, diese Aufpasser, und steckten ihre Nase in alles 'rein. Daraufhin hat mir eine liebe, nette Frau eimal versteckt zugeflüstert: „Du legen Brot in Abort hinter Schüssel!" Das hat mir sofort eingeleuchtet, und zu meiner Mutter habe ich immer gesagt, daß ich sehr viel Hunger habe. Meine Mutter hat auch in einem Lebensmittelladen geputzt und hat jeden Tag viele gute Sachen mitgebracht. Wir konnten sowieso nicht alles essen, und so konnte ich leicht einen Teil auf die Seite schaffen, um es später hinter die Abortschüssel zu legen.

Anscheinend hat immer die gleiche Frau die Sachen abgeholt. Wenn sie mich dann getroffen hat, haben ihre Augen geleuchtet. Sie hat mir einen Kuß auf die Stirne gedrückt und mit ihren Fingern ein Kreuz darauf gemalt. Sie war eine sehr schöne Frau, und ihre blauen Augen haben mir noch besser gefallen als die meiner Mutter.

Wie gerne hätte ich mich mit ihr unterhalten, aber das war nicht möglich. Aus ihrem Mund kamen nämlich die gleichen Laute, wie ich sie von meiner lieben Odesa her gekannt habe, wenn sie gebetet hat. Das war so schade, denn ein gutes Wort hätte ich ihr schon gerne gegeben. Als ich dann einmal meine Mutter gefragt hab', was das für eine Frau sei, sah ich in ihrem strengen Gesicht eine Stirnfalte. Das sei eine Russin, und mit denen dürfe ich nicht reden.

Ich erinnerte mich sofort an unseren Lehrer in Straßburg, der auch immer so gesprochen hatte. Dabei waren es doch gerade die Feind-Buben gewesen, die so lieb zu mir gewesen sind. Und den Lehrer hatte ich eh nicht gemocht.

So verging die Zeit, und eines Tages hat's dann geheißen, daß ich wieder zur Schule gehen müßte. Ich wäre natürlich viel lieber in den Wald zu den Tieren gegangen oder auf der Straße herumgestreunt, wo mit einem Schlag allerhand los war. Da standen plötzlich viele Panzer vor der Fabrik. Die sahen grauslig und finster aus. Sie blieben die ganze Nacht stehen, und die lieben Soldaten standen um die großen Dinger herum. Ich war wie aus dem Häuschen, ich hab' doch immer schon die Soldaten so arg geliebt. Die hatten mich doch so gut verstanden, viel besser als meine Mutter.

Und an diesem Abend hat mich sogar ein lieber Soldat auf seinen Panzer gesetzt, und ich durfte mit ihm essen. War das ein Fest. Es gab Reisbrei und gekochtes Dörrobst.

Begeistert bin ich heimgesprungen und habe meiner Mutter davon erzählt. Ich habe ihr auch gesagt, daß die Soldaten viel besser kochen könnten als sie und daß mir das Essen noch nie so gut geschmeckt habe. Dann bat ich sie, mich mit den Soldaten in den Krieg fahren zu lassen. Wir könnten mit dem überall hinfahren, und dann könnte ich auch meinen Hund, den Wolf wiederfinden, die Hasen und Hühner. Dann könnten wir auch unsere liebe Odesa finden und wieder nach Hause bringen.

Aber je mehr ich bettelte, um so ärgerlicher wurde Mutter. Sie hat immer nur gesagt, ich sei ja noch viel zu klein. Das hab' ich ihr überhaupt nicht abgenommen, denn ich war ja schon viel größer als mein kleiner Bruder. Drum hab' ich auch nachts nicht mehr schlafen können. Ich bin wieder aufgestanden und habe den lieben Soldaten gesucht, der mir so fein zu essen gegeben hat. Ich wollte ihm sagen, daß er mich einfach mitnehmen soll. Im Panzer drin könnte ich mich gut verstecken, dort hätte mich auch meine Mutter nicht gefunden. Er bräuchte dann auch keine Angst mehr zu haben, wenn wir zu zweit sind.

Ich bin von Panzer zu Panzer gelaufen, fast sind mir vor lauter Gucken die Augen herausgefallen. Ich habe leise gerufen und wieder geschaut. Aber meinen lieben Freund, den Soldaten, habe ich nirgends mehr getroffen. Ein paar andere Soldaten sind mit ihren Gewehren vor den Panzern auf- und abmarschiert. Einer hat mich schließlich gefragt, was ich denn hier wolle. Dem hab' ich dann auch erzählt, daß ich einen Freund in einem Panzer habe, und ich wollte ihm nur sagen, daß ich mit ihm in den Krieg fahren wolle.

Zwei oder drei andere Soldaten sind dazugekommen, und

als sie mich so reden hörten, haben sie alle laut gelacht. Einer hat mich auf seinen Arm genommen und mir seinen Stahlhelm aufgesetzt. Dann hat er eine Tafel Schokolade aus der Uniform gezogen und mir die Hälfte davon geschenkt. Mensch, war das vielleicht eine Freude.

Der liebe Soldat hat mich dann vor das Fabriktor getragen, wo ich gewohnt habe. Er hat mir versprochen, daß ich morgen wieder kommen dürfe. Dann hat er mir zugezwinkert, und richtig glücklich bin ich in mein Bett gegangen. In aller Frühe hat's mich aus den Federn getrieben, schnell habe ich mich angezogen und bin hinuntergegangen. Und jetzt ist mir das Herz fast stehengeblieben. Da war kein Soldat und auch kein Panzer mehr zu sehen, der große Platz war leer, ein häßliches Loch, nichts mehr drin. Höhnisch hat mich das leere Pflaster angeglotzt, und ich bin in Tränen ausgebrochen.

Eine Welt brach in mir zusammen. Immer wieder habe ich mir die Augen gerieben und habe laut gerufen. Ich hab's lange nicht glauben wollen, daß mich der liebe Soldat angeschwindelt hatte.

Es war dann bald Weihnachten, und für uns Kinder gab's allerhand kleine Geschenke. Spielsachen waren aber leider keine dabei. Dafür war das Essen ganz gut.

Ich hatte von meinen Geschwistern eine Menge feiner Sachen zusammengebettelt. Wir hatten verschiedenes getauscht, und am Ende hatte ich eine große Schachtel voller Schokolade, feinen Kuchen und viele selbstgebackene Weihnachtsgutsele. Ich habe den ganzen Berg an Köstlichkeiten vor mir aufgebaut und mit den Augen verschlungen. In Gedanken dachte ich an meine lieben Freunde, was die wohl für eine Freude haben würden an den leckeren Sachen.

In den kommenden Tagen habe ich nach und nach die feinen Dinge hinter die Abortschüssel gelegt. Immer waren sie weg, wenn ich nachgeschaut habe, und wenn meine Freunde zur Arbeit gebracht wurden, sahen sie mich ganz lieb an. Ihre Augen strahlten, als wollten sie mir etwas ganz Liebes sagen.

Aber bald darauf hat man mir auch diese große Freude genommen. Wir mußten nämlich in das große, alte Schloß nach Wolfach umziehen.

Aus war's mit meinen Freunden. Immer wenn ich so gute

Menschen hatte, sind wir wieder auseinandergerissen worden. Das tat so weh.

Auch in Wolfach gab's ab und zu Fliegeralarm. Bomben fielen aber so gut wie keine. Nur einmal stand auf dem Bahnhof ein großer Güterzug mit einem Haufen Soldaten drin. Da kamen die Tiefflieger ganz nieder herangerast, daß ich glaubte, die würden an den Baumwipfeln hängenbleiben. Die haben wie verrückt auf den Zug geschossen. Ich konnte das gut vom Schloßfenster aus beobachten. Aber die im Zug waren gar nicht dumm. Schnell fuhr der lange Güterzug ins Tunnel. Die Flieger drehten noch ein paar Runden, und fort waren sie. Nur nachts brummte es manchmal gehörig am Himmel. Meine Mutter sagte, die seien wohl schwer beladen, weil es so unheimlich dröhnte.

Auch von Soldaten war wenig zu sehen. Selten kamen welche durch Wolfach. Nur fiel mir auf, daß viele ältere Männer ohne Uniformen vor der Fabrik unserer früheren Wohnung große Baumstämme zu beiden Seiten der Straße in die Erde gruben. Die hatten gehörig zu lupfen, und einer in Uniform war dabei, der brüllte Befehle, die man überall hören konnte.

Meine Mutter erklärte mir die Sache. Die würden eine Panzersperre bauen, damit die Feinde aufgehalten würden. Ich aber schüttelte wieder den Kopf. Immer war alles gegen die Feinde, wo ich doch mit denen so gute Erfahrungen gemacht habe.

Bald lernte ich auch in der Schule Buben kennen, und mit denen verbrachte ich viele Stunden. In der Stadt gab's noch richtige Tierhalter mit Viehställen. Darin standen Kühe, Pferde und Schweine. Beinahe hätte ich die Ziegen vergessen, die mir besonders imponierten. Also, da gab es so richtige Landwirte, die man heute Kleinbauern nennt. Die waren aber nicht klein, die schufteten den ganzen Tag wie verrückt und waren abends todmüde. So ein Viehgespann, das war etwas Schönes. Wenn der Bauer vom Feld nach Hause fuhr, liefen die Tiere besonders flott, und der Bauer konnte seelenruhig auf seinem Wagen sitzen bleiben, weil die Leitkuh ihren Stall sicher fand. Die waren intelligent, diese Kühe. Sie bewegten ihre großen Ohren, wenn ich mit ihnen sprach. Ich habe mich nämlich gerne in den Ställen herumgetrieben, und wenn ich den Kühen meine Geschichten erzählte, hörten sie mir genau zu, und auf ihren schönen Gesichtern lag eine Milde und Lieblichkeit, wie ich sie noch vom lieben Gesicht meiner Odesa her kannte. Das war so schön, das tat mir so gut, daß ich gar nicht die richtigen Worte find'. Wir haben uns immer so gut verstanden, die Tiere und ich.

Nur die Leute, denen diese Tiere gehörten, die haben mich überhaupt nicht verstanden. Dabei habe ich ihnen gar nichts getan. Sie haben mich beschimpft und zum Stall herausgejagt, wenn sie mich erwischten. Die Tiere haben dann die Köpfe hängen gelassen und ganz traurig ausgesehen. Da war mir's ganz weh ums Herz. Die Schimpfwörter haben mir nichts ausgemacht, aber es war für mich schlimm, daß ich nicht länger bei meinen lieben Viechern bleiben durfte.

Also, wie gesagt, mit meinen Schulfreunden bin ich durch den Wald gestreift und auf die umliegenden Berge gestiegen. Die Schule war sowieso meist geschlossen, oder wir mußten Kartoffelkäfer ablesen und Brombeerblätter suchen. Das machte uns nichts aus, nur die Lehrer hatten ihre Schwierigkeiten. Manchmal habe ich auch gar keine Lust gehabt, die Schule zu besuchen. Dann habe ich einfach geschwänzt. Denn mit den Lehrern konnte man wirklich nicht reden. Die brüllten einen nur an und teilten Tatzen aus, wenn man ihnen nicht zuhörte. Sie nahmen schon gar nicht wahr, wenn einen was bedrückte. Die von ihnen benutzten Wörter, die ich ohnehin nie verstand, etwa Heimatfront, Endsieg und solches Zeug. Ständig gab es Durchhalteparolen, und uns Kinder war es doch schnuppe, was da gespielt wurde.

Ich ging sowieso nur hin, um der Mutter eine Freude zu machen. Gelernt habe ich nichts, denn immer fehlte mir der Griffel oder auch die Tafel. Manches Schulzeug habe ich nämlich gegen Brot eingetauscht, mit dem Brot konnte man wieder andere Dinge einhandeln, die ich dann wieder weiterverschenkte. Irgend etwas mußte man doch tun in der langweiligen Schule, sonst wäre man glatt verrückt geworden.

Eines Tages habe ich gesehen, wie acht oder zehn Gefangene einen großen Leiterwagen mit gespaltenem Brennholz durch die Stadt gezogen haben. Bei verschiedenen Häusern haben sie den Leiterwagen abgestellt und das Holz auf die

Speicher getragen. Die haben nicht schlecht geschwitzt, und der Hunger hat ihnen buchstäblich aus den Augen herausgeschaut. Als sie merkten, daß ich's gut mit ihnen meinte, haben sie mir Briefe zum Einwerfen gegeben. Denen habe ich auch öfters Brot gebracht, das sie dann schnell einsteckten.

Überall habe ich mich herumgeschlichen und Sachen entdeckt, die ich einfach nicht begriff. Einmal sind wir auf den Speicher des Schlosses gestiegen und fanden Uniformen, darunter lag sogar ein Gewehr. Ich und ein Freund haben dann die für uns zu großen Uniformen angezogen und Soldateles gespielt. Das Gewehr haben wir so geschultert, wie wir das schon auf der Straße bei den richtigen Soldaten gesehen haben. Dann sind wir im Stechschritt auf dem Speicherboden herummarschiert.

Eines Tages aber entdeckten mein Freund und ich etwas ganz Tolles. Wir hatten nämlich ausgekundschaftet, daß an jedem Samstag etwa ein Dutzend Frauen ins Schloß durch den Hof marschierte. Das war dort, wo heute das Finanzamt steht.

Also, wir wollten unbedingt wissen, wo man die hintrieb. Drum schlichen wir beide einmal hinterher und standen dann auch prompt vor der verschlossenen Türe. Eines war jetzt schon sicher, wir standen vor der verschlossenen Waschküche. Drum schlichen wir ums Schloß herum, wo sich die Waschküchenfenster befanden. Im Nu waren wir dort. Die Fenster der Waschküche waren von einer Art Holzschopf überbaut, in dem abgeschlossene Fahrräder standen. Den Schopf hatte man mit einer Art Dachlattenverschlag verkleidet. Das war geradezu ideal für uns, denn wir konnten uns so vor den Fenstern der Waschküche aufhalten, ohne daß uns jemand von außen gesehen hat. Wir hatten einen netten Einblick, ohne daß die von drinnen uns bemerkten. Das Herz schlug uns bis zum Halse, denn was wir sahen, konnten wir uns überhaupt nicht zusammenreimen.

Die Waschküche war ziemlich groß; seitlich entdeckten wir einen großen Waschkessel, der von unten mit Holz beheizt werden konnte. In der Mitte des Raumes stand ein weiterer, riesiger Holzbottich, den die Frauen gerade mit Wasser aus dem Waschkessel füllten. Die Luft blieb uns weg, als die Frauen plötzlich ihre Kleider abwarfen und total nackt dastanden. Mensch, das war ja etwas ganz Neues für mich. Mein Freund, der ein paar Jahre älter war als ich, war ebenfalls baff. Zum ersten Mal in unserem Leben haben wir so richtig schöne, nackte Frauen gesehen. Das Haar war aufgeknotet und fiel tief herunter. Die meisten hatten schöne, runde Brüste. Erst starrten wir atemlos, dann suchte sich ein jeder die heraus, die ihm am besten gefiel. Die wollten wir natürlich auch heiraten. Das war wahrhaftig eine schwere Wahl, denn fast alle waren wunderschön. Alle gefielen uns sehr gut. Also suchten wir uns diejenige aus, die zwischen den Beinen die meisten Haare hatte. Immer wieder zogen uns die mit den dicksten Brüsten am meisten an. Es war für uns ein unvergeßliches Erlebnis, und wir machten bald untereinander ab, daß wir uns am nächsten Samstag wieder hier treffen wollten. Jedes Mal war es für uns etwas Einmaliges, und bei dieser Gelegenheit erfuhr ich auch von meinem Freund, wo bei den Frauen die Kinder herauskommen. Weit mehr interessierte ich mich natürlich dafür, wie die Kinder in den Bauch hineinkommen, aber das konnte mir mein Freund auch nicht sagen. Das habe ich dann später irgendwo auf der Straße doch erfahren. Und so trafen wir uns regelmäßig samstags in der Frühe, damit wir ja das Baden dieser Frauen nicht verpassen würden. Manchmal waren auch neue Frauen dabei und andere, die wir von früher her kannten, waren dann nicht mehr dabei.

Besonders interessant war für mich, wie sich die nackten Frauen gegenseitig einseiften und sich einander den Rücken gewaschen haben.

Was uns anfänglich gar nicht aufgefallen war, wurde schlagartig zu einem Rätsel. Hin und wieder wurde nämlich eine der nackten Frauen von einem angezogenen Mann herausgerufen. Einer der Männer war sogar mit einer braunen Uniform bekleidet. Oft gingen auch gleichzeitig zwei Frauen mit aus der Waschküche, und immer waren es die schlanken Frauen mit den besonders dicken Brüsten. Manchmal legte sich auch die eine oder andere Frau auf den Boden und schrie dann laut, wenn man sie an den Händen, an den Füßen oder gar an den Haaren aus der Waschküche herauszog. Die anderen Frauen standen dann geduckt an den Wänden und bedeckten mit der einen Hand die beiden Brüste, die andere legten sie über die

Haare zwischen den Schenkeln. Oft haben die Frauen auch geweint. Dann, nach längerer Zeit kamen die Herausgerufenen wieder zurück, stellten sich seitlich hin und haben ziemlich lang geweint. Schließlich haben sie sich wieder angezogen. Wir haben auch gesehen, wie sie von den anderen Frauen getröstet wurden.

Mein Freund und ich konnten das nicht verstehen. Wir haben darüber gerätselt und uns den Kopf zerbrochen, was die schönen Mädchen wohl draußen machen mußten und was sie so traurig gemacht hat. Die hatten ja keine Kleider an, da konnte doch gar nichts passieren. Einen der bösen Männer, die am Weinen der schönen Frauen schuld waren, habe ich später auf der Straße wiedererkannt. Es war ein großer, starker Mann mit einem dicken Bauch und schwarzen Stiefeln. Aber ich sah mit einem Blick, daß es gar kein richtiger Soldat war. Das war doch keine richtige Soldatenuniform, an der war alles schwarz. Die richtigen Soldaten waren ja grau gekleidet, die hatten Gewehre und Autos mit Panzern. Das waren doch meine Freunde.

Und langsam verging der kalte Winter, und ich freute mich unheimlich, daß es nach und nach wieder wärmer wurde.

Zunehmend war auf der Straße mehr zu sehen, gelegentlich entdeckte ich auch richtige Soldaten. Ich war wieder viel allein unterwegs.

Mein Freund mußte nämlich immer pünktlich daheim sein, und das mochte ich schon gar nicht leiden. Dieses Immer-auf-die-Uhr-schauen-Müssen ging mir auf die Nerven. Die Zeiger der Uhr, das waren so richtige Nerventöter. Da konnte man ja verrückt werden.

Außerdem waren wir daheim ohnehin einen Stall voller Kinder. Fünf Geschwister hatte ich, die alle zu Hause herumlungerten. Da fiel es beim Essen gar nicht auf, wenn einer fehlte.

Unsere Mutter war damals in verschiedenen Häusern als Putzfrau tätig. Die hat mein Wegbleiben sicher gar nicht bemerkt.

Am meisten interessierten mich die gefangenen Männer, die immer in Gruppen durch die Stadt marschierten. Denen lief ich nach, ich wollte wissen, wo sie hingeführt wurden. Kam ich denen zu nahe, hat mich der Bewacher mit dem Gewehr weggejagt. Das habe ich mir gemerkt und bin drum ganz einfach in einem großen Abstand hinterhergelaufen. In verschiedenen Gärten mußten sie alle anfallenden Drecksarbeiten verrichten. Ich kenne die Plätze heute noch. Die Aufpasser standen meist gähnend daneben und langweilten sich. Nur wenn sie ihre Anweisungen gaben, kam Leben in sie. Sie fummelten dann mit ihren Gewehren herum. Das waren manchmal auch so kleine Dinger, die sie am Koppel trugen. Immer wieder haben sie mit den mageren, unrasierten, aus glasigen Augen blickenden Männern gescholten und allerlei Befehle geschrien.

Die Gefangenen hatten's gleich 'raus, daß ich's gut mit ihnen meinte. Immer wieder konnte ich den einen oder anderen Brief in den Briefkasten spedieren. Mit dem Essen-Zustecken habe ich auch nicht geknausert. Das von daheim aus zu organisieren, war überhaupt kein Problem.

Einmal hat ein älterer Opa, der ganz dürr und runzelig war, den Spaten nicht mehr in den Boden bekommen. Schwups, war einer der Aufpasser da und hat ihn so lange mit einem Lederriemen geschlagen, bis er zusammengebrochen ist. Das Blut ist ihm nur so aus dem Gesicht gespritzt. Auf einmal hat er sich auch noch erbrochen, so ein grünes, giftiges Zeug hat sein Magen ausgeworfen. Dann blieb er einfach liegen. Er hat keinen Papp mehr gemacht, nur noch ein bißchen gezittert und gewinselt, so, wie ich's von meinem lieben Wolf her kannte. Als ich ihm helfen wollte, hat mich der Aufpasser angebrüllt und weggejagt. Ich bin um den Garten herumgesprungen und habe mich von der anderen Seite wieder angeschlichen. Lange Zeit war gar nichts los. Endlich kam ein Personenauto, und zwei Männer haben den alten, blutigen Mann ins Auto geschleppt und sind dann davongefahren.

Ich habe geweint, aber zum Glück hat es niemand gesehen, denn meine Mutter hat mir immer eingetrichtert, daß große Buben und Soldaten nicht weinen. Ich wollte ja schon lange ein großer Bub sein oder noch viel lieber ein richtiger Soldat. Am Abend habe ich dann meinen Geschwistern und unserer Mutter von dem bösen Aufpasser und dem armen, alten Mann erzählt. Das ließ mich einfach nicht los. Ich habe nachts von dem blutenden Mann geträumt, wie er so ekelhaft gekotzt hat. Auch sein Schreien gellte mir immer noch in den Ohren. Den habe ich hinterher nie wieder gesehen.

Wenn es geregnet hat, haben sich die Aufpasser unter die Bäume oder in die Hauseingänge gestellt. Von dort her haben sie den armen, mageren Gefangenen Befehle zugebrüllt. Die mußten nämlich auch beim Regnen arbeiten.

Oft habe ich so gedacht, wenn die mich fangen würden, würde ich ihnen einfach davonrennen. Um jeden Preis! Nein, da würde ich niemals bleiben. Einmal hat's ein junger Mann so gemacht. Erst hat er dem Aufpasser einen Renn gegeben, daß es ihn hingehauen hat. Bis der wieder auf den Beinen war und sein Gewehr geladen hatte, war der junge Mann schon ziemlich weit fort. Der Aufpasser hat dann noch ein paarmal geschossen, aber der Mann ist nicht umgefallen, er ist weitergerannt. Hoffentlich hat er irgendwo einen Unterschlupf gefunden. Der hat mir imponiert, dieser junge Renner, der hat Haken geschlagen wie ein fliehender Hase. Das war ein toller Kerl. Ich konnte mich nicht mehr beruhigen vor lauter Freude und hab' die Geschichte überall herumerzählt.

Wieder einmal rief uns die Mutter zusammen und erklärte, daß wir für ein paar Tage verreisen müßten. Der Krieg sei nämlich bald zu Ende, und dann komme nach Wolfach auch der Feind, und man wüßte auch gar nicht, was der Feind mit uns machen würde. Ich habe mich sofort zu Wort gemeldet und meiner Mutter gesagt, daß unser Feind gar nichts tun würde, der sei so gut wie wir. Man würde uns nur fürchterlich anlügen. Ich wollte lieber hierbleiben.

Da ist die Mutter richtig böse geworden und hat mit mir gescholten. Aber ich sagte ihr, daß die feindlichen Schulfreunde in Straßburg immer so lieb gewesen wären. Mir hätten auch die feindlichen Flugzeuge niemals Bomben nachgeschmissen. Die hätten doch immer nur die schönen Feuerchen gemacht. Es sei jetzt endlich an der Zeit, den richtigen Feind zu erkennen.

Ich wollte mit allen Mitteln die Mutter dazu überreden, mich in Wolfach zu lassen, daß ich endlich den Feind so richtig aus der Nähe betrachten könnte.

„Nein und nochmals nein", hat sie schließlich gesagt. „Ich

habe in einem schönen Tal bei Oberwolfach einen netten, großen Bauernhof gefunden. Dort dürfen wir bleiben, bis der
Feind in Wolfach eingezogen ist."

Der Bauer und die Bäuerin, so sagte sie, seien gute Menschen und hätten auch liebe Kinder. Damit war die Sache für
mich und meine anderen Geschwister gelaufen.

Zum Glück vergingen noch ein paar Tage bis zu unserer Abreise. Ich war darüber sehr froh und ging aus Dankbarkeit in
den folgenden Tagen zum Ehrengrab, das sie Kriegerdenkmal
nannten. Das war aus großen Steinen zusammengefügt mit In-
schriften drauf, die ich nicht entziffern konnte, denn ich
konnte ja nicht lesen. Aber andere, große Buben haben mir
gesagt, daß man dieses Mal nach einem Krieg gebaut habe, der
längst vorüber sei.

An diesem Ort machten wir Fangis. Da hielt plötzlich auf
der anderen Bergseite ein Lastwagen an, und viele Männer
sind ausgestiegen. Die mußten sich fein in einer Reihe aufstel-
len und hatten Schaufeln und Hacken auf den Schultern. Da
waren natürlich auch Aufpasser dabei, die die Männer in den
Wald geleitet haben. Ich wartete, bis sie dort verschwunden
sind und schlich mich dann hinterher. Durchs Gebüsch habe
ich gesehen, wie sie ein langes Loch in die Erde schaufelten.
Die Aufpasser trieben sie mit Schimpfen und Flüchen zur Eile
an. Ich saß hinter einem Baum und zitterte vor Neugier. Es
dauerte ziemlich lange, bis das große Loch fertig war. Aber
plötzlich fielen viele Schüsse, und alle schaufelnden und hak-
kenden Männer fielen um. Einer von ihnen ist aber fortgesprungen, und ein Aufpasser hat hinterhergeschossen.

Etwas später fielen dann noch einmal Schüsse, und dann
war es totenstill.

Ich habe am ganzen Leib geschlottert und saß wie gelähmt.
Wenn die gekommen wären, hätten mir einfach die Beine ver-
sagt. Die Zähne haben so richtig geklappert, und es hat mich
elendiglich gefroren.

Als ich mich wieder gefaßt hatte, hörte ich Röcheln, Stöh-
nen, Schreien und Jammern. Wieder dachte ich an meinen lieben Wolf, wenn er bei mir lag und winselte. Aber dieses Win-
seln klang einfach schrecklich. Ganz in der Nähe lag einer der
umgefallenen Männer. Er hatte die Augen weit aufgerissen

und sah mich schrecklich an. Aus seinem Mund sickerte dunkles Blut.

Ich hab's nicht mehr ausgehalten und bin zitternd davongeschlichen. Langsam und vorsichtig habe ich mich durch den Wald getastet und bin dann ganz verstört nach Hause gegangen. Unterwegs habe ich mehrfach gekotzt*. Ich habe gemeint, es würde mir den ganzen Magen aus dem Bauch würgen.

In der Nacht ist es so schlimm über mich gekommen, daß ich aus dem Bett gesprungen bin. Dann habe ich lange geweint. Immer sah ich die Männer schaufeln, hacken und dann langsam umfallen, und der, der fortsprang, kam überhaupt nicht vom Fleck.

Das hat tagelang so angehalten, und ich habe keinen Bissen herunterbekommen. Keine zehn Pferde hätten mich mehr aus dem Hause gebracht. Ich saß daheim zusammengekauert und habe nur noch in eine Ecke gestarrt. Die Mutter hat immer wieder gefragt, was denn los sei. Ich habe aber nur wirres Zeug gesprochen. Die haben sicher geglaubt, ich sei wohl übergeschnappt.

Aber Angst habe ich gehabt, schreckliche Angst vor jedem Geräusch, vor jedem Schlag, vor jeder Bewegung. Wenn ich einen Knall hörte, bin ich aufgesprungen. Am liebsten hätte ich sterben wollen, denn helfen konnte mir ja doch keiner.

Und dann dachte ich an meine lieben Tiere, an den Wolf und meine gute Odesa und war froh, daß die weit fort waren und daß nicht böse Männer kommen konnten und sie mit den Gewehren erschießen würden.

Ich hab's buchstäblich nicht gemerkt, wie wir dann nach Oberwolfach in den Frombach zogen. Das war ein Bauernhof, und der Bauer und die Bäuerin waren sehr lieb zu uns. Die Frau hat uns gleich mit einem langen Messer einen großen Fladen Brot von einem runden Laib heruntergeschnitten und dick mit Butter beschmiert. Der Bauer war ein kleiner Mann. Er hat uns gleich in den Stall mitgenommen und uns seine Kühe und Ochsen gezeigt. Die haben mir auch gleich gut gefallen, weil sie wie die anderen so intelligent daherschauten und ihre großen Ohren bewegten. Mit den Kindern der Leute kamen

* mich erbrochen

wir auch sehr gut zurecht. Die waren auch freigiebig und schenkten uns gelegentlich ihre Äpfel oder die getrockneten Schnitze.

Wir verlebten da zwar nur eine kurze, aber um so fröhlichere Zeit. Ich möchte mich an dieser Stelle im Namen meiner verstorbenen Mutter und meiner Geschwister ganz herzlich bei diesen lieben Menschen bedanken.

An einem frühen Morgen hörten wir einen solch gewaltigen Knall, daß das Geschirr im Glaskasten zitterte. Kurz darauf erfuhren wir, daß man in Wolfach eine Brücke gesprengt hatte. Der Krieg sei jetzt endlich aus. Als unsere Mutter mir sagte, daß wir schon bald nach Wolfach zurückzögen, war mir das gar nicht recht. Am liebsten wäre ich auf dem Hof geblieben, denn der Schrecken, die Angst über das gräßliche Erlebnis im Wald saß mir immer noch tief in den Knochen. Immer wieder hörte ich die Schüsse vor dem langen Graben, sah die Männer umfallen, erlebte, wie der eine weggesprungen ist. Die, die geschossen haben, waren natürlich keine richtigen Soldaten gewesen. Die hatten nämlich nur die Stiefel von echten Soldaten an. Aber ich tröstete mich damit, daß ja jetzt der Feind in Wolfach sei, und der hätte doch sicher richtige Soldaten mitgebracht.

Es war Neugierde, die mich veranlaßte, mit der Mutter und den Geschwistern nach Wolfach 'runterzugehen.

Im Mai 1945 hatte der Feind schon ein paar Tage Wolfach besetzt, als wir von Frombach dorthin zogen.

Wir sechs Kinder wohnten mit unserer Mutter unten in Wolfach wieder in der alten Wohnung, im Wolfacher Schloß.

Schon beim Umziehen sahen wir französische Soldaten mit kleinen und großen Autos herumfahren. Die hatten kein Dach und flitzten nur so herum. Ich entdeckte auch Pferdegespanne mit farbigen Soldaten drauf. Die trugen einen Turban auf dem Kopf. Das waren feine Männer. Sie haben mir oft zugelächelt.

Wie recht ich wieder einmal hatte. Das war doch ein netter Feind. Trotzdem hat uns die Mutter verboten, auf die Straße zu gehen. Aber grad' das hat mich gereizt, und ich bin zu den Soldaten hingegangen. Sie haben mir Schokolade gegeben und waren sehr freundlich. Dafür wollte ich ihnen etwas Liebes erzählen, doch die konnten mich nicht verstehen. Das, was sie selbst sprachen, war auch ganz merkwürdig. Dabei waren es so richtig schöne, braune Soldaten. Und ganz lieb haben sie immer geguckt.

Ich habe mich an die schöne Zeit erinnert, als ich mit den lieben deutschen Soldaten essen durfte, und ich hatte es gleich raus, daß der Unterschied nur in der Uniform bestand.

In den folgenden Tagen kam ich kaum zur Ruhe, denn überall war so viel los, und ich wollte doch alles sehen.

Langsam merkte ich auch, daß unsere Mutter nicht mehr regelmäßig kochte. Sie sagte, daß es im Geschäft nichts zum Kaufen gäbe. Wir müßten halt noch ein bißchen warten, bis alles wieder besser würde. Aber ich meine, es ist dann immer schlechter geworden, und oft spürte ich einen richtigen Hunger. Das war der Grund, daß ich täglich zu den fremden Soldaten gegangen bin. Die gaben mir manchmal ein Stück Weißbrot, etwas Käse oder gar Schokolade. Oft aber gab's auch nichts, und der Hunger war mein täglicher Begleiter. Die farbigen Soldaten waren die lieberen, die haben mir nämlich auch öfter etwas zum Essen gegeben. Die Franzosen sagten meist: „Allez partis". Sie haben mich regelrecht fortgejagt. Das konnte ich nicht verstehen, ich hatte doch Hunger, und die Männer waren doch groß und erwachsen. Sie hätten doch merken müssen, wenn ein junger Mensch Hunger hat. Ich hatte es doch auch gemerkt, als wir noch zu Hause viel zu essen hatten. Damals hatte ich doch auch den Gefangenen Brot gebracht, obwohl ich nicht so gescheit bin wie die großen französischen Soldaten.

Drum hab' ich mich nicht so schnell vertreiben lassen und mich wieder zu den farbigen Soldaten geschlichen. Und wenn die am Essen waren, gab's auch immer etwas. Am meisten habe ich mich gefreut, wenn ich meinen anderen Geschwistern noch etwas zum Essen mit nach Hause bringen konnte. Die saßen nämlich hungrig daheim bei der Mutter, die auch für sich nichts zu beißen hatte. Sie hat zwar nichts gesagt, aber sie hatte oft verweinte Augen.

So sind viele Wochen vergangen, aber mit dem Essen ist es immer schlechter geworden. Wenn ich bei den Soldaten etwas holen wollte, waren die manchmal nicht da. Ununterbrochen war ich auf der Lauer, etwas Eßbares zu ergattern. Aber das war eine ungewisse Sache. Wenn ich Glück hatte, konnte ich in den Abfalleimern noch Konservendosen finden, aus denen ich etwas Reste herausschaben konnte. Meistens habe ich die Dosen mit nach Hause genommen. Dort hat sie die Mutter visitiert und die Reste herausgekratzt und im Kochtopf noch einmal aufgekocht. Das gab dann feine Suppen. So eine warme Suppe ist immer etwas Gutes gewesen, selbst wenn sie muffig schmeckt. Manchmal ist sie auch etwas süßlich herausgekommen. Geschmeckt hat sie mir aber immer so gut, daß ich noch heute ein großer Verehrer von Suppen bin.

Als der Sommer dann ins Land gezogen kam, habe ich für uns oftmals Obst irgendwo aus einem fremden Garten herausgeholt. Natürlich konnte ich nicht warten, bis die Früchte reif gewesen sind, sonst hätt's der Besitzer vorher abgenommen, und ich hätte das Nachsehen gehabt. Darum habe ich Äpfel und Birnen grün heruntergerissen und meine Taschen damit vollgestopft. Auch die Tomaten waren immer noch grün, wenn ich sie an Ort und Stelle verschlang. Das gab hinterher in der Regel elende Bauchschmerzen und Durchfall, aber wenn ich wieder Hunger hatte, war alles andere vergessen. Und geschmeckt hat's auch so prima.

Natürlich habe ich gewußt, daß man in fremden Gärten nichts stehlen darf, aber ich habe gesehen, daß es andere auch so machten. Da waren sogar erwachsene Männer und Frauen drunter, und wenn ich dann mit vollen Taschen nach Hause lief, habe ich immer geglaubt, der liebe Gott im Himmel würde auch für unsere Familie etwas wachsen lassen. Wir waren ja eine so große Familie und hatten außer Kleidern und ein paar Matratzen nichts in den Zimmern. Halt, das stimmt nicht ganz. Wir hatten auch noch einen großen Tisch und Stühle, die wir von irgendwoher bekommen hatten. Und ich erinnere mich noch, wie wir Kinder ganz im Anfang unserer Mutter geholfen haben, einen großen, schwarzen Herd ins oberste Stockwerk zu tragen. Der war unheimlich schwer, und wir haben's fast nicht geschafft. Das ging nämlich viele Treppen hinauf. Schließlich hat's dann aber doch geklappt, und die Mutter hat sich über das alte, schwere Ding sehr gefreut.

Schnell noch einmal zurück zu diesem bösen Hunger, den ich niemals vergessen werde. Nach so vielen Jahren möchte

46

ich nämlich der lieben guten Hechten-Wirtin von Wolfach herzlich danken. Diese freigebige Frau war in der allerschlimmsten Hungerzeit, wenn absolut nichts Eßbares aufzutreiben war, meine letzte Rettung.

Von daheim hatte ich einen großen Suppentopf mitgenommen und habe mich durch den Stall zu ihr in die Küche geschlichen. Und sie hat mir den Topf halb oder dreiviertels mit einer feinen Suppe gefüllt. Das war dann vielleicht ein Fest für uns alle.

Ich habe die Hechten-Wirtin auch so gerne angesehen, denn sie war eine wunderschöne, große Frau, gekleidet in der Bauerntracht. In ihrer Küche hat es immer so fein gerochen. Da sind die hohen französischen Offiziere zum Essen ein- und ausgegangen. Wenn die in der Küche waren, habe ich mich natürlich nicht blicken lassen. Ich habe dann einfach im Stall gewartet, wo ja auch wieder liebe Tiere standen. Hatte ich meine Suppe unter Dach und Fach, schlich ich mit freudestrahlendem Gesicht zurück ins Schloß, wo mich meine Mutter und die Geschwister sehnsüchtig erwarteten. Wir haben dann zusammen die feine Suppe aus den Kaffeetassen getrunken. Das war ein ganz gieriger Genuß. Ruck, zuck, waren die Tassen ausgetrunken.

Da war noch eine weitere, ganz liebe Frau, die uns auch sehr geholfen hat und der ich nach so vielen Jahren großen Dank sagen will. Es war die kleine Frau vom Gemüse-Schmieder aus Wolfach. Sie war meist sehr blaß im Gesicht und immer dunkel gekleidet. Die hat damals aus offenen, großen Milchkannen die Milch ausgegeben. Alle Wolfacher standen in langen Schlangen und mußten bei ihr gegen die Abgabe eines Abschnittes von der Lebensmittelkarte ihre Milch abholen. Die liebe Frau Schmieder hat mit einem Schöpflöffel maßgerecht und ehrlich die Milch an die Wartenden verteilt. Sie wußte aber, daß wir eine große, arme und zugereiste Familie waren. Wenn gerade niemand in der Nähe war, sah sie mich ganz lieb an und sagte: „Komm, Lapple, du kriegsch* noch ein Schöpferle!"

Schwieriger war's schon, wenn hinter mir viele Leute warteten. Sie hat mich dann einfach auf die Seite geschoben, und an-

* kriegsch = bekommst

fänglich hat mir das gar nicht gepaßt. Warum sollte ausgerechnet ich länger warten? Aber ich hab's dann bald bemerkt, daß sich das Warten gelohnt hat. Sie hat mich nämlich am Schluß ganz lieb angeguckt. Und wieder hat sie lieb gesagt: „Komm, Lapple, du kriegsch noch ein Schöpferle!" Manchmal hat sie sogar noch einen zweiten dazugegeben.

Glücklich bin ich zu meiner Mutter geeilt. Denn die hat lange Zeit mit Milch die Bratkartoffeln gemacht. Fett und Butter hat's damals für uns nicht gegeben.

So ein klein bißchen hat nun auch der Hunger nachgelassen. Auf einmal wurde auch wieder die Schule aufgemacht. Das hat mir gar nicht geschmeckt. Das beste am Unterricht war die Schülerspeisung. Die wurde nach den Schulstunden im Hotel Krone durchgeführt. Es gab hauptsächlich Suppe oder Eintopf. Manchmal bekamen wir Kinder auch ein Rippchen Schokolade, aber das gab's ganz selten.

Alles, was mir eßbar erschien, habe ich heruntergeschlungen. Heißhungrig bin ich über alles hergefallen und habe es so lange ins Maul gestopft, bis ich nichts mehr herunterbrachte. Aber so richtig satt bin ich trotzdem nie geworden. Satt sein, das ist ein wunderbares Gefühl.

Also denen, die die Schülerspeisung erfunden haben, bin ich bis heute noch dankbar. Das müssen ganz liebe Menschen gewesen sein, die in so schlechten Zeiten so etwas zustande gebracht haben.

Mir ist es nämlich in dieser Zeit schlecht gegangen. Oftmals wurde es mir plötzlich schwarz vor den Augen. Oder es wurde mir schwindlig, vor allem dann, wenn ich mir meine Schnürsenkel binden mußte und mich hinterher wieder aufrichten wollte.

Unsere Mutter hat auch nur schlechten Rat gewußt. Sie sagte immer: „Wenn man zu wenig zum Essen hat, muß man viel schlafen", aber wie konnte ich mich ins Bett legen, wenn es in der Stadt so viel Neues zu sehen gegeben hat?

Nach der Schule ging ich dann öfters mit anderen Mitschülern an die Kinzig und lernte dort von anderen Buben das Fischen mit der Hand. Das hat mir sehr viel Spaß gemacht. Wir haben's oft den ganzen Tag getrieben. Manchmal waren wir auch nur für einige Stunden an dem Flüßchen. Aber mit meiner Fischerei wurde es immer besser. Ich hatte dann abends einen Mordsstolz, wenn ich der Mutter ein paar Fische bringen konnte. Sie hat sie dann in Wasser gekocht, denn zum Backen hatten wir ja kein Fett im Hause. Aber die haben auch so gut geschmeckt. Nur war viel zu wenig dran.

Manchmal haben die Franzosen kleine Eierhandgranaten in den Bach geschmissen. Im Nu kamen viele Fische mit dem Bauch nach oben angetrieben, und wir Buben konnten dann ein paar davon heimlich ins Gras werfen. Wir haben dann gewartet, bis die Franzosen weg waren und haben die Fische ins Hemd gewickelt. Stolz sind wir mit den silbrigen Dingern nach Hause geflitzt, wo wir mit Hallo begrüßt wurden. Durch solche Pirschgänge konnten wir dann immer den gröbsten Hunger stillen. So verging die Zeit, und es wäre ja so schön gewesen, wenn nur das mit dem Hunger nicht gewesen wäre.

Bald darauf gab es bei uns im Schloß eine große Freude. Unser Vater ist nämlich aus der Gefangenschaft entlassen worden.

Ich habe das noch in bester Erinnerung. Es ist mir heute, wie wenn es erst gestern gewesen wäre. Ich stand vor dem Schloßtor und wartete wieder mal drauf, daß die großen Lastwagen der Franzosen mit Lebensmittel oder Obst angefahren kämen. Beim Fahren durchs Tor hatten die nämlich manchmal Schwierigkeiten. Wenn die Autos an der Decke streiften, dann warf's Obst und sogar Lebensmittel herunter. Wir Buben sind dann sofort hingesprungen und haben die guten Eßwaren aufgelesen.

Also, ich stand außerhalb des Torbogens, als mir mit einem Mal ein großer Mann entgegenkam. Der trug einen Holzkoffer und einen zusammengeschnürten Karton bei sich. Er stellte die schweren Dinger auf der Seite ab und kam auf mich zu. Im Moment wußte ich überhaupt nicht, was der Fremde von mir wollte. Er nahm mich dann auf seinen Arm und hat mich auf meine Wange geküßt und fest an sich gedrückt.

„Ich bin dein Vater", sagte er und stellte mich nach einer Weile wieder auf den Boden. Ich war schon ein bißchen verdutzt, denn bisher bin ich von niemandem geküßt oder gedrückt worden. Nur einmal hatte mich der liebe Soldat auf dem Panzer auf seinen Arm genommen. Daran habe ich mich auch im selben Moment erinnert.

Was für eine Freude. Der Vater nahm den Holzkoffer, und ich wollte ihm den Karton ins Haus tragen. Aber der war so schwer, daß ich ihn nicht einmal vom Boden lupfen* konnte. Der war wie angenagelt. Mein großer Vater hat ihn mit Leichtigkeit gepackt und hat mich gefragt, ob wir hier wohnen würden. Er hat sich auch gleich nach der Gesundheit meiner Geschwister erkundigt und gefragt, ob wir während seiner Abwesenheit auch brav zur Mutter gewesen wären. Ich sagte zu ihm: „Ich bin der brävste von allen, nur in die Schule gehe ich nicht gern." Der Vater hat laut gelacht. Dann habe ich ihm gesagt: „Jetzt zeige ich dir, wo wir wohnen, denn ohne mich kannst du die Wohnung bestimmt nicht finden."

Und so gingen wir gemeinsam durchs Schloßtor, und ich lief vor ihm her und führte ihn, bis wir dann über die vielen Treppen oben in unserer Schloßwohnung ankamen.

Zuerst fiel er meiner Mutter um den Hals, die einen Freudenschrei ausgestoßen hat. Beide fingen mit einem Mal an zu weinen. Wir Kinder standen herum und sahen den beiden gespannt zu. Sie hielten sich lange umfaßt. Dann gingen sie auseinander, und unser Vater hat jedes meiner Geschwister an sich gedrückt und geküßt. Dann hat der Vater den Koffer geöffnet und feine Schokolade herausgezogen. Die hat der liebe Vater an uns verschenkt. Er hat auch sonst noch viele gute Sachen im Koffer gehabt, von denen er uns auch in den folgenden Tagen immer wieder welche gegeben hat. Das war lange her, daß wir solch feine Schleckereien bekommen haben.

Er hat uns erzählt, daß er in der Gefangenschaft diese guten Sachen für uns gesammelt habe, um uns damit eine Freude zu machen. Das ist ihm auch gelungen. Jetzt war er froh, endlich bei uns daheim zu sein, und wir waren's auch, daß wir ihn wieder hatten. Nach langer Zeit waren wir endlich wieder eine Familie.

Vater hat uns beigebracht, wie es mit der Familie aufwärts geht. Er verlangt von jedem Gehorsam, damit er seine Vorstellungen verwirklichen kann.

Jetzt haben auch wir endlich ein Familienoberhaupt gehabt, und schlagartig hat sich alles bei uns daheim verändert.

Der Vater besorgte sich von irgendwoher zwei Leiterwägel-

---

* lupfen = hochheben

50

chen mit festen Speichenrädern und einer starken Deichsel. Damit fuhren wir nun regelmäßig in den Wald, um Tannenzapfen zu suchen. Natürlich konnten wir nicht nur mitgehen, wir mußten auch fest mitarbeiten. Der Vater meinte, die Faulenzerei habe jetzt endgültig ein Ende, jeder müsse mithelfen und seinen Beitrag für die Familie leisten. Jeder von uns bekam einen Spankorb in die Hand gedrückt. Wir verteilten uns im Wald, um ihn mit Tannenzapfen zu füllen. War der Korb voll, mußten wir ihn zu den Wägelchen bringen. Das war gar nicht so einfach, wie man so denkt. Oft hatte man Glück und fand ganz schnell schöne, schwere Tannenzapfen, die noch ganz glatt waren. Ein andermal aber war kein einziger auffindbar. Wir konnten natürlich auch herumliegendes dürres Holz zusammentragen. Das mußte dann sauber in den Wagen gesetzt werden. Anschließend wurden die vollen Wägelchen heimgezogen, und wenn's den Berg hinaufging, haben wir nicht schlecht geschwitzt. Schlimmer aber war's fast, wenn's bergab ging. Da steckten wir einen Bengel in die Speiche eines Rades, daß der Wagen wie ein Schlitten über die Steine rutschte.

Daheim wurde das Holz und die Tannenzapfen abgeladen und auf den Speicher getragen. Dort war es schön warm zum Trocknen. Die Holzbengel mußten auf der Bühne fein säuberlich aufeinandergeschichtet werden, daß es nicht zu viel Platz wegnahm. Mit den Tannenzapfen hatte man's einfacher. Die wurden auf einen Haufen geleert, und mit den Wochen sind sie aufgegangen und wurden klipperdürr.

Ich war oft ganz kaputt und hätte mich am liebsten gedrückt. Aber der Vater hat's gemerkt und hat mich grad' drum mitgenommen. Im Herbst ging's dann ans Beerensuchen. Pilze wurden gesammelt, und unter den Bäumen wurde Fallobst aufgelesen.

Außerdem hatten wir einen großen Garten, in den er uns hineinstellte. Da konnte man stundenlang arbeiten und hat hinterher gar nichts gesehen. Besonders das Unkraut ausreißen hat mir schwer gestunken. Die Baumtropfen ließen sich überhaupt nicht vertreiben, das Franzosenkraut, der Schießmarder, dieses Zeug schoß wie verrückt heraus, und erst das Schnürgras!

Da gab es oft Schimpfe vom Vater. Der kontrollierte nämlich immerzu gründlich, der hatte Augen wie ein Sperber. Wehe, wenn ich mal aus Versehen irgendein Gemüse zusammengetreten habe. Dann wurde er sehr böse.

Dazu kam die langweilige Schule und die Lehrer, die einem sowieso nicht mochten. Die verlangten nämlich immer Hausaufgaben, aber dazu kam ich niemals. Denn kaum war ich von der Schule nach Hause gekommen, gleich ging's los in den Wald. Wenn wir sagten, daß dort doch wegen der Jahreszeit nichts zu finden sei, sagte der Vater: „Etwas gibt's immer, das wechselt einander ab. Das ist gefundenes Geld." Ich muß schon zugeben, daß ich mich dann in der Schule richtig ausgeruht habe. Nur durfte ich mich vom Lehrer nicht beim Schlafen erwischen lassen. Der schmiß mir glatt den nassen Schwamm ins Gesicht, daß ich sehr erschrocken bin, oder es hagelte Tatzen. Die waren mir lieber als der nasse Schwamm. Auf die Tatzen konnte man sich einstellen. Der Schwamm kam so unverhofft geflogen, daß ich ganz nervös und aufgeregt wurde.

Darüber habe ich mich bei der Mutter beschwert. Aber die wollte mir nicht helfen. Sie sagte einfach, der Vater hätte jetzt das Kommando. Und plötzlich hat sie mich so angesehen und hat gesagt: „Weißt du auch schon, daß du bald wieder einen kleinen Bruder oder eine Schwester bekommst?"

Natürlich habe ich das schon lange gewußt, denn meine große Schwester hat mir das erzählt.

Es hat mir überhaupt nicht gepaßt, daß alle anderen Kinder ins Freibad durften. Die konnten sich auch daheim in den Schatten setzen. Nur ich mußte immer in den Wald, habe ich zu meiner Mutter gesagt. So richtig satt bin ich immer noch nicht geworden, und wenn ich von einem Brot gebettelt habe, hat mich der Lehrer geschlagen.

Gott sei Dank hat's nach dem Herbst nichts Eßbares mehr im Wald gegeben. Aber jetzt ging's zum Hamstern. Das heißt auf gut deutsch, daß wir von Haus zu Haus gingen, um Lebensmittel zu betteln.

In der Stadt war das sinnlos. Darum gingen wir mit Vorliebe in die verschiedenen Seitentäler der Wolf und der Kinzig. Das war ein mühsames Geschäft. Oft hatte ich schon viele Höfe abgeklappert und noch nicht einmal ein Stück Brot oder ein kleiner Apfel war hängen geblieben. Ich hatte einen Rucksack auf dem Buckel und eine große schwarze Tasche, in der eine stark verbeulte Milchkanne lag.

Oft wurde ich an Stelle der Bauersleute von einem bellenden Hund empfangen. Wenn ich schon etwas zusammengehamstert hatte, gab ich dem Hund etwas zum Fressen, daß er mich in Ruhe gelassen hat.

Mit den Hunden hatte ich ja immer großes Glück. Nie hat mich einer gebissen. Auch an meinen lumpigen Kleidern hat sich niemals ein Hund vergriffen. Wenn's beim Betteln gut ging, gab's einen Eßlöffel Schmalz oder ein Stück trockenes Brot. Manchmal konnte ich sogar eine Schaufel Mehl einstecken. Ich war aber auch mit ein paar Kartoffeln oder Weißrüben zufrieden.

Auf meinen Fechtgängen kam ich zu Höfen, vor denen ein Herrgottskreuz stand. Ich habe mich dann auf die Betbank gekniet und zum lieben Gott gefleht. „Lieber Heiland", habe ich gesagt, „hilf doch, daß ich endlich etwas bekomm'! Du weißt doch alles. Du weißt auch, daß ich solch einen schrecklichen Hunger habe. Du weißt, daß der Vater wütend ist, wenn ich nichts mitbring'! Hab' doch wenigstens du Erbarmen mit mir. Ich weiß, wie dreckig es dir am Kreuz gegangen ist. Die haben dich so einfach hingenagelt. Aber jetzt kannst du mir vom Himmel aus helfen."

Alles mögliche habe ich noch gesagt. Ich habe ihn dabei ganz fest angeblickt, und dann bin ich ganz mutig ins Haus gegangen. Manchmal habe ich dann sogar Glück gehabt. Aber wenn ich einen Narrengang gemacht habe, bin ich wieder zum Kreuz gegangen und habe gesagt: „Lieber Heiland, die Leute haben mir nichts gegeben!"

Der Heiland hat mich dann so traurig angeblickt, aber genützt hat mir das überhaupt nichts. Oft bin ich dann weinend meines Weges gezogen und habe mich doch nicht 'runterkriegen lassen. Immer wieder habe ich's versucht. Irgend jemand hätte mir doch ansehen müssen, wie dreckig es mir ging.

Oft gab's dann in den kleinen Bauernhäusern mehr als in den großen. Einmal hatte ich großes Glück. Ich werde es nie vergessen. Da hat nämlich eine alte Bauersfrau zu mir gesagt, ich solle ihr doch zeigen, was ich in meinem großen Rucksack und in der Tasche drin habe. Sie hat dann in der Tasche die leere Milchkanne gesehen und meine Schuhe, die von meinem Bruder stammten und die mich schon nach wenigen Metern Gehen so drückten. Ich bin dann halt barfuß gegangen, so habe ich mich viel wohler gefühlt.

Im Rucksack ist mein vom Regen durchnäßter Kittel gelegen. Der war ganz zerknautscht und hat geseichelt*. Meine Mutter hatte ihn aus einem Soldatenmantel gemacht, indem sie einfach den unteren Teil abgeschnitten hat.

Die alte Frau hat mich eine Weile kopfschüttelnd angesehen und hat mir ganz lieb über den Kopf gestrichen. Dann ist sie in eine Kammer neben der Küche gegangen, und ich habe sie dort hantieren gehört. Nach einer Weile ist sie in die Küche zurückgekommen und hat mir einen halben Laib Brot und ein Stück geräuchertes Fleisch geschenkt. Ich hab's fast nicht glauben können und habe erst gemeint, sie wolle mich veräppeln. Dann aber habe ich die guten Dinge ganz gierig in meinen Rucksack gepackt und der lieben Frau meine Hände zum Dank hingestreckt. Ich wollte mich ganz schnell verabschieden, bevor sie sich's vielleicht noch anders überlegte.

Aber die liebe, alte Frau ist nur stumm vor mir gestanden und hat dann plötzlich zu weinen begonnen. Ich hatte aber allen Grund, mich so richtig zu freuen, denn ich wußte, daß mich heute abend meine Eltern loben würden. So haben die Höfe mit den Menschen gewechselt, die darin wohnten. Aber nie war's so, daß ich hinterher sagen würde, es habe sich nicht rentiert. Wenn man mich heute fragt, möchte ich doch sagen, daß ich mehr gute als schlechte Häuser gefunden habe. Man durfte nur nicht so zimperlich sein. Ich war ja nicht der einzige, der fechten gegangen ist. Denn meine Geschwister waren ja auch unterwegs und haben andere Gebiete abgeklappert.

Eine besondere Erinnerung habe ich an meinen lieben Onkel Karl aus dem Hanauerland. Der war nämlich Seilermeister und brachte meinem Vater Seilerwaren, die er für ihn verkaufen sollte.

Es waren vorwiegend Pferde- und Ochsenstränge, Laub- und Grastücher, Wagenseiler, Schlittenseiler, Kälberstricke;

* geseichelt = gestunken

54

auch Zwick oder auch Treibschnüre, um mit der Peitsche zu knallen, waren dabei.

Wir haben diese Waren in Säcke verstaut und auf den großen Leiterwagen geladen. In aller Frühe morgens, so zwischen vier und fünf Uhr sind wir in Richtung Rötenberg aufgebrochen. Dort beginnt die württembergische Hochebene, und dort gibt es drum große Getreidebauern. Aber der Weg war weit, ein Weg dauerte etwa sechs bis sieben Stunden. Den mußten wir mit dem Wagen über Stock und Stein zurücklegen. Wenn wir aufbrachen, habe ich meist noch gefroren. Aber das ist mir rasch vergangen. Ich habe dann fest geschwitzt. Schlimm war's, wenn wir den schwerbeladenen Leiterwagen quer durch den Wald schieben mußten.

Dann waren wir für kurze Zeit fix und fertig und haben wie die Rösser geschnauft. So zwischen 18 bis 20 Stunden waren wir täglich immer auf den Beinen. Vor Mitternacht waren wir nie zu Hause. Am nächsten Morgen mußte ich dann wieder zur Schule, wo ich fast ununterbrochen schlief. Dem Lehrer durfte ich natürlich nicht sagen, warum ich so müde war. Das hatte mir der Vater streng verboten. Statt dessen gab er mir einen Zettel mit, auf den mein Vater geschrieben hatte, es sei mir tags zuvor nicht gut gewesen. Ehrlicher wäre wohl gewesen, wenn mein Vater geschrieben hätte, daß es mir nicht gut ging.

Dennoch hat es mir auf dem Rötenberg gefallen. Dort gab's nämlich immer große und gute Vesper. Ich war nur meistens viel zu müde und total kaputt, um es überhaupt essen zu können. Nur trinken konnte ich in großen Mengen. Es gab nämlich einen guten Apfelmost oder Milch.

Der Most hat mir besonders gut geschmeckt. Wenn ich davon viel getrunken hatte, bemerkte ich weniger die Strapazen. Auch die Schmerzen an den Füßen ließen schlagartig nach. Ich wurde sogar manchmal richtig lustig. Alles im Leben wurde so rosig. Nur hinterher hatte ich so eine Art Katzenjammer.

Auch auf diesen Gängen ging ich häufig viele Kilometer barfuß, denn die Füße sind in den schlechten, meist zu kleinen Schuhen buchstäblich angeschwollen.

Wenn der Vater im Haus mit den Bauern verhandelt hat, stellte ich mich mit meinen schweren Füßen in den Viehbrun-

nen. Das kalte Wasser, das aus einer Bleiröhre in den Holz-
trog plätscherte, hat meine Schmerzen gelindert. Dieses Wasser war für mich ein Geschenk. Mindestens zweimal pro Woche ging ich mit Vater auf die große Tour. Der hat sich tags
drauf bei meiner Mutter groß gemacht. Einmal hörte ich ihn
sagen, daß wir tags zuvor über 70 Kilometer marschiert seien.
Ich hatte natürlich keine Ahnung, wie weit so ein Kilometer
ist. Drum habe ich mich sogar gewundert, wie meine Mutter
gestaunt hat. Heute würde ich so etwas gar nicht glauben. Ich
würde sagen: „Das ist ein Aufschneider!" Ich glaub's manchmal selbst nicht mehr, daß ich's am eigenen Körper ertragen
und erlitten hatte.

Aber selbst am Sonntag konnten wir uns nicht auf die faule
Haut legen. Der Vater sagte zu uns Kindern, er müsse auch arbeiten, dann könne das uns auch nichts schaden. Wir müßten
ja nur so ein bißchen mitmachen, hat er gesagt. Aber dann hat
es sich doch lange ausgedehnt. Und mit der Zeit sind die Sonn-
tagsarbeiten zur Gewohnheit geworden. Jetzt haben wir uns
hilfesuchend an die Mutter gewandt. Kein Mensch müsse auch
noch am Sonntag arbeiten. Aber die konnte uns nur trösten.
Wenn sie was zum Vater gesagt hätte, wäre der böse geworden.

Sie bekam dann noch ein kleines Kind. Es war ein Bub, und
er hieß Karlheinz. Jetzt waren wir acht Kinder in der Familie.
Hinterher sind dann keine mehr gekommen.

Wenn mir nur der Lehrer geholfen hätte. Aber bei dem
habe ich nichts gegolten.

Meine Schulkleider waren natürlich auch nicht die allerbesten. Wenn mein älterer Bruder aus den Sachen herausge-
wachsen war, hat man sie mir gegeben. Das abgetragene Zeug
war meist schäbig, durchlöchert oder verflickt. Da konnte ich
bei den anderen nicht mithalten. Was mir der Lehrer aber
mehr übel genommen hat, war die Tatsache, daß ich selten etwas gewußt habe. Außerdem hatte ich es bei ihm verschissen*,
weil ich regelmäßig keine Hausaufgaben vorweisen konnte.

Man hat mich in der Schule meistens in die letzte Bank gesetzt, und mit der Zeit merkte ich, daß sich unser Lehrer überhaupt nicht mehr um mich gekümmert hat. Für mich war das

* verschissen = bei jemandem in Ungnade gefallen sein

natürlich sehr gut, denn so hatte ich meine Ruhe und brauchte meinen Grips nicht in Bewegung versetzen. Aber so ganz ungeschoren bin ich doch nicht davongekommen: Immer wenn das Geringste passiert ist, hat der Lehrer mich zum Sündenbock gemacht. Ich wurde zur Rechenschaft gezogen, und wenn ich in meiner Verzweiflung nichts sagte, hat man mir's als Bockigkeit ausgelegt. Dann hagelte es Hiebe auf meinen Buckel oder auf meine Hände.

Hatte einer meiner Mitschüler etwas verloren, schaute der Lehrer zuerst in meiner Tasche nach. Dabei ist er nicht zimperlich damit umgegangen. Er hat den Schulranzen ganz einfach auf den Boden geleert und mißtrauisch in dem Häuflein herumgestochert. Das Einräumen hat er dann wieder mir überlassen.

In den Pausen hat sich mein damaliger Lehrer sehr freundlich mit diesem oder jenem unterhalten. Mich hat er zwar als Lapp angeredet, aber ein Wort hat er mir niemals gegönnt. Die anderen Kinder wurden auch hin und wieder an die Tafel gerufen und durften etwas anschreiben. Mich hat er immer auf meinem Platz sitzen gelassen, auf dem ich über die langen Vormittage fast festgewachsen bin.

Und wenn er sich mit meiner Lehrerin auf dem Pausenplatz getroffen hat, war er wie verwandelt. Hei, da ging's munter und lustig zu, als wäre die ewige Fröhlichkeit ausgebrochen. Manchmal hat der Lehrer auf mich gedeutet. Die Lehrerin hat dann geguckt, den Lehrer angeschaut, und beide sind in schallendes Gelächter ausgebrochen.

Oft hat auch der Lehrer für längere Zeit das Klassenzimmer verlassen. Vorher hat er uns noch eine Menge Aufgaben an die Tafel geschrieben, daß es uns nicht langweilig wurde. Einer der Schüler durfte dann an der Tafel aufpassen. Dabei wurde immer abgewechselt. Nur bei mir hat man eine Ausnahme gemacht, mich hat man regelrecht übergangen. So bin ich nur ein einziges Mal mit dabeigewesen, das war, als ich mit ganz wenig anderen am Ende des Schuljahres sitzen geblieben bin. Aber das war mir wurscht. Was hätte ich in einer höheren Klasse verloren gehabt, wo ich doch nicht einmal in der jetzigen mitgekommen bin. Was der mit uns Schülern machte, war für mich total unverständlich. Ich saß halt da, machte Luftlöcher und saß meine Zeit ab. Ich überdachte den zukünftigen Tagesverlauf und die Tage, mit denen ich fern der Schule mein Dasein verbrachte, beim Hamstern oder beim Stricke-Verkaufen mit dem Vater.

Und eines Tages hat dann der Klassenlehrer jene Lehrerin tatsächlich geheiratet, mit der er immer so laut und unterhaltend über mich gelacht hat. Das war für mich insofern ein Fortschritt, weil ich dadurch unter die Fuchtel eines anderen, eines ziemlich alten Lehrers gekommen bin.

Im Jahr 1947 hab' ich mir zwei Zehen erfroren. Außerdem ist das Schloß abgebrannt.

Im Januar dieses Jahres wurde es so grimmig kalt, daß mir am linken Fuß glatt zwei Zehen abgefroren sind.

Das war so. Ich mußte einen Leiterwagen von Wolfach nach Hausach an den Bahnhof ziehen. Meine Tante Berta aus Mannheim war nämlich zu Besuch angemeldet, und sie hatte zwei große, schwere Koffer mit dabei. Drum hat man mich mit dem Leiterwagen an den Bahnhof geschickt. Die beiden Koffer waren bald aufgeladen, das war überhaupt kein Problem. Aber als es dann ab ging in Richtung Hausach, merkte ich bald, daß die Tante Berta beim Gehen durch den festgefrorenen Schnee Schwierigkeiten hatte. Wir mußten darum öfters anhalten, und ich setzte sie dann auf die beiden Koffer. Durch das Ziehen kam ich dann bald ins Schwitzen, nur die Füße wurden immer kälter. Wieder einmal hatte ich zu kleine Schuhe an, und die Schmerzen wurden immer unerträglicher.

Wenn ich wenigstens Socken angehabt hätte. Aber die konnte ich vor lauter Löcher nicht mehr anziehen. Das war bei meinen Geschwistern nicht anders. Drum hatte uns die Mutter für die Buben Fußlappen gemacht. Die wären ja gar nicht so schlecht gewesen, wenn sie nicht in den Schuhen drin zuviel Platz weggenommen hätten. Mit normalen Socken wäre man fein heraus gewesen.

Zwischen dem Leder der löchrigen Schuhe und der nackten Haut der an manchen Stellen bloßen Füße war jetzt kein Abstand, und so fror ich fürchterlich. Auch die Tante fing an zu schlottern. Außerdem konnte sie sich nur schlecht auf die Holzkoffer setzen. Sie lief manchmal ein kleines Stück, und schon setzte sie sich auf den Wagen, dessen Räder nun kaum vorwärts zu bringen waren. Ich spürte zunehmend, daß ich es nicht mehr schaffte, und meine Füße wurden zu böse angeschwollenen Klumpen.

Das war der qualvollste Marsch in meinem ganzen Leben. Ich weiß überhaupt nicht mehr, wie wir beide im Schloß in Wolfach ankamen. Nur ist mir noch gut in Erinnerung, daß ich vor Schmerzen laut gebrüllt habe. Schnell riß ich mir die Schuhe von den Füßen und steckte diese ins Backofentürle unseres Herdes. Aber jetzt wurden die Schmerzen so höllisch schlimm, daß mir Hören und Sehen verging. Ich habe geschrien, als ob man mich an einen Spieß gesteckt hätte.

Seit dieser Zeit habe ich meinen Schaden weg. Die beiden Fußzehen am linken Bein sind bis heute nie mehr richtig warm geworden. Da nützt auch das heißeste Bad nichts. Auch wenn im Sommer die Sonne vom Himmel brennt, bleiben die beiden Zehen kühl.

Es hat damals überall geheißen, daß dies der kälteste Winter seit vielen Jahren gewesen sei.

Trotz der Kälte vergingen nur ein paar Tage, da wurde es bei uns in der Wohnung nachts so heiß, daß wir schleunigst abhauen mußten. Da ist nämlich das Wolfacher Schloß bis hinunter auf die Erde abgebrannt. Da waren selbst die Feuer, die ich mit meinem Bruder vom Speicher unserer Straßburger Wohnung als nachts beobachtet hatte, ein Dreck dagegen. Die Flammen haben so wütend himmelwärts gezüngelt, daß ich glaubte, die Hölle hätte sich geöffnet.

Wir Kinder mußten ganz weit vom Brandherd wegrennen, sonst wären wir glatt gebraten worden. Das war vielleicht ein Geschrei. Die Feuerwehrmänner haben mit so kleinen Dingern gespritzt, und das Wasser ist im Feuer verschwunden, während die Flammen immer höher geschlagen haben.

Also die Spritzerei war gerade für die Katz'. Aber man hat doch nicht aufgehört damit. Sogar am Morgen haben noch einige Männer fest gelöscht. Es war ein grauenvoller Anblick, die schwarze Brandstätte und das verkohlte Holz. Noch tagelang qualmte Rauch aus den Trümmern heraus. Etwas hat allerdings das Spritzen der Feuerwehr fertiggebracht: Am verkohlten Holz hatten sich weiße Eiszapfen gebildet. Die verwandelten den grausigen Ort in eine Märchengrotte. Ich konnte mich nicht genug satt daran sehen.

Meine Familie hat ja schwer Glück gehabt. Es ist nämlich nur der große Flügel des Schlosses abgebrannt, nicht das kleinere Gebäude, in dem wir wohnten. So hatte ich in den kommenden Wochen viel Unterhaltung. Der Brandplatz wurde nämlich von ganzen Völkerscharen heimgesucht. Alle standen sie da und starrten dorthin, wo es eigentlich nichts mehr zu sehen gab. Ich hörte den Leuten zu, wie sie diskutierten und daran herumrätselten, wie das wohl hat passieren können.

Ich kletterte viel auf der Schloßruine herum und konnte mich an den heruntergestürzten Teilen nicht satt sehen. Die verkohlten Trümmer und die herumliegenden Utensilien zogen mich magisch an. Da lagen kaputte Möbel, verbrannte Schreibmaschinen, jede Menge von angesengtem Zeug nur so herum. Immer wieder gedachte ich der vergangenen Pracht. Ich erinnerte mich an die Herrlichkeiten, die jetzt so trostlos und dumpf nach oben starrten. Am meisten taten mir die in der Nähe stehenden Bäume und Sträucher leid, von denen nur noch abgebrannte Äste und ein bißchen vom Baumstamm übrig war.

Vom vielen Schauen verging ganz schnell die Zeit, und dann ist ein ganz prächtiger Frühling ins Land gezogen.

Jetzt hat mich der Vater zum Backsteinputzen mit in den großen Schloßhof genommen. Aus, das Träumen! Ich muß zwar sagen, daß mir dieses Geschäft für die erste Zeit ganz gut gefallen hat. Ich bekam nämlich wie die anderen einen ganz besonderen Hammer, der aussah wie ein kleines Beil. Damit mußte man den Mörtel zwischen den Steinen, der jetzt festgebackener Dreck war, entfernen.

Aber dann merkte ich mit einem Male, daß diese Arbeit so gar nicht von Pappe war. Die Backsteine mußten nämlich ganz bleiben und hinterher auch noch sauber sein. So etwas konnte einen in die Verzweiflung treiben.

Ich habe mich dann einfach auf den Steinhaufen gesetzt, den ich bereits geputzt hatte. Ich wußte sowieso nicht, ob mein Vater und die anderen Helfer für diese Arbeit etwas bekommen haben. Ich weiß nur noch, daß ich jeden Tag eine warme Suppe bekam und ein nettes Stück trockenes Brot dazu. Und das war mir die Arbeit schon wert, denn der Hunger hat mich um diese Zeit immer noch täglich geplagt.

Ein schwieriges Geschäft war es auch, wenn die Backsteine über den Platz transportiert werden mußten. Wir bildeten dann eine Kette, und man schmiß sich die Dinger zu, fing andere auf und warf diese wieder weiter. Das sah flott aus, war aber eine Schweinearbeit. Mit der Zeit hat es mir nämlich die Finger aufgeschmirgelt, und das Blut ist nur so aus den Schürfwunden gespritzt.

Aber darüber hat sich niemand aufgeregt. Die Arbeit ging gleichmäßig weiter, keiner durfte aufhören, sonst wäre das ganze System zusammengebrochen. Ich hätte mich auch nicht getraut, etwas zu sagen. Nur wenn meine Finger die Backsteine so richtig blutig gemacht haben, durfte ich zur Seite treten. Dann hat man mir eine leichtere Arbeit zugeteilt. Dann fing das Steineklopfen und Putzen wieder von vorne an.

Ich habe mich sehr darüber gefreut, daß es tatsächlich noch liebe Menschen gab, die meine blutigen Hände bemerkten und mich bedauerten. Das floß wie Öl in meine Seele; für die wäre ich durchs Feuer gegangen. Vielleicht war der Grund auch der, daß sie gemerkt haben, daß ich keine Steine fangen und schmeißen konnte. Dafür danke ich ihnen hinterher von Herzen.

Neben uns ist ein Mann gestanden, vor dem hatte jeder großen Respekt. Der hatte anscheinend etwas zu melden. Jedenfalls hat er die Steine gezählt und das Ergebnis auf einen großen Zettel aufgeschrieben. An dem haben wir alle ehrfürchtig hinaufgeblickt, der ist uns wie Gott persönlich vorgekommen. Am Morgen waren die Steine immer sehr kalt. Man mußte erst eine Weile draufsitzen, bis sie warm wurden. Wenn man dann für eine Weile wegging, waren sie hinterher schon wieder eisig. Drum blieb ich an der gleichen Stelle sitzen und kratzte das Zeugs weg, wie man mich dazu angeleitet hatte. Manchmal wollte die Zeit nicht weitergehen, alles schien stille zu stehen. Die Finger begannen wieder zu bluten, obwohl ich kaum richtig begonnen hatte. Wenn ich dann abends mit meinen zerschundenen Händen nach Hause kam, hat sie Mutter mit Seife abgewaschen, und von kaputter, alter Wäsche hat sie schmale Streifen abgerissen. Damit hat sie die Finger sorgfältig umwickelt. Wenn ich Glück hatte, hat sie die provisorischen Binden vorher noch mit ein bißchen Schweineschmalz eingeschmiert.

Das hat dann wunderbar gekühlt, und es ging mir hinterher sofort wieder besser. Ich hätte die Mutter am liebsten umarmt vor soviel Liebe.

Nur die Tatzen in der Schule haben tags drauf furchtbar wehgetan. Gleich sind die Wunden aufgesprungen, und die umwickelten Stellen haben sich blutrot gefärbt.

In dieser Zeit habe ich viel die Schule geschwänzt, weil ich vor den Schlägen des Lehrers Angst hatte. Selbst den Griffel konnte ich nicht mehr in die Hand nehmen. Ich habe ihn dann zum Schreiben zwischen den Mittel- und Zeigefinger gesteckt. Das war aber gar nicht so einfach, wie man meint.

Kam ich mit den aus Stoffstreifen umwickelten Fingern in die Schule, hat der Lehrer gleich zu schimpfen angefangen. Das sei kein Saustall, hat er gemeint, ich müßte den Verband abreißen.

Ich muß natürlich zugeben, daß die Lumpenstücke um die Finger meist dreckig waren, aber dafür konnte ich doch nichts. Zum häufigeren Wechseln hatten wir nun mal nicht genügend Lumpen, und schließlich hat mir die Arbeit immerhin Suppe und Brot eingebracht. Das waren mir die Leiden wert. Dieser Lehrer hätte ruhig ab und zu ein Auge zudrücken können.

Meine Mutter hatte da anscheinend eine ganz andere Meinung. Sie hat es mich spüren lassen, daß das mit dieser Arbeit für mich nicht ganz in Ordnung war. Sie hat nämlich hin und wieder geweint, wenn sie mir die Hände gewaschen und hinterher frisch verbunden hat.

Ich wollte sie dann trösten und habe sie angeschwindelt. Dann habe ich so getan, als ob ich überhaupt keine Schmerzen habe. Ich wollte doch auch schon ein großer Bub sein, so wie es der Vater immer brüllte, wenn er meine verweinten Augen sah.

Ein weiterer Vorteil dieser Beschäftigung war der, daß wir hin und wieder etwas Brennholz mit in die Wohnung hinübernehmen durften. Das mußten wir den Leuten, die uns angestellt hatten, hoch anrechnen, denn das bekamen wir gratis.

Wir haben uns über die von außen verkohlten Balken hergemacht. Die wurden ganz einfach aus den Mauerresten herausgerissen, klein gesägt und aufgespalten. Innen waren die Balken noch schneeweiß und haben noch sehr gut geduftet. Sie haben aber besonders gut gebrannt.

Der Nachteil bei dieser Arbeit war nur der, daß meine Hände jetzt immer kohlschwarz waren, daß ich den Dreck überhaupt nicht mehr herunterbrachte. Außerdem waren die Balken ziemlich heimtückisch. Da steckten zum Teil rostige, alte Nägel drin, die man erst bemerkte, wenn man sich an ihnen gekratzt oder gestochen hat. Besonders die Stiche taten elend weh und wollten hinterher nicht mehr zuwachsen.

Oh, es war eine schlimme Arbeit, dieses Holzmachen aus den Trümmern des verbrannten Schlosses, und der Ärger mit dem Lehrer wegen der dreckigen Hände war fast nicht mehr auszuhalten. Ständig hat er mit mir gescholten und mich vor den anderen blamiert.

Fast ein ganzes Jahr ist auf diese Weise verflossen. Und um den Vater nicht zu enttäuschen, habe ich meine Aufgaben ernst genommen. Was er mir befahl, war für mich das Evangelium: für Brennholz sorgen, Tannenzapfen zum Anfeuern sammeln, Heidelbeeren, Brombeeren, Pilze suchen, in der Kinzig Fische fangen und mit den schmutzigen Händen in den Seitentälern hamstern gehen.

Ich wußte inzwischen genau, wo man etwas ergattern konnte. Ich kannte auch die Höfe, wo man sicher war, daß man mit Flüchen zum Teufel gejagt wurde. Wenn ein Schild mit der Aufschrift „Warnung vor dem Hunde" an die Tür genagelt war, war es sinnlos, die Leute herauszuklopfen. Meist war weit und breit gar kein Hund zu sehen, aber Menschen eben auch nicht.

Die Schule saß mir immerzu wie ein Schreckgespenst auf dem Buckel. Das mit dem Schimpfen wegen meiner dreckigen Hände wäre ja gar nicht so schlimm gewesen, an so etwas gewöhnt man sich. Aber daß ich die Hausaufgaben nicht machen konnte, das hat mir das Genick gebrochen.

Zum einen habe ich schon gar nicht gewußt, wie ich die überhaupt machen sollte. Denn alles, was der Lehrer mit uns fabrizierte, waren für mich spanische Dörfer. Zum anderen hatte ich dazu überhaupt keine Zeit, und wenn ich dann mal daheim bettelte, man solle mir helfen, wurde ich bloß angebrüllt. Ein rechter Junge macht seine Hausaufgaben selbst, hat mein Vater gesagt, überhaupt, wo solle er die Zeit hernehmen? Und das Weinen meiner Mutter hat mir schon gar nichts genutzt.

So bekam ich halt jeden Tag meine zwei Tatzen, und auch daran gewöhnten sich meine Hände. Es hätte mich gewundert, wenn sie der Lehrer einmal vergessen hätte. Gut war nur, daß er mich gleich prügelte, bevor der Unterricht losging. So konnte ich mich hinterher seelenruhig in die Bank setzen und hatte bis zum Heimgehen meine Ruhe.

Am Ende des Schuljahres blieb ich sitzen, und im nächsten Jahr hörte ich mir den gleichen Kram von vorne an. Denn der Lehrer benutzte immer die gleichen, kleinen dünnen Heftchen. Und wieder konnte ich nicht das Geringste verstehen. Nur manchmal fragte ich mich, wozu man eigentlich in der Schule so viele kostbare Zeit verplemperte. Ich glaube, wenn die Schule nicht gewesen wäre, hätte ich es ganz schön gehabt.

Um 1949 kommt ein Bauer ins Haus und begutachtet mich. Er dreht mich nach allen Seiten und verspricht meiner Mutter, mich gut zu füttern, wenn ich bei ihm Hirtenbub werden dürfe.

Bei schwerer Arbeit und wenig Brot ist immer mehr Zeit vergangen. Eines Tages erklärte mir mein Vater, daß es jetzt höchste Zeit werde, daß ich mich auf die eigenen Füße stelle. Die Faulenzerei müsse ein Ende haben. In der nächsten Woche käme ein Bauer vorbei, der wolle mich ansehen, ob ich zum Hirtenbub tauge. Ich solle mir ja Mühe geben, daß er einen guten Eindruck von mir bekomme. „Sonst nimmt er dich nicht", hat der Vater gesagt, „und das wäre nicht gut für dich." Das war im Frühjahr 1949.

Und ich war dann auch sehr gespannt auf den Bauern, wie der wohl ausschaut und was er von mir hält.

Tatsächlich kam eines Tages einer zu uns ins Schloß. Meine Mutter hat mir noch schnell die Kleider ein wenig zurechtgezogen und mir mit ihrem Taschentuch und ein wenig Spucke das verschmutzte Gesicht abgewischt. Auch meine Haare hat sie mir mit ihren Händen etwas gescheitelt und glatt gedrückt, bevor sie mich zum Bauern führte.

Ich war gespannt, als mich meine Mutter an der Hand nahm. Wir gingen dann zusammen in die Küche, in der sich sowieso alles abgespielt hat. Und siehe da, ein mittelgroßer Mann mit einem grünen Anzug und einem Hut auf dem Kopf stand breitbeinig da und hat mich von oben bis unten angesehen, ehe er mir seine starke Hand entgegenstreckte.

Der hat mich gemustert, als wäre er ein Doktor. Dann hat er mich an meiner Schulter gepackt, mich herumgedreht und zu meiner Mutter gesagt: „An den Kerle kriegen wir noch was na'gfuttert*!"

Das hat in meinen Ohren ganz gut geklungen, denn mit dem Essen hat's bei uns immer gehapert.

Der Bauer hatte einen großen Schnurrbart, und wie er so dastand, habe ich gleich gemerkt, daß er viel von sich selbst hielt. Endlos hat er mich herumgedreht, meine Armmuskeln abgetastet und beifällig gesagt: „Ich glaub, der kann dranlangen. Der soll nur bald komme, dann henner wieder einen weniger am Tisch."

Ich habe gespannt zugehört. Zu melden hatte ich sowieso nichts. Er hat sich lebhaft mit meiner Mutter unterhalten. Herausgehört habe ich nur, daß ich für meine Arbeit das Essen, die Kleider und auch ein Taschengeld erhalten würde. Zum Schluß hat er sich an mich gewandt: „Gell Bub, die nächst Woch kommsch so glie, gell?"

In meinem Kopf ging jetzt viel herum. Die Gedanken stürzten nur so übereinander: Das erste Mal in meinem Leben ging's von zu Hause fort. Endlich konnte ich mich satt essen. Ich würde andere Lehrer bekommen, die mir vielleicht keine Tatzen mehr geben. Oder vielleicht würde der neue Lehrer auch mit mir reden.

An den Sonntagen sollte ich frei haben. Ich würde auch schöne Kleider tragen und sogar Geld wie andere haben. Alles nur gute Aussichten. Ja, ich habe mich auf das neue, schöne Leben sehr gefreut.

Der Bauer hatte Kühe und Ziegen. Mit denen würde ich bald Freundschaft schließen. Was würde das für ein herrliches Leben werden. Aber dann kam mir auch in den Sinn, daß ich dann meine liebe Mutter nicht mehr hatte. Aber der Vater hatte ja gesagt, es sei Zeit, daß ich mich auf die eigenen Füße stellen würde. Und wenn es mir schlecht gehen würde, könnte ich ja immer zu meiner Mutter nach Wolfach zurückkehren, so habe ich gedacht.

* na'gfuttert = er bekommt mehr Fleisch auf die Rippen

Die kommende Woche verging wie im Flug. Der letzte Sonntagabend war herangebrochen, als mich der Vater in die Küche holte und sagte, daß morgen Bündlestag sei. Das ist ja kein Problem für mich, dachte ich, denn mein Bündel würde ich schnell beieinander haben.

Die letzte Nacht im Haus bei meinen Eltern, war schon ein wunderliches Gefühl. Also schlafen konnte ich kaum. Allerlei Gedanken sind in mir hochgestiegen. Eines wollte mir überhaupt nicht den Hals hinunter, daß ich jetzt meine Mutter und meine Geschwister nicht mehr um mich habe. Ich wollte diesen Gedanken immer wieder aus dem Kopf drängen, aber unaufhörlich stieg er in mir hoch. Wie ein riesiges Gespenst stand er vor mir in der Dunkelheit, und ich wäre froh gewesen, wenn die Nacht bald zu Ende gegangen wäre.

Aber dann bin ich gottlob doch noch eingeschlafen.

Am nächsten Morgen in der Frühe bin ich dann aufgestanden und habe der Mutter noch einen großen Korb voll Brennholz und Tannenzapfen zum Anfeuern vom Speicher in die Küche heruntergeholt.

Dann gab's mein letztes Frühstück im Elternhaus. Mutter hatte einen Kaffee aus gerösteten Eicheln angebrüht. Dazu gab's ein Stück trockenes Brot.

Aber ich hatte wenig Hunger, ich war eher nervös und halt doch ein wenig traurig. Daß ich aus dem Hause mußte, darunter habe ich sehr gelitten.

Da war der Vater schon munterer. Er sagte mir, daß er mir meine Kleiderschachtel ein Stück weit mit dem Fahrrad auf dem Gepäckträger in Richtung Kirnbach fahren würde. Im oberen Teil des Kirnbacher Tales stand nämlich der Hof, auf dem ich als Hirtenbub künftig meine Bleibe haben sollte.

Und so wurde das Frühstück beendet. Vater sagte, ich solle meinen Schulranzen aufsetzen und der Mutter und den Geschwistern noch ade sagen.

Der Vater war bereits mit der verschnürten Schachtel zum Fahrrad gegangen, als ich noch schnell zu meinen Geschwistern ging. Meine jüngste Schwester war ja noch so klein, und meine Mutter hatte sie gerade auf dem Küchentisch mit frischen Windeln gewickelt. Ich habe ihr zum Abschied ihr kleines Ärmchen geschüttelt. Dabei bin ich in Tränen ausgebrochen, denn ich hab' ja gewußt, daß ich sie jetzt lange Zeit nicht mehr zu Gesicht bekommen würde. Ich hab' dann auch meiner Mutter die Hand gegeben, aber in meinem Hals ist ein Kloß gesteckt. Kein einziges Wort hab' ich mehr herausgebracht. Meine Mutter hat mich fest an ihren Körper gedrückt und mir einen Kuß auf die Stirn' gegeben. Jetzt hab' ich auch bemerkt, daß sie geweint hat. Warme Wassertropfen sind nämlich auf mein Gesicht gefallen. Die haben sich dort mit meinen Tränen vermischt, die ich mir mit der Hand aus dem Gesicht wischte.

Noch eine Weile sind wir so gestanden. Sie wollte mich nicht mehr loslassen. Gesprochen haben wir kein Wort, aber ihre Umarmung hat mir so gut getan.

Als ich merkte, daß der Druck meiner Mutter nachließ, habe ich mich von ihr befreit und bin zur Türe gelaufen. Dort habe ich mich noch einmal umgedreht und gesehen, wie die Mutter mit ihren roten Augen meine jüngste Schwester an sich nahm und liebkoste.

Ich wußte jetzt, daß auch meine Mutter schweren Zeiten entgegenging. Aber meine kleine Schwester würde mich sicher ersetzen.

Es war ein Maienmorgen wie aus dem Bilderbuch, als ich Wolfach verließ, um auf der Landstraße in Richtung Kirnbach zu marschieren. Mein Vater hatte mein Bündel mit dem Fahrrad im Gasthaus bei der Kirche abgeladen. Ich war schon etwa eine Stunde unterwegs, als er mir wieder entgegenkam, anhielt und mich mit auf die Seite nahm. Ich könne in Kirnbach mein Bündel abholen und zum großen Steinbruch rechterhand laufen. Der erste große Hof sei mein zukünftiger Arbeitsplatz. Von meiner Hamsterei her kannte ich die Täler ziemlich gut. Dorthin zu kommen war also kein Problem für mich.

Mein Vater hatte es nun plötzlich eilig. Doch bevor er sich wieder auf sein Fahrrad schwang, ermahnte er mich, anständig und ehrlich zu sein. Ich möge mich seiner würdig erweisen, solle nicht schimpfen, wenn's mal nicht so nach meinen Wünschen verlaufe. Ich möge stramm arbeiten, gute Arbeit gehöre zur Pflicht eines jeden Menschen.

Indem er mir alles Gute wünschte, gab er mir die Hand:

„Mach's gut. Wenn du uns 'mal besuchst, kannst du ruhig ein rechtes Stück Speck mitbringen."

„Ja", habe ich gesagt und bin dann gleich weitermarschiert.

Das Laufen war ich ja gewöhnt. Ich habe den Gasthof hinter der Kirche in Kirnbach gut gefunden und meine Schachtel abgeholt. Der Wirt hat mich noch ziemlich ausgefragt. Er wollte vor allem wissen, wo ich hingehe. Drum bin ich noch länger in der Wirtschaft gestanden und hab' auf den runden Holztischen schöne, große Brezeln gesehen. Kaufen konnte ich allerdings keine, denn ich besaß keinen Pfennig. Dafür stand neben dem großen Gasthof ein langer Brunnen, aus dem ich Wasser trinken konnte. Bevor ich aufgebrochen bin, habe ich mir dann noch ein wenig Wasser mit der Hand über die Stirne gewischt. Jetzt war ich wieder ganz frisch. So etwa eine knappe Stunde mußte ich noch weiterlaufen, bis ich zum Steinbruch kam. Ein paar Fußschritte weiter sah ich den Hof stehen, der meine neue Heimat werden sollte. Im Nu hatte ich an Ort und Stelle sein können. Ich blieb aber plötzlich stehen.

Meine Füße wurden so schwer, als waren sie aus Blei. Viele Gedanken plagten mich. Was wird mich jetzt wohl alles erwarten?

Ich machte ein paar Schritte, und schon stand ich wieder fest. In meinem Kopf war ein großes Durcheinander.

Alles Trödeln half mir aber nichts. Ich kam immer näher ans Haus heran und stand, eh ich mich's versah, vor dem Bauernhof, der zu Kirnbach gehört.

Ich wollte gerade die Treppe zum Hauseingang hochsteigen, als mir schon ein schwarzer, großer, bellender Hund entgegensprang. Im gleichen Augenblick öffnete sich die Haustüre, und die Bäuerin, eine etwas kleine, nette Frau kam mir mit ihrem langen, schwarzen Rock entgegen und gab mir die Hand. Sie fragte nach meinem Namen und ging mit mir in die Stube. Ob ich wohl Hunger hatte? Das hat sie mich tatsächlich gefragt, und ich habe nur scheu und fremd mit dem Kopf genickt. Sie holte dann einen großen Laib Brot mit einem Teller, auf dem ein großes Stück runde Butter lag. Beides hat sie auf den Tisch gestellt.

Noch einmal ging sie aus der Stube heraus, um nach einer Weile mit einem großen Messer zurückzukommen. Jetzt nahm sie den Brotlaib an ihre Brust und schnitt einen großen Fladen rundherum ab. Diesen legte sie auf ein Holzbrett und hat ihn ganz dick mit der schönen, gelben Butter beschmiert.

Sie hat mich so lieb angeschaut, als sie sagte: „Jetz' Bub, kannsch alles esse, kannsch gern' alles esse!"

Gierig habe ich mich auf das ganze Stück Butterbrot gestürzt, und es mir nichts, dir nichts heruntergeschlungen. Die Bäuerin ist dabeigesessen und hat mir zugeschaut. Einmal ist sie noch hinausgegangen und hat mir noch ein Glas frische Buttermilch gebracht.

Dann hat sie sich zu mir an den großen Tisch gesetzt und wollte allerlei wissen. Sie hat dann ganz lieb gesagt, daß ich keine Angst zu haben brauche. „Wir haben noch niemand gefressen. Jetzt wird dann bald der Bauer kommen. Der wird dir dann deine Kammer zeigen und dir sagen, was du bei uns schaffen* mußt."

Der große, schwarze Hund hat sich gleich ganz nah' neben mich auf den Fußboden gelegt und hat mich schon so richtig lieb angeschaut.

„Der heißt Karo!" hat die Bäuerin gesagt.

„Der muß unseren Hof bewachen, denn ab und zu kommt so manch' Gesindel am Haus vorbei, dem kann man nicht trauen."

Nach einer Weile ging die Stubentüre auf, und der Bauer ist hereingekommen. Er ist gleich auf mich zugegangen und hat gesagt: „So, des isch aber recht, daß du gekommen bisch. Und 'gesse hascht ja auch schon, wie ich seh'! Jetz' zeig ich dir auch gleich deine Kammer, daß du auch weischt, wo du nach Feierabend daheim bisch."

Wir sind dann zusammen in die alte, schwarze, verrauchte Küche gegangen. Dann ging's aus der Küche heraus in eine Kammer hinein, die war total dunkel und so verraucht, daß die Küche mir jetzt buchstäblich als hell erschienen ist. In der Mitte stand eine hohe, alte Bettlade, daneben ein alter, eintüriger Schrank. Der Bauer zeigte mir dann, wie der Schrank geöffnet wird. Da war seitlich ein langer, krummgebogener Nagel eingeschlagen, den man einfach herumdrehen mußte. Und schon ging die Tür auf.

* schaffen = arbeiten

„Aber mach' ja immer gut zu, sonst scheißen dir die Katzen in den Schrank. Und laß' mir ja kein Licht brennen, besonders nicht in der Nacht, denn's Licht ausmache isch's wichtigste von allem. Der Strom isch sowieso so sauteuer, weisch!"

Ich staunte, wie gut der Bauer reden konnte. Er ging dann weg, und ich habe meine verschnürte Schachtel auf das Bett gestellt, um sie zu öffnen. Dazu brauchte ich natürlich Licht. Das weiße Bettleintuch war zwar hell, aber doch nicht so, daß es das Zimmer erleuchtet hätte.

Den Schalter hatte ich gleich gefunden, aber die Funzel leuchtete so schwach, daß man sie kaum gemerkt hat. Die Birne glühte nur schwach. Das war schuld, daß ich die Schnur der Schachtel einfach nicht aufbekam. Meine abgebissenen Fingernägel taugten sowieso nichts, um die kleinen Knoten aufzuschnüren. Immer wieder habe ich es probiert, aber da war nichts zu machen. Es ging und ging nicht. Schließlich habe ich es aufgegeben. Ich wollte dann mit der Schachtel in die Küche hinübergehen. In dem Moment ist wieder die Türe aufgegangen, und wieder ist jemand hereingekommen. Es war aber weder der Bauer noch die Bäuerin, dafür ein junges, nettes Mädel mit einem schönen, blonden, dicken, langen Zopf.

„Wohnst du auch hier?" hat sie gefragt. Sie hat dabei so schön gelacht und mir gesagt, daß sie die Tochter vom Hof sei.

Zu diesem Mädchen habe ich gleich Vertrauen gehabt und sie gefragt, ob sie mir helfen könne, die Schachtel aufzumachen.

Sie hat wieder so schön gelächelt und ist mit mir in die Kammer gegangen. Dort sah sie dann die Schachtel stehen und hat mich gebeten, sie in die Küche zu bringen.

„In dem dunklen Loch sieht man ja überhaupt nichts."

Das war mir natürlich aus dem Herzen gesprochen. Sie hat dann eine Schere genommen und mit Leichtigkeit das Paket aufgehabt. Flink war das Mädel, das mußte man ihm lassen. Ich habe sie richtig bewundert und mich an meine liebe Odesa erinnert, der sie ähnlich gesehen hat.

War das ein liebes Kind! Ein Wesen, das mit jedem Handgriff Ordnung zu schaffen verstand.

Sorgfältig nahm sie die Kleider aus der Schachtel und brachte sie in meine Kammer, wo sie jedes Stück griffbereit aufs Bett legte.

„Ich komm' gleich wieder", hat sie gesagt, „ich hole nur noch schnell eine Schaufel und einen Handbesen."

Wahrhaftig, im Nu war sie wieder da und fegte den Schrank aus. Da lag uralter Staub drin, ganze Rauchschwaden wollten aufsteigen, als sie so hineinfuhr. Aber sie holte noch schnell ein feuchtes Tuch und hat zuletzt auch noch den Schrank außen abgerieben. Gleich hat der viel besser ausgesehen.

Danach hat sie meine Kleider wunderbar in Reih' und Glied in den Schrank gelegt. Ich hab's Maul aufgesperrt und nur so gestaunt, wie meine Sachen im Schrank plötzlich ganz ordentlich ausgesehen haben. Ich war so glücklich, daß ich ihr gleich gesagt habe, ich würde Horst heißen. Natürlich war ich neugierig, wo sie wohl wohnen würde.

„Gleich neben deinem Zimmer", hat sie gesagt.

Und dann ist es buchstäblich aus mir herausgesprudelt: „Darf ich dann an die Wand klopfen, wenn ich mal fest Angst habe?"

„Ja, ja", ist es so ganz direkt aus ihr herausgekommen, „aber du brauchst doch keine Angst zu haben, wir haben ja einen großen Hund. Der merkt alles und läßt keine Fremden ins Haus."

Anschließend ist sie mit mir noch in den Stall gegangen und hat mir das Vieh gezeigt. Das hat uns beide ziemlich hungrig angeglotzt. Drum sind wir auch gleich miteinander auf die Wiese gegangen, und ich habe das Grastuch mit frischem Futter gefüllt. Ich war so begeistert, daß ich das Grasbüschel kaum heimtragen konnte, weil ich zuviel hineingestopft habe.

Leider mußte sie dann in die Küche gehen, um der Bäuerin beim Abendschaffen* zu helfen. Da mußte zum Beispiel das Abendessen für alle gerichtet werden. Die Schweine bekamen ihre warme Tränke, den Rindern wurden die Krippen mit Gras vollgestopft.

Flugs war die Zeit vergangen, und wir saßen dann bald wieder zusammen beim Abendessen in der finsteren Küche. Für mich war das besonders anregend, denn der Hund und die Katzen waren auch mit dabei. Sie schlabberten ihre Milch. Die Bäuerin hatte die große Türe am schwarzen Herd offen gelassen. Das Feuer züngelte unruhig zwischen den Scheitern

* Abendschaffen = Essenrichten für Mensch und Tier

72

herum und warf mancherlei Figuren an die Wände des dunklen Küchenraumes. Das war gespensterhaft und spannend wie eine Geschichte. Man konnte sich so seine Gedanken über die merkwürdigen Figuren machen, die ununterbrochen über die Wand geisterten.

Das war jeden Abend so. Zum Schlusse durfte ich dann noch mit den Bauersleuten eine Weile in die Stube gehen. Dort hat der Bauer hin und wieder mit der Bäuerin diskutiert. Sie haben's meistens von einem Fortsetzungsroman gehabt, der in der Zeitung abgedruckt wurde. Dabei konnten sie darüber mutmaßen, was wohl in der nächsten Folge stehen würde. Sie haben die Geschichte weitergesponnen und auf ihre Art ausgemalt.

Langsam fing alles zu gähnen an. Der Bauer ist aufgestanden und hat zu mir gesagt: „So Bub, jetzt gehen wir ins Bett, damit wir morgen wieder Kerle sind."

Kaum hatte ich mich hingelegt, war ich auch schon weg. In aller Frühe hat mich der Bauer geweckt und in den Stall mitgenommen.

Dort hat er mir dann gezeigt, wie man den Kühen und Ziegen den Mist wegkratzen muß, den sie über Nacht geschissen hatten. Der war am Morgen total zertreten und klebte als dünne Schicht auf den abgetretenen Bodenbrettern, aus denen die Äste wie Buckel herausragten.

Ich hatte den Mist in den Stallgang zu schieben und von dort in den schweren, alten Holzkarren aufzuladen. Danach mußte ich das Gefährt über ein schmales Brett auf den Misthaufen karren und auskippen.

Natürlich hat das nicht auf Anhieb geklappt. Oft ist zum Beispiel das Mistkarrenrad vom glitschigen Brett abgeglitten, und es hat mir den Karren aus der Hand gerissen. Bis ich dann das Gefährt wieder aus der Gülle und dem Dreck gezogen hatte, habe ich wie eine Sau ausgeschaut. Aber ich habe mich selbst getröstet und gedacht, daß es schon klappen würde, wenn ich alles ein paarmal gemacht hätte.

So ist's dann auch gewesen.

Später kam dann die Tochter und hat die Kühe und Ziegen gemolken. Die machte das wie nichts. Zuerst hat sie den Kühen den Schwanz angebunden, damit sie diesen nicht herumschlenkern konnten. Dann wurde das Euter abgewaschen, während sie schon auf dem Melkschemel saß. Schließlich hat sie zwei Striche mit den beiden Händen gefaßt und so geschickt daran gezogen, daß die Milch nur so in den Kübel zwischen den Beinen gespritzt ist. Die hat's wirklich erstklassig gekonnt, und man hat auch gemerkt, daß die Kühe ihre Milch gerne abgaben.

In der Zwischenzeit hat der Bauer die Tiere gefüttert, und zum Schluß ist dann die Bäuerin gekommen und hat den Sauen ihr warmes Futter in den Trog geleert. Wie die dann so geschmatzt haben! Das war selbst für mich ein Genuß.

Wir hatten immer so um vier oder fünf Kühe herum, dazu einige Rinder und Kälber, außerdem so drei bis vier Ziegen.

Manchmal bekam auch die oder jene Kuh eine Tränke. Das waren die, die trächtig waren. Dazu wurde in einen Holzbottich Kleie oder geschrotete Frucht geschüttet und heißes Wasser dazugerührt. Das gab dann einen dicken, sämigen Brei. Ich hatte dann den schweren Kübel von der Küche in den Stall hinunterzutragen.

Nach dieser ersten Tagesarbeit gab's in der Küche gekochten Malzkaffee und heiße Milch. Manchmal haben wir auch eine Suppe gelöffelt, in die selbstgebackenes Schwarzbrot geschnitten war.

Sobald ich mit dem Kaffee fertig war, hat die Bäuerin kleingeschnittenen Speck auf ein Stück trockenes Brot gelegt, das Ganze zusammengeklappt und in ein Zeitungspapier gewikkelt. Der Bauer hat dann gesagt, ich soll draußen am Weg warten, bis die anderen Schüler von der Höhe herunterkommen würden. Ich soll dann einfach hinter ihnen herlaufen, dann würde ich die Schule schon finden.

Geht das schon wieder los mit dieser Scheißschule, habe ich mich gefragt, rennt mir denn diese ekelhafte Schule überall hin nach?

„Daß du mir aber nach der Schule ja gleich heimkommst, wir haben nämlich einen Haufen Arbeit", hat mir der Bauer noch eingeschärft. Jetzt fing der Hund zu bellen an, und die Bäuerin hat gleich gewußt, was das zu bedeuten hatte: „Jetzt Bub, lauf halt mit, sei anständig, gell?"

Ich sagte ade, sprang durch die Küchentüre in den Saugraben und gelangte durch ihn hindurch auf die Straße.

Die ersten, die kamen, haben mich schon gar nicht beachtet. Noch ein wenig scheu bin ich einfach neben der Horde hergelaufen. So nach und nach hat mir dieser oder jener doch das Maul gegönnt und gefragt, woher ich komme und wie ich heiße. Das waren so drei bis vier Buben und gleichviel' Mädle. Die Mädchen waren gesprächiger und haben über meine Auskünfte ab und zu gekichert. Manchmal haben sie sich auch dies und das ins Ohr geflüstert. Die Buben waren etwas ernster und haben mich wohl voller genommen. Insgesamt waren alle sehr nett. So zusammen war der Schulweg schon kurzweilig. Vom Obertal sind wir in die Dorfmitte gelangt. Dort ist die Schule auf einer kleinen Anhöhe gestanden.

Ich bin mit den anderen ins Klassenzimmer hineingegangen und bin dort ziemlich verloren 'rumgestanden. Aufgeregt und verlegen habe ich auf den Lehrer gewartet.

Endlich ist die Türe aufgegangen, und eine große Frau mit einem ernsten Gesicht ist hereingetreten. Das war also meine neue Lehrerin.

Wie der erste Schultag in Kirnbach vorübergegangen ist.

Alle Kinder sind sofort aufgespritzt und sagten wie auf ein Kommando: „Guten Tag, Frau Lehrerin."

Sie hat mit dem Kopf genickt und mit einem neugierigen Blick den Raum abgestreift. Dabei hat sie mich entdeckt und mir mit der Hand gewunken. Ich ging sofort zu ihr an den Lehrerpult, der auf einem Podest stand. „Du bist also ein Neuer", hat sie gefragt. Ich habe heftig mit dem Kopf genickt. Schon stellte sich eine senkrechte Falte von der Nasenwurzel aufwärts, und sie sagte streng: „Kannst du nicht sprechen?"

Ich war im Moment so nervös und durcheinander, daß ich nur unverständliches Zeug stotterte.

Ob ich denn kein Schreiben von der Volksschule in Wolfach mit dabei habe.

Ich war total überfragt, stolperte zu meinem Schulranzen und fand darin tatsächlich einen Brief. Erleichtert habe ich ihn gepackt und bin gleich wieder zur Lehrerin zurückgelaufen. Die hat ihn aufgerissen und vor sich hingehalten. Ich bin stocksteif dagestanden und wäre froh gewesen, wenn diese Prozedur endlich vorbei gewesen wäre. Nach einer Weile drehte sie sich um zu mir und hat mit einem verächtlichen Ausdruck in ihrem säuerlichen Gesicht gesagt: „Es ist eigentlich schade, daß immer nur die Dummen zu uns aufs Land kommen. Wenn nur einmal ein Gescheiter käme!"

Wieder bin ich saublöd' dagestanden, während die ganze Klasse gekichert hat.

„Also Lapp", hat sie gesagt, „du kannst dich da hinten in die letzte Bank setzen, denn dort sitzt noch so ein Dummer."

Die Klasse hat wieder gegrinst und gelärmt, bis die Lehrerin eingeschritten ist. Der Lärm schien ihr auf die Nerven zu gehen. Was in mir vorgegangen ist, weiß ich nicht mehr genau. Ich bin fix und fertig gewesen, nicht einmal zum Weinen hat's

gereicht. Die Tränen sind mir einfach in der Nasenwurzel stek-
ken geblieben. Wie betäubt setzte ich mich zu dem dummen
Schüler, der auch ganz traurig ausgeschaut hat. Aber gottlob
waren wir nicht lange allein. Es kamen nämlich noch weitere
Hirtenbuben von verschiedenen Waisenhäusern dazu, die sich
auch alle zu uns Deppen setzen mußten. So waren wir ein ganzes Trüppchen, das allerdings absolut nichts zu melden hatte.

Ein Hirtenbub und ein Bauernkind, das war damals wie Tag
und Nacht. Der Hirtenbub war ein Nichts, der hatte nie etwas
zu melden, die Bauernkinder wurden gehätschelt. Es waren
die großen Asse. Ich habe gleich gemerkt, daß ich in dieser
Schule vom Regen in die Traufe gekommen bin.

Wir Hirtenbuben wurden schon gar nicht beim Vornamen
genannt, und an die Tafel schreiben durften wir auch nie. Wir
waren der letzte Dreck. Die lieben Bauernkinder wurden gehätschelt, wir waren nur zum Schimpfen vorhanden.

Eines habe ich allerdings dieser Lehrerin hoch angerechnet.
Wenn nämlich einem etwas fehlte, sagte sie rigoros: „Paßt selber
auf euer Zeug auf. Nur einem Schlamper fehlt immer etwas."

In Wolfach war ich immer der Sündenbock gewesen. Jetzt
wurde mein Schulranzen nicht mehr vor den Augen aller anderen auf den Fußboden geschüttet. Darüber war ich sehr froh.
Solche Verdächtigungen sind mir früher stark an die Nerven
gegangen. So eine Blamage. Und irgend etwas blieb immer an
einem hängen.

Nie hätte ich jemandem etwas stehlen wollen. Wie froh bin
ich doch immer gewesen, wenn ich anderen Freude bereiten
konnte. Nur ich hatte keine solchen. Was an dem Vormittag so
alles passiert ist, habe ich längst vergessen. Um 12 Uhr wurde
Schluß gemacht, und gleich habe ich mich auf den Weg ins
Obertal gemacht, weil ich die Mahnung des Bauern in den Ohren hatte, ja nicht zu spät heimzukommen.

Ich bin wie verrückt gelaufen. Ich wollte nämlich dem Bauern eine Freude machen. Der sollte staunen und sagen: „Was,
du bist schon da?" Aber trotz aller Hetze habe ich fast eine
Stunde gebraucht, und niemand hat mich gelobt. Die Bäuerin
hatte etwas Aufgewärmtes vom Mittagstisch aus dem Brat-
ofen gezogen und mir zum Essen auf den Küchentisch gestellt.
Hungrig bin ich darüber hergefallen, denn ich bin schließlich

Hirtenbub geworden, um keinen Hunger mehr zu haben. Ich war noch nicht richtig fertig, da mußte ich die Schulkleider ausziehen und das alte Glumps* hervorholen. Und schon stand der Bauer vor mir, groß und breitbeinig, als ob ich 'was angestellt hätte: „Wenn's geht, Bub", sagte er, „kommst du morgen ein wenig früher, daß wir gleich auf den Berg 'naufkönnen. Ich muß dir nämlich zeigen, wo du das Vieh hintreiben mußt und wie weit du ausfahren** darfst." Da stand ich mit einem saudummen Gesicht. Wir sind dann zum Stall hinuntergegangen, und er hat das Vieh und die Geißen losgebunden. Ich hab' mich ihnen in den Weg stellen müssen, damit keines der Tiere die Talstraße heruntergerannt ist. Die Bäuerin hat oben aufgepaßt. Bis wir dann auf der Weide oben waren, hat mir der Bauer alles erklärt gehabt, was so ein Hirtenbub wissen muß. Was mir beim einen Ohr hereingestopft wurde, ist gleich zum anderen herausgefallen. Es ist schon eine Weile gegangen, bis ich es heraus hatte, wie ich mich bei den Kühen und Geißen verhalten muß. Immer wieder hat er mir eingeschärft: „Du mußt sie schön beieinander halten. Immer unterhalb der Viecher stehen, daß du sie gleich beim Schlawittchen packen kannst, wenn eine von einer großen Roßbremse gestochen wird."

Feierlich hat er mir erklärt, daß nur der ein guter Hirtenbub sei, der die Viecher nach Hause lasse, wenn sie ganz voll und rund seien. Das habe ich mir gut gemerkt, denn ich wollte mich auf keinen Fall blamieren. Ich wollte alles recht machen.

Am ersten Nachmittag ist es ganz gut gegangen. Es war schon ziemlich dunkel, als sie pralle Bäuche hatten.

Jetzt konnte ich mit ihnen einfahren, also sie zum Stall zurücktreiben. Dort hat mich die Bäuerin mit der Tochter erwartet. Sie haben mir beim Anbinden geholfen. Jedes Tier mußte an seinem angestammten Platz stehen, sonst wäre der Bauer bös' geworden. Kaum sind die Viecher lammfromm dagestanden, fing die Tochter mit dem Melken an, und der Bauer hat noch etwas frisches Gras in die Futterkrippe gestopft. Erst als der Stall tipptopp in Ordnung war, ging's in die Küche. Zum Abendessen gab's heiße Schalkartoffeln und Milch.

* Glumps = altes Zeug

** ausfahren = austreiben der Rinder und Ziegen

Wieder sind wir alle schön beieinander gesessen um den alten Tisch herum. Und ich glaube, daß ich mich schon richtig wohl gefühlt habe. Hund und Katzen lagen wie eine Familie durcheinander. Im Herd brannte wieder ein schönes Feuer, und der gute Geschmack von Holzwellen durchzog den Raum. Das roch einfach prima. Ich durfte mir Kartoffeln nach Belieben herausnehmen und nutzte das reichlich aus. Und dann die gute Milch. Es hat erstklassig geschmeckt.

Während des Abendessens hat die Bäuerin den Bauern gefragt, ob ich's recht gemacht habe. Der Bauer sagte drauf: „Es tut's*!". Das empfand ich als hohes Lob und war so froh und glücklich, daß ich sogar vergaß, daß ich todmüde war.

Noch nie in meinem Leben hatte ich ein Lob bekommen. Nur die gute Odesa und die lieben Gefangenen, die waren mit meiner Arbeit immer zufrieden gewesen.

Und satt war ich nun auch. Ich bin mir so reich vorgekommen, so richtig wie der Hans im Glück. Ich bin förmlich in der Zufriedenheit geschwommen.

Stolz bin ich vom Tisch aufgestanden und bin in meine alte, schwarze Rauchkammer neben der Küche gegangen. Gleich habe ich mich ins Bett gelegt. Die böse Blamage vom Vormittag in der Schule war längst vergessen, und zufrieden bin ich eingeschlummert.

Aber der schöne, gute Friede war nur von kurzer Dauer. Er hat buchstäblich nur während dieser Nacht angehalten. Am nächsten Vormittag mußten wir nämlich in der Schule alle Hausaufgaben vorzeigen. Da kannte die Lehrerin nichts. Ich hab' das natürlich nicht gewußt und drum ein saudummes Gesicht geschnitten. Die Lehrerin hat mich messerscharf angesehen. Ich stotterte wieder irgend so ein Zeugs: „Hab' keine Zeit gehabt, hätte sie sowieso nicht fertig gebracht."

Das nahm mir die nicht ab, nein, die nicht. Die wollte von meinen Problemen nichts wissen. Die hat mich ganz hübsch angepfiffen und mit ganz hoher Stimme gerufen: „Wenn du morgen ohne Hausaufgaben kommst, gibt es Nachsitzen. Und wenn du dir keine Mühe gibst, laß ich dich wieder sitzen. Damit du gleich weißt, wo du bei mir dran bist." Das hat mir einen schweren Schlag versetzt. Ich bin wie ein räudiger Hund

---

* es tut's = es geht einigermaßen

heimgeschlichen. Am Abend habe ich mein Elend dem Bauern erzählt. Der hat nur gesagt: „Das ist nicht so schlimm. Ich kann dir net helfen. Und überhaupt, gscheid braucht ein Hirtenbub gar nicht sein." Er meinte, daß ich sowieso einmal Knecht werden würde, und er kenne keinen Bauern, der Wert auf einen gescheiten Knecht legen würde. „Die Gescheitheit macht die Leute nur kaputt. Hauptsach' ist, du kannst schaffen. Dann paßt du in die Welt. Jetz' hast ja selbst gesehen, wie weit uns die gescheite Leut' gebracht haben."

Dann hat er vom Weltkrieg erzählt, in dem die gescheiten Leute alles kaputtgeschlagen hätten. Millionen von Menschen seien wegen der gescheiten Leute getötet worden. Jetzt, wo alles kaputt wäre, seien die armen, dummen Leute wieder recht zum Schaffen.

„Wenn wir nicht wären, Bub, ging's den gescheite Leut' dreckig. Wir müssen wieder fest dranlange, aber von den gescheite Leut' habe mer immer noch viel zu viel."

Ich habe gelegentlich darüber nachgedacht, was mir der Bauer da gesagt hat. So dumm war das gar nicht. Aber eigentlich wäre ich ganz froh gewesen, wenn ich zu den gescheiten Leuten gehört hätte. Denn dann wäre es mir in der Schule viel besser gegangen. Ich wär dann auch versetzt worden, und niemand hätte mit mir wegen der Hausaufgaben herumgetobt. Die Lehrerin wäre freundlich zu mir gewesen, und ich hätte auch hin und wieder an die Tafel gehen dürfen.

Die Tage und Wochen vergingen. Mit dem Hüten ist es immer besser gegangen. Ich habe so manches dazugelernt, und vor allem habe ich mich mit den Kühen, Kälbern und Ziegen prima verstanden. Wäre ich doch auch nur so ein Vieh gewesen. Ich hätte dann auf die Weide gehen dürfen. So mußte ich mich in der Schule abrackern, und ständig hatte die Lehrerin an mir herumzunörgeln.

Lieb wäre mir auch gewesen, wenn ich schon vormittags meine lieben Kühe, Kälber und Ziegen auf die Weide hätte treiben dürfen. Die haben mich nämlich gemocht und mich manchmal abgeschleckt. In der Schule habe ich höchstens Tatzen bekommen.

Eines Tages hat mich dann der liebe Pfarrer nach dem Religionsunterricht ins Pfarrhaus mitgenommen. Zuerst hat mich eine Mordsangst gepackt. Ich habe nämlich keine gute Erinnerung an den Pfarrer von Wolfach gehabt. Der hatte mich immer nach der Religionsstunde oder in der Pause mit in ein leeres Zimmer genommen. Das war im obersten Stock des jetzigen Rathauses von Wolfach. Dort mußte ich die Hosen herunterziehen. Dann hat er mir, ohne etwas zu sagen, warum, meinen Arsch versohlt. Manchmal hat er das zwei-dreimal hintereinander gemacht. Hinterher hat er streng zu mir gesagt: „Wenn du es herumerzählst, dann gibt's noch mehr Prügel."

Natürlich habe ich geschwiegen.

Das muß ich noch erzählen: An einem Heiligen Abend gab es in der evangelischen Kirche zu Wolfach eine Kinderbescherung. Da wurden große Brezeln und Äpfel verteilt. Aber die haben am Ende nicht gereicht. Der Klaus hatte keine Brezel bekommen. Jetzt ist der große, lange Pfarrer auf mich zugekommen und hat mir mein Brezel wieder weggenommen. Als Ersatz hat mir die Tochter vom Pfarrer einen Apfel gegeben. Mir aber sind sofort die Tränen gekommen, denn ich hätte doch auch so gerne ein Brezel gehabt.

Ich hab's nie verstanden, warum ich die Brezel nicht behalten durfte und habe lange darüber nachsinniert. Erst später habe ich es gemerkt. Der Klaus hat nämlich zu den Reichen gehört, der konnte doch nicht ohne Brezel nach Hause kommen. Dann wär's wohl dem Pfarrer dreckig gegangen.

Lange danach ist dieser Herr Pfarrer dann beim Schülergottesdienst vorne in der Kirche zusammengebrochen und auf den Steinboden gefallen. Die meisten Kinder sind aus Angst fortgesprungen, ich aber bin zum Pfarrer hingegangen und habe ihm die Hand gehalten, bis er sich so weit erholt hatte, daß er wieder sitzen konnte. Endlich ist ein großer, dicker Mann dahergeschnauft gekommen. Der hatte die Orgel gespielt und den Fall des Pfarrers scheint's auch bemerkt. Der Pfarrer hat übel geschnauft und ist erst lange danach wieder langsam aufgestanden. Die paar Kinder, die noch nicht draußen waren, wurden dann auch heimgeschickt.

Nach diesem Vorfall hat mich der Pfarrer von Wolfach auch nicht mehr geschlagen. Aber oft hat er mich so sonderbar angeschaut. Gerade dies ging mir also jetzt in Windeseile durch den Kopf, als ich mit dem neuen Pfarrer von der Kirnbacher

Dorfschule zum Pfarrhaus hinaufstapfte. Es liegt auf einer schönen Anhöhe, die man Sommerseite nennt.

Ich durfte mit dem Herrn Pfarrer in seine Wohnung eintreten. In einem schönen, großen Zimmer neben der Küche wurde ich sogar von der Pfarrersfrau und den Kindern begrüßt. Dann hat man mich ganz freundlich zum Mittagessen eingeladen. Danach hat der Pfarrer ganz lieb mit mir gesprochen. Er hat mich ermuntert, immer zu ihm zu kommen, wenn ich Sorgen hätte. Ich habe mich hinterher fest bedankt und bin glücklich zurück zu meinem Bauern gelaufen.

Die Heuernte oder der Heiwet.

Der Heiwet oder auch die Heuernte, das war bei uns am Rotsal wie überhaupt im Schwarzwald eine strenge und harte Knochenarbeit. Wenn das Wetter nicht wollte, konnte sie sich über sechs Wochen dahinziehen. Da gab's noch keine Mähmaschinen, die am Berg ohnehin nicht getaugt hätten. Alles wurde von Hand mit der Sense gemäht. Unser Bauer stand im Heiwet in aller Herrgottsfrüh' auf. Das war so um vier Uhr oder auch etwas später. In der strengen Zeit hat er hin und wieder einen Mäher angestellt. Die beiden gingen dann zu den Wiesen hinauf und mähten den ganzen Tag. Nur mittags, wenn die Sonne zu stark vom Himmel stach, legten sie sich für ein, zwei Stunden in den Schatten. Zwischendurch am Tage mußte die stumpfe Sense gedengelt werden. Dazu nahm man einen Dengelhammer und den Dengelstock mit, den man einfach in einen Holzpflock einschlug. Beim Dengeln wurde die Sensenklinge dünn gehämmert. Das mußte gekonnt sein. Im Anfang ist mir das überhaupt nicht geglückt. Meine alte Sense bekam Scharten. Sie war am Ende total verhämmert und hat dann gar nichts mehr gehauen. Drum habe ich beim Mähen auch nichts gerichtet*.

Während des Heiwets gab's in der Schule drei Wochen frei. Hinterher war dann das alte Lied: vormittags Schulbank drükken, nachmittags schaffen. Doch wenn Not am Mann war, hieß es einfach: „Hüt bliebsch deheim!" Ja, als Hirtenbub bin ich um vieles herumgekommen, nur nie um die Arbeit. Wir Mähder hatten uns am Morgen schon ziemlich müde gearbeitet, und manche Heumahde lag auf der Wiese, bis dann die Wiebervölker** kamen und mit ihren Gabeln die Mahden auseinanderwarfen. Sie haben das noch grüne Gras aufgeschüttelt und gleichmäßig über die Wiese verteilt, damit es die Sonne braten konnte. Auch das war eine Arbeit, die man nicht

* nichts gerichtet = nichts leisten bzw. fertig bringen

** Wiebervölker = Frauen; Bäuerin und Tochter

ohne weiteres konnte. Da gab's gerne Häufen, die dann immer grün blieben und auf dem Heustock eine Brandgefahr wurden. Sehnsüchtig haben die Bauern auf die Heuferien gewartet. Jetzt konnten sie die Hirtenbuben den ganzen Tag einspannen, das mußten sie ausnutzen. Da gab's kein Pardon, höchstens ein paar Schimpfwörter, wenn's nicht schnell genug ging.

Mittags war die obere Seite trocken und sah schon nach Heu aus. Beim Wenden zog sich ein wunderbarer Duft über die Wiesen. Es gab zu rechen, abends wurde geschöchelt, und tags darauf wurde noch einmal alles durcheinandergeschüttelt, bevor man das Heu zu Mahden zusammenschob. Schließlich wurden die Kühe ans Doppeljoch vor den Leiterwagen gespannt. Man fuhr zu den Matten* und hat aufgeladen. Am Berg hat man's mit dem Heuschlitten geholt. Meine Tätigkeit während des Heueinfahrens bestand oft darin, an den Kühen mit einem Reisigast oder einer abgebrochenen Haselnußgerte die Bremsen zu verjagen, die gierig über die armen Kühe herfielen und sich besonders an den Eutern verlustierten. Manchmal wehrte ich dort auch mit den Händen ab und zerquetschte mit einem Schlag an die zwanzig, dreißig Stück der Peiniger. Meine Hände waren dann so blutig wie die von einem Metzger, der eine Sau gestochen hatte. Die betreffende Kuh hat mich dann mit einem dankbaren Blick ganz lieb angesehen.

Schlimm war, daß ich praktisch auf beiden Seiten der Kühe gleichzeitig die Bremsen hätte abwehren sollen. Der Bauer hat gemeint, ich hätte Flügel, wenn er gebrüllt hat: „Ja Bub, siehst du denn net, daß die Kuh dort wieder ganz voll Bremsen isch**?"

Ich bin wie ein geölter Blitz hin- und hergesprungen und hab' gemacht, so gut ich's eben fertig brachte. Aber müde bin ich bei dieser Scheißarbeit geworden. Und jeder hat natürlich gemeint, ich hätte die leichteste Arbeit.

Bei uns am Rotsal wurde auch noch viel Heu mit dem Laub- oder Grastuch von der unteren Lochmatte über den Bach getragen, von dort auf den Wagen gepackt und nachher mit dem Kuhfuhrwerk heimtransportiert. Ich darf natürlich nicht ver-

* Matten = Wiesen

** isch = ist

84

gessen zu sagen, daß wir Hirtenbuben bei all diesen Arbeiten barfuß gingen, und die Stoppeln und Steine haben sich in die Fußsohle gebohrt, besonders dann, wenn man nicht gefaßt war.

Das war aber nur in der ersten Woche ganz schlimm. Hinterher hat sich eine Hornhaut gebildet, fast wie eine Schuhsohle. Die hat einem vom Gröbsten geschützt.

Froh war ich immer, wenn der Heiwet zu Ende war. Aber hinterher fing dann wieder das alte Elend mit der Schule an. Diese Aussicht hat einen über die ganzen Ferien gepeinigt. Der einzige Trost für mich ist gewesen, daß es allen Hirtenbuben wie mir gegangen ist.

Und so ist für mich der erste, schwere Sommer als Hirtenbub zu Ende gegangen, und der Herbst hatte sich schon mit seinen bunten Farben angemeldet, als man das Öhmd einbringen mußte.

Das ist der zweite Schnitt, mit dem man die Wiesen ausputzt. Öhmden war nicht im entferntesten so anstrengend wie das Heuen. Die gröbste Hitze ist dann nämlich vorüber, und es gibt auch weit weniger Futter, das weich wie Seide ist. Drum hatten die Wiebervölker mit dem Zusammenrechen viel mehr Arbeit. Das konnte mir als Hirtenbub nur recht sein. Dafür gab's im Herbst sonst viele Arbeiten an allen Ecken und Enden. Eine Schweinearbeit war, bis man die Frucht mit dem Schlitten unter Dach gebracht hat. Aber daraus hat man ja später nach dem Dreschen Brot gebacken, ohne das wir den Winter nicht überlebt hätten. Dann mußte man das Holz und die Wellen für den Winter schlagen und heimfahren. Die Kartoffeln wurden mit dem Karst* herausgehackt. Danach wurden sie zum Trocknen auf die Erde geworfen und dann mit der Zaine** zusammengelesen und in Säcke geschüttet. Wenn man sich so den ganzen Tag gebückt hatte, gab das nachts grausame Rückenschmerzen. Da durfte man aber ja nicht jammern. Das ist gesund für junge Leute, hat's geheißen.

Außerdem war das Wetter schon recht kalt, und die Erde kühlte sich merklich ab. So habe ich schrecklich an die nackten Füße gefroren. Neben der Arbeit her mußte ich ja noch auf

* Karst = vierzinkige Erdharke

** Zaine = Weidenkorb

mein Vieh und die Geißen aufpassen. Wenn die mal durchgingen, gab's für mich eine Mordsspringerei. Der Bauer war noch nebenher im nahen Steinbruch beschäftigt und konnte sich nicht um meine Nöte kümmern. Das lag alles in meiner Verantwortung. Der Bauer war übrigens das einzige Mannsbild weit und breit. Ich selbst wollte mich einfach nicht lumpen lassen und bin an jede Arbeit 'rangegangen, ob sie leicht war oder schwer. Bei jedem Essen hat der Bauer zu mir gesagt: „Iß du nur Supp', daß du ebbes* wirst!"

Wenn ich natürlich gute Schuhe gehabt hätte, wäre es mir schon viel wohler gewesen. Während der kalt-nassen Herbsttage sind meine Füße manchmal ganz blau gewesen vom vielen Frieren.

Wenn's ganz schlimm war, bin ich in die warmen, frischen Kuhfladen gestanden. Ha, war das ein wunderbares Gefühl. Ich habe förmlich darauf gewartet, bis ein Viech den Rücken hochgezogen hat und geseicht oder geschissen hat. Ich bin dann schnell zu ihm hingesprungen, denn die Wärme hat nicht lange angehalten.

Manchmal habe ich mir auch eine Ziege mit Brot angelockt und habe meine kalten Füße an ihrem warmen Fell gewärmt.

Besonders die zwei Zehen, die ich mir im kalten Winter 1947 erfroren hatte, haben mich unentwegt elendiglich gepeinigt.

In der Nacht wurde es jetzt auch schon beißend kalt, und mein Bett war alles andere als warm. Ich schlief nämlich noch auf einem Strohsack, der in der Mitte einen Schlitz hatte, wo man eben Stroh hineinstopfen konnte. Der hat die Matratze ersetzt, und der Bauer hat immer gesagt: „So ein Strohsack ist besonders gesund!" Er hatte allerdings eine feine Sprungfedermatratze unter seinem Hintern, wenn er schlief. Über den Strohsack war ein dickes, graues Leintuch gelegt. Vielleicht ist das früher auch einmal weiß gewesen, jetzt aber hat es ganz schmutzig ausgeschaut. Das hatte so eine mausgraue Farbe und hat an meinen nackten Beinen elend gekratzt. Nach jeder Nacht ist die Mulde in der Mitte des Strohsacks tiefer geworden, obgleich ich sie am nächsten Abend erst glättete, bevor ich ins Bett stieg. Das Stroh ist mit der Zeit zu Güsel** zerfal-

* ebbes = etwas   ** Güsel = Spreu

86

len und ist dann auch an meinem Körper geklebt. Das hat sich täglich wiederholt.

Mein Kopfkissen war mit Spreu gefüllt, und in der Zudecke waren Federn eingefüllt. Die sind aber in der Nacht verrutscht und haben dann den falschen Platz gewärmt. Die groben Kiele haben die Zudecke durchstochen und mich auch hin und wieder gekratzt, bis ich sie ganz aus dem Leinen gezogen habe.

Selbstverständlich hat der Strohsack seine Vorteile gehabt. Ich war nämlich Bettnässer. Während des Schlafes mußte ich das Wasser lassen, ohne daß ich es gemerkt habe. Am Morgen war dann das ganze Bett verseicht. Am Abend habe ich mir oft vorgenommen: ‚Aber heute nacht nicht!' Da war nichts zu machen. Sobald ich aufwachte, spürte ich die Bescherung. Wenn ich dann die Zudecke und das graue Leintuch weglegte, konnte das Stroh bis zum Abend wieder einigermaßen trocken werden. Allerdings hat das auch oft getäuscht. Denn wenn ich mich abends ins Bett gelegt hatte, hat's die Nässe von unten her durchgedrückt, und ich habe vor Kälte wie Espenlaub geschlottert.

Die Bäuerin hat sich nicht um meine Not gekümmert. Wenn sie es dann doch einmal gemerkt hat, hat sie zu mir gesagt: „Gell, hasch d'letsch Nacht wieder ins Bett brunzt. Du darfst halt abends nicht mehr so viel Milch trinken. Auch solltest du weniger Herdäpfel* essen. Da isch nämlich viel Wasser drin!"

Gott sei Dank ist das nicht jede Nacht vorgekommen. Schlimm war's nur, wenn das Hemd auch noch naß geworden ist. Wenn ich das gemerkt habe, nahm ich es gleich in aller Frühe und hab's nach dem ersten Aufwachen nach oben gezogen und eingerollt. Dann habe ich die Nässe nicht mehr so schlimm gespürt.

Jedenfalls muß ich arg gestunken haben, denn mit einem Male wollte auf dem Schulweg keiner mehr neben mir herlaufen. Und einmal hat ein Mädel in der Schulpause zu mir gesagt: „Geh' ja weg von mir, du stinkst wie ein Bock!"

Nur meine Ziegen und der Hund sind trotz des Gestankes bei mir geblieben. Die haben mir das nicht übel genommen.

Sicher hat das Mädchen recht gehabt, und ich gebe es auch

* Herdäpfel = Kartoffeln

zu, daß das mit dem Waschen am Morgen so eine Sache gewesen ist. Im Haus gab's nämlich kein Wasser, und der Brunnen stand hinterm Haus. Der Strahl, der aus dem Holzrohr schoß, war eisig kalt. Ich habe schon gezittert und gefroren, wenn ich das Wasser gesehen habe.

Und so bin ich zum Brunnen gegangen, wie sich das gehört. Aber meist habe ich nur den Finger in den Trog gesteckt und ihn gleich wieder herausgezogen. In selteneren Fällen bin ich mit der nassen Hand schnell mal übers Gesicht gefahren. Damit war der Waschvorgang für mich beendet.

In der Schule bin ich nicht nur einer der dreckigsten gewesen, ich habe auch Läuse und Flöhe bekommen. Mit denen habe ich nun die allergrößte Freude gehabt. Sie fielen während des Unterrichts auf die Schiefertafel, und dort sind sie nach allen Seiten ausgeschwirrt.

Ich habe sie dann mit meinem Griffel hin- und hergeschoben. Dabei konnte ich ihre Eigenarten studieren. Die haben sich nämlich ganz ähnlich wie Menschen verhalten. Hat man ihnen ein Hindernis in den Weg gestellt, war plötzlich keine Bewegung mehr in ihnen. Sie haben sich eine Weile totgestellt und sind dann nach einiger Zeit wieder weitermarschiert.

Meine Tafel hatte den Vorteil, daß sie einen tiefen Riß hatte. Der hatte es vor allem den Läusen angetan. Sobald sie die Vertiefung in meiner Tafel erblickt hatten, sind sie dieser brav gefolgt und waren nicht mehr aufzuhalten. Ich konnte den ganzen Vormittag in Kurzweil mit meinen Kopfbewohnern verbringen. Das war einfach hochinteressant, und immer gab es neue Probleme zu lösen. Ich brauchte nur mit dem Kopf zu schütteln, und schon sind welche auf die Tafel gefallen. Manchmal fielen auch nur Lauseier herunter. Die ließen sich aber leicht abwischen.

Ich glaube, daß mein Schulkamerad neben mir auch Läuse hatte. Er hat sich nämlich wie ich so komisch auf dem Kopf gekratzt.

Eines Tages ist es dann herausgekommen. Die Lehrerin hat mir nämlich einmal in der Pause auf den Kopf geschaut und zu mir gesagt: „Jetzt hat die Sau auch noch Läus' und Flöh'!"

Sie hat irgend etwas auf einen Zettel geschrieben und diesen in einen Briefumschlag gelegt. Dann hat sie zu mir gesagt: „Den gibst du daheim deinem Bauer ab!"

Sie muß sich vor mir geekelt haben. Sie ist weit weg von mir gestanden und hat gemeint, sie wolle mich erst wieder in der Schule sehen, wenn ich kein Ungeziefer mehr auf dem Kopf habe.

Ich habe darauf nichts zu antworten gewußt und bin kleinlaut heimwärts gelaufen. Selbstverständlich habe ich den Brief nicht gleich abgegeben. Mir waren die paar Läuse grad' recht. So konnte ich schon einige Tage die Schule schwänzen.

Als ich dann auf dem Hof gefragt wurde, warum ich nicht zur Schule ginge, habe ich dem Bauer den Brief gegeben. Der hat ihn dann aufgemacht und gelesen. Gleich hat er sich auf sein Fahrrad gesetzt und ist am Abend mit einer Flasche unterm Arm wieder heimgekommen. Gerade war ich mit dem Viehfüttern fertig gewesen, als er mich hinters Haus in den Saugraben rief. Dort hat er die Flasche geöffnet und mir die stinkende Flüssigkeit auf meine Haare geschüttet.

Ich habe nun ganz ekelhaft gestunken, aber ich glaube, daß die Läuse davon eingegangen sind. Schlimm war nur, daß mir diese stinkende Brühe in eines meiner Augen gelaufen ist. Das hat einen stechenden Schmerz gegeben, und das Auge war über einen Monat hin entzündet und jeden Morgen noch ganz verklebt. Die Schmerzen wollten lange nicht weichen. Aber wegen so einem Dreck ging man damals nicht zum Doktor. Daß in der Flasche Petroleum gewesen ist, habe ich erst später erfahren.

Alle paar Monate ist zu uns zwar ein Doktor ins Haus gekommen, aber der wollte immer nur vespern*. Denn eine der Töchter des Bauern war als Dienstmädchen bei diesem Arzt in Hausach beschäftigt. Dieser Doktor war für die Bauersleute eine Art Herrgott. Wenn er ins Haus kam, gab's nur vom allerbesten Most mit Schinkenspeck und feiner Dosenwurst. Der hat immer einen Mordshunger gehabt und tüchtig gespachtelt. Manchmal bin ich daneben gestanden und durfte ihm beim Essen zuschauen. Wenn er sich dann unterm Haus verabschiedet hat, habe ich mir von den guten Sachen ein wenig vom Holzbrett geholt. Einmal hat mich der Bauer dabei erwischt und hat dann böse zu mir gesagt: „Das isch nichts für Hirtenbuben!"

* vespern = essen

Das war mir eine Warnung. Und drum habe ich nie wieder etwas aus dem Besuchsteller zum Essen geholt. Einmal hatte ich vor dem Bauern Angst, allerdings wollte mir überhaupt nicht einleuchten, warum mir so etwas Gutes schaden sollte.

Dieser Arzt, der immer so fest drauflos aß, hat mich bei jeder Begegnung lieb angelacht. Ich bin auch ganz sicher, daß er mir wegen meines kranken Auges wie gegen das Bettbrunzen geholfen hätte, wenn ich ihn nur gefragt hätte.

Aber daß ich mich vor ihm geniert habe, daran war der Bauer schuld. Öfters hat er zu mir gesagt: „Wenn Besuch kommt, hast du dich zu verziehen. Du darfst auf keinen Fall so blöde herumstehen und dumm daherreden."

Das war mir Grund genug, niemals eine Frage an diesen Doktor zu richten. Und daß ein rechter Hirtenbub nie herumsteht, dafür hat der Bauer schon gesorgt. Der hat mich immer zum Schaffen angehalten. Der Bauer hat auch sofort gemerkt, wenn ich mit einer Arbeit fertig gewesen bin. Und mir wurde von Tag zu Tag klarer, daß ich nur zum Schaffen auf dem Hof war.

Selbst wenn ich oben auf dem Berg das Vieh zu hüten hatte, wollte mir der Bauer noch zusätzliche Arbeiten aufbürden. Aber das war einfach nicht zu schaffen. Wenn es heiß war, hatte ich vor allem mit den Geißen alle Hände voll zu tun. Unser Weidberg war nämlich für die vielen Stücke Vieh viel zu klein, und um das Vieh richtig satt zu bekommen, mußte ich es hinauf auf fremdes Land treiben. Das habe ich fast täglich gemacht, denn der Bauer hat sich gefreut, wenn ich am Abend mit sattem Vieh nach Hause gekommen bin. Die benachbarten Bauern haben aber sehr schnell gemerkt, daß ich ihnen Schaden zugefügt habe. Drum haben sie mich richtig gehaßt. Oft ist einer mit der Peitsche oder einem Stock gekommen und hat mich vertrieben. Natürlich war ich schneller als die bösen Schimpfer und konnte mich durch Flucht vor einer sicheren Tracht Prügel retten. Aber wenn die so wüstes Zeug hinter mir her gebrüllt haben, ist mir schon manchmal das Herz in die Hosen gefallen.

Ihre Wut war mir einerlei, weil ich nämlich am besten gewußt habe, was es heißt, hungrig zu sein. Darum war es mir oberstes Gebot, daß meine lieben Viecher satt geworden sind.

Den größten Ärger gab es im Steinbruch. Die Ziegen sind dort geschickt von Fels zu Fels gesprungen und haben sich das letzte Kraut aus den Steinen herausgeholt. Bei ihren gewagten Sprüngen sind dann hin und wieder Steine abgebrochen und in den Steinbruch hinuntergestürzt, wo die Männer gearbeitet haben. Schutzhelme gab's damals ja noch nicht. Aber wie sollte ich meinen lieben Ziegen verbieten, sich die besten Leckerbissen weit vorne am Abgrund zu ergattern? Außerdem hatte ich regelrecht Angst, sie zurückzuholen. Die fielen nicht herunter. Die waren tretsicher.

Hier erzähle ich einige Streiche als Hirtenbub.

Der Untere Staiger, das war ein Großbauer im Obertal und hatte schon etwas zu melden, denn er hatte über 20 Stückchen Vieh auf der Weide stehen. So etwas zieht. Für seine Rindviecher mußte er manchmal zwei Hirtenbuben anstellen.

Beim Naturfreundehaus „Sommerecke" oben auf der Höhe habe ich die beiden gelegentlich getroffen. Aber die haben nicht lange gefackelt. Sie jagten mein hungriges Vieh fort, und ich stand da mit abgesägten Hosenbeinen. Das hat mich natürlich geärgert, und als es zur Gewohnheit wurde, wollte ich den Burschen ihr Handwerk vermiesen. Ich stellte mich hinter einen Baum, nahm mein Taschenmesser zwischen die Zähne und hängte einen alten Sack über meinen Kopf. Der diente mir sonst als Regenschutz, war aber so durchlöchert, daß ich bequem durchsehen konnte.

Als dann die beiden Hirten wieder kamen, um mein liebes Vieh zu vertreiben, sprang ich hinter dem Baum hervor, stellte mich ihnen breitbeinig in den Weg und brummelte mit tiefer Stimme irgendeinen Quatsch. Die Überraschung ist mir geglückt.

In meinem ganzen Leben habe ich noch nie zwei so schnell fortspringen gesehen wie diese Angsthasen. Ich selber war natürlich stolz und habe mich selbst bewundert. Wie ein König bin ich mir vorgekommen. Das wollte ich nun genießen, und so setzte ich mich auf einen der herumliegenden Steine, und meinen zerlöcherten Sack legte ich mir um die Schultern, als wäre es der Umhang eines Kaisers.

Leider bin ich mit meiner Selbstbewunderung nicht weit gekommen. Plötzlich sprang nämlich wenige Meter von mir weg der Untere Staigbauer selbst aus einem Jungwald heraus und versuchte mich zu fangen. Ich nahm meine Beine schnell unter die Arme, um damit im Wald zu verschwinden. Aber der

Bauer warf mir einen Stecken dazwischen. Das tat furchtbar weh. Trotzdem bin ich weitergeflohen, barfuß natürlich. Mit jedem Tritt verspürte ich neue Schmerzen. Ich war auch irgendwie durch meinen Schrecken gehindert, und so war es ihm ein Leichtes, mich einzufangen.

Jetzt war ich ihm hoffnungslos unterlegen. Zuerst hat er mir mit den Fäusten den Rücken durchgebläut. Dann hat er mir den Arsch versohlt. Das tat sehr weh, aber je länger er schlug, um so weniger sind neue Schmerzen hinzugekommen.

Es ging schon ziemlich lange, ehe er mich losließ. Natürlich hat er dann noch elend mit mir geschumpfen. Das nächste Mal würde er mich totschlagen, meinte er mit einem hämischen Blick auf mein ramponiertes Äußeres. Dann ließ er mich Häufchen Elend liegen, spuckte noch aus und ging weg.

Ich dachte wirklich, ich wäre eine Leiche. In meinem Rücken und am Hintern hatte ich kein Gefühl mehr. Beide Hände schwollen dick an, denn ich hatte ja anfangs versucht, damit meine Hinterteile zu schützen.

So habe ich mich zunächst auf den Bauch gelegt und gedacht, daß es wohl bald besser ginge. Vorsichtig bin ich dann mal mit der einen Hand über den Rücken gefahren. Dabei habe ich festgestellt, daß Blut aus dem Hemd und der Hose sickerte.

Wie lange ich gelegen habe, weiß ich nicht. Jedenfalls hat mich eine meiner Ziegen gefunden. Sie schnupperte mit der Nase an mir herum und leckte mich ab. War das schön, daß ich jemand bei mir hatte, denn so allein hätte ich doch Angst gehabt.

Gegen Abend ist es kühler geworden, und ich habe zu frieren begonnen. Ich hab's dann immer wieder probiert hochzukommen, und da war die liebe Ziege wieder eine gute Stütze. Ich habe die Zähne zusammengebissen und bin langsam nach Hause gehumpelt. Dabei konnte ich mich am Halsband der Ziege festhalten, und als ob sie's gemerkt hätte, hat sie richtig gezogen. Am Viehbrunnentrog habe ich mich erst mal richtig mit Wasser abgekühlt. Jetzt erst merkte ich, daß ich in die Hose geschissen hatte. Ich habe gotteslästerlich gestunken.

Dann habe ich meine Hose mit grünem Gras geputzt und sie wieder angezogen. Meine Ziege hat mir zugesehen, bis ich wieder einigermaßen sauber war. Natürlich habe ich nicht den ganzen Dreck wegbekommen. Aber ich wußte, daß er an meinem Hintern auftrocknen würde. Dann würde ich auch nicht mehr stinken.

Und so sind wir zwei, die Ziege und ich, endlich daheim angekommen. Das andere Vieh stand schon im Stall. Ich habe der Ziege dann noch die Türe geöffnet und bin zu meiner Kammer geschlichen, wo ich mich auf den Bauch in mein Bett gelegt habe.

In der folgenden Nacht ist es mir gar nicht gut gegangen. Die Glieder sind mir angeschwollen, und ich habe noch zweimal brechen müssen. In aller Herrgottsfrühe bin ich aus dem Haus gegangen, weil ich mich furchtbar geschämt habe. Hätte der Bauer von meinem Unglück noch erfahren, er hätte sicher furchtbar mit mir gescholten. Niemand durfte etwas merken.

Drei Tage habe ich mich im Walde herumgetrieben, einige Beeren gegessen und auch dort genächtigt. Ich bin viel auf dem Bauch gelegen. An einem Tümpel habe ich mein Taschentuch naß gemacht, an einen Stock gebunden und so meinen Buckel und meinen Arsch gekühlt. Oh, das war eine Wohltat, obgleich die Schmerzen nicht nachlassen wollten. Die Haut war schrecklich gespannt, und ganz schlimm war, daß ich keine Augen am Hintern hatte.

Mit den geschwollenen Stellen ist es dann auch besser geworden, und das Stechen hat langsam nachgelassen. Gott sei Dank habe ich wenigstens den gräßlichen Durst mit Wasser löschen können.

In der Nacht zum dritten Tag bin ich dann zurück auf mein Zimmer gegangen. Gleich hat mich der Bauer bemerkt, der muß auf mich gelauert haben. Er war sehr böse.

Was mir wohl einfallen würde, hat er gesagt, so einfach wegzugehen. Er wollte unbedingt wissen, wo ich gewesen bin. Ich habe ihn angelogen und gesagt, ich wäre daheim gewesen. Jetzt hat er erst recht gebrüllt. In der nächsten Zeit käme ich nicht wieder heim, und wenn ich noch einmal verschwinde, dann könne ich gleich zum Teufel gehen. Zur Strafe gab's kein Nachtessen, wo ich doch einen so saumäßigen Hunger hatte. Wenn ich wenigstens ein paar Pellmänner* aus dem Schweine-

* Pellmänner = Kartoffeln

kübel hätte fischen können. Aber nichts hat er 'rausgerückt, gar nichts. Am liebsten wäre ich abgehauen. Aber ich dachte an das Gesicht meines Vaters, wenn ich ganz plötzlich auftauchen würde. Und ein Stück Speck zum Mitbringen hätte ich auch nicht parat gehabt.

Ich habe das finstere Gesicht meines Vaters förmlich vor mir gesehen. Da ist mir der Appetit aufs Abhauen schnell vergangen. Also habe ich mich wie ein geprügelter Hund aufs Bett geworfen. Dort habe ich wieder die Stimme meines Vaters gehört: „Gell, halt dich gut. Schluck's herunter, wenn mal etwas ist, ich habe daheim noch genug Fresser im Haus."

Nein, das konnte ich dem Vater wirklich nicht antun. Und wenn ich auch Heimweh nach meiner Mutter und nach den Geschwistern hatte. Der Vater hätte das nimmermehr geduldet. Und hier hatte ich doch noch den Hund, die Geißen und die Kühe. Das waren doch meine lieben Freunde. Die hätte ich dann auch losgehabt, wenn ich nach Hause gegangen wäre. Also habe ich mich wieder auf den Bauch gelegt und bin trotz allem eingeschlafen.

Und wie ich aufgewacht bin, ist es mir erst recht dreckig gegangen. Ich kam mir so verlassen vor. Niemand wollte mit mir reden, am wenigsten die Lehrerin in der Schule. Wenn die mich gesehen hat, konnte ich sofort einpacken. Nein, die hat mir kein gutes Wort gegönnt. Die anderen Kinder waren da viel besser dran. Die haben aber auch immer wieder etwas Eingepacktes mit in die Schule gebracht. Zu denen war die Lehrerin dann scheißfreundlich.

Ich hätte ihr ja auch ganz gerne manchmal etwas mitgebracht. Aber woher nehmen, wenn nicht stehlen?

Meine Hände, die Füße und Kleider, alles an mir war halt dreckig. Und mit Wasser allein gingen die eingewachsenen Krusten halt auch nicht weg. Kaltes Wasser habe ich sowieso nicht gemocht.

So habe ich häufig über mich nachsinniert und im stillen vor mich hingeträumt. Was soll ich denn eigentlich auf dieser Welt, in der ich außer den Tieren niemand hatte, der mich mochte? Wäre es nicht besser, ich könnte sterben.

Aber dann dachte ich an die gestorbenen Menschen, die nach den Fliegerangriffen in Straßburg so stumm dalagen und sich nicht wehren konnten, als man sie mit den Karren weggefahren hat.

Sterben war auch nicht das richtige. Allein der Gedanke daran hat mir Angst eingejagt. Dann habe ich wieder Mut gefaßt und gedacht, daß es irgendwann wieder mal besser gehen würde. Vielleicht hat mir auch der liebe Gott Kraft geschenkt, denn es ist dann plötzlich wieder besser gegangen.

Nach längerer Zeit hat mein Bauer dann doch von meinem Mißgeschick mit dem Unteren Staigbauern erfahren, und ich glaube, er hat sich nun geschämt, daß er mich so übel behandelt hat. Ich hab' ihm gleich verziehen. Für mich war die Sache vergessen. Nur gefreut hätte ich mich, wenn er mir ein freundliches Wort gegönnt hätte.

Zum guten Glück kann ich auch noch von schöneren Begebenheiten berichten. Mit den Ziegen bin ich weiter zum Naturfreundehaus aufgestiegen trotz der Prügel des Unteren Staigbauern. Das Vieh aber hat sich währenddessen beim Recklebauern vollgefressen. Der war ein ruhiger Mann. Er hat mich auch nicht verjagt. Dafür danke ich ihm heute noch herzlich.

Sonst war ich, wie gesagt, in der ganzen Gegend verhaßt. An mir hat man die dreckigen Schuhe abgeputzt, obgleich ich es doch mit dem Vieh des Bauern so gut gemeint habe. Ich habe ja niemandem etwas genommen. Ich konnte doch nichts dafür, daß der Bauer zu wenig Weideland hatte, und die lieben Viecher haben mir einfach leid getan. Ich hab' am eigenen Körper erfahren, wie scheußlich ein richtiger Hunger ist.

Schnell zurück zum Naturfreundehaus. Dort hat auch eine liebe, ältere Frau gewohnt, der man den Hunger auch angesehen hat. Ich habe manchmal eine Schüssel voll Milch zu ihr hingetragen, die ich meinen Geißen aus dem Euter gezogen habe. Dafür bekam ich dann Kuchen und Waldmeister-Brausepulver von ihr.

Dort oben habe ich auch einen netten Sommerfrischler kennengelernt. Der hat mir eines Tages eine schöne kleine Picolo-Mundharmonika geschenkt.

Mein Gott, war das eine Freude! Zuerst habe ich immer ins Instrument hineingeredet. Das gab dann so merkwürdige Laute. Dann habe ich mich mit einem anderen Hirtenbuben zusammengesetzt und mit der Mundharmonika richtig spielen gelernt. Es war der Peter vom Summ-Bauer. Der ist als armes Waisenkind von Karlsruhe nach Kirnbach gekommen und hat eigentlich Willi Gassmann geheißen. Er hat sein ganzes Leben beim Summ-Bauern verbracht. Auch er hat gelegentlich Prügel bezogen. Wenn wir zusammengesessen sind, haben wir uns immer das Neueste erzählt. Wenn man sich gegenseitig sein Herz ausgeschüttet hat, ist alles hinterher wieder besser gegangen. Der Peter hat mir auch das Rauchen gelernt. Dazu haben wir dürre Stäbchen von der Waldrebe abgebrochen. Die hatten nämlich in der Mitte ein Loch, und so konnte man gut ziehen. Das Rauchen ist mir aber gar nicht bekommen. Schon nach ein paar Zügen mußte ich brechen. Auch ist es mir im Kopf ganz übel geworden. Man mußte halt alles ausprobieren. Alles, was neu war, hat uns angezogen.

Als ich mit der Mundharmonika umgehen konnte, haben wir uns gegenseitig Heimatlieder vorgespielt. Jeder wollte den anderen ausstechen. Das war so richtig kurzweilig. Mein erstes Lied hat geheißen: „Ä Buurebüeble mag i net."

Der Peter konnte eine Menge Heimatlieder, viel mehr als ich. Er hat mir dann so nach und nach alle beigebracht.

Eines darf ich nicht vergessen. Der Peter hat mit der Mundharmonika erstaunliche Fortschritte gemacht. Fast bei jeder Tanzveranstaltung hat er mitgespielt. Damit hat er sich bei vielen Menschen in Kirnbach beliebt gemacht. Man hat ihm dann hin und wieder Tabak, Stumpen oder etwas Geld zugeschoben. Diese Geschenke hat er mir dann stolz gezeigt. Manchmal hat er mir sogar ein paar Pfennige geschenkt. Die hab' ich natürlich mit größter Freude angenommen. So bin ich zu Brausepulver gekommen, das so schön im Mund geschäumt hat. Manchmal habe ich auch Rahmkaramellen gekauft.

Auch die anderen Bauern hatten Hirtenbuben. Die hat man sofort von den anderen Kindern unterscheiden können. Sie waren nämlich immer barfuß und trugen die schlechtesten Kleider, die man sich vorstellen kann. Auch am Vesperbrot, mit dem man die Hirtenbuben zur Schule geschickt hat, hätte man sie erkennen können. Selten war da etwas drauf. Ich habe mich oft an die Bauernkinder herangemacht und zu ihnen gesagt: „Wollt ihr nicht mit mir euer Brot tauschen?" Aber auf so einen schlechten Handel hat sich natürlich keiner eingelassen. Und dennoch bin ich einmal zu einem feinen Vesper gekommen. Da hat es nämlich einmal einem Schulkind arg pressiert, und beim Springen ist ihm das Vesperbrot aus der Tasche gefallen. Ich Glückspilz habe es gefunden und konnte es noch vor dem Unterricht aufessen.

War das ein Fest für mich. So etwas Herrliches und Leckeres hätte ich in meinen kühnsten Träumen nicht erwartet. Das frisch gebackene Brot war mit bester Butter bestrichen. Außerdem war es mit gekaufter, zartester Wurst belegt. Was es mir aber so appetitlich machte, war das feine Papier, in das es gewickelt war. Mein Brot war immer in alte Zeitungsblätter eingepackt. Es war das gleiche Papier, wie es bei uns auf dem Abort hing.

Im Grunde war ich überhaupt nicht anspruchsvoll. Für mich war wichtig, daß ich wenigstens satt wurde. Ich war auch mit trockenem Brot zufrieden, wenn's nur ein recht großes Stück war. Aber mit schönem Papier eingepackt, hätte mir auch trockenes Brot besser geschmeckt. Immer wenn unser Bauer aus der Stadt nach Hause kam, hatte er gute Sachen mit dabei. Die lagen dann manchmal so lecker und verführerisch auf dem Küchentisch, und mir sind dann fast die Augen herausgekugelt. Aber bekommen habe ich nie etwas davon. Am nächsten Morgen fand ich dann höchstens noch die Verpackung. Wursthäute, leere Dosen und Flaschen standen auf dem Tisch, und auch der Dümmste hat gesehen, daß es den Essern bestens geschmeckt haben muß. Nichts blieb übrig, höchstens mein langer Hals.

So ist mir klar geworden, daß man mich niemals zur Familie gezählt hat. Ich war für die immer nur ein Fremder. Für den Bauern war ich recht, so lange ich arbeitete.

Aber folgendes Geschichtlein habe ich niemals vergessen. Noch heute kann ich darüber lachen, wenn ich daran denke.

Die Tochter des Bauern war nämlich ein schönes, liebes Bauernmädchen, so um die 18 Jahre herum. Sie trug die schöne, weltberühmte Kirnbacher oder auch Gutacher Bauerntracht mit dem roten Bollenhut. Weil sie wirklich fein aussah, durfte sie mit der Firma Haas & Bulacher zu Ausstellungen oder auf Messen fahren. Diese Fabrik stellt feine

Schnäpse und erstklassige Liköre her. Eine Spezialität war vor allem das Schwarzwälder Kirschwasser. Wenn das Mädchen dann tags darauf nach Hause zurückkam, brachte sie feine Bonbons mit. Manchmal hatte sie auch Schokolade dabei, deren Geschmack ich längst vergessen hatte. Das Mädchen hat mich immer mit ihren Mitbringseln beschenkt. So etwas Schönes werde ich niemals vergessen. Dieses liebe Mädchen wird mein ganzes Leben lang in meinem Gedächtnis haften.

Noch ein anderer Hirtenbub ist der Erinnerung wert. Der lebte auch im Tal und hatte sogar seine Schwester mit auf dem Hof, wo man ihn angestellt hatte. Ich kam nur selten mit ihm zusammen, aber wenn wir uns trafen, gab es nur Aufregendes zu erzählen. Seine Schwester bekam nämlich von ihm im Laufe der Zeit zwei Kinder.

Das waren ganz merkwürdige Buben. Keiner von ihnen konnte zur Schule, als die beiden ins Alter kamen. Sie konnten nicht einmal sprechen, höchstens lallen. Man hat ihnen Hundenamen verpaßt und behandelte sie auch so. Für bestimmte Arbeiten waren sie richtig dressiert. Die beiden armen Kerle schauten ganz trüb aus ihren stumpfen Augen und brachten mit ihren schweren Zungen merkwürdige Laute hervor. Es hat immer geheißen, die Zungen seien beiden vorne angewachsen. Aber das hat nicht gestimmt.

Alle im Tal wissen, um welchen Hof es sich handelt. Aber es ist besser, wenn ich den Namen nicht nenne.

Als ich später diesen Hirtenbub wieder einmal traf, machte er seinen Hosenladen auf und zeigte mir an seinem Hodensack zwei große Schnitte. Das war für mich ein schrecklicher Anblick. Der Hodensack war nämlich schlaff und leer, nichts war mehr drin. Runzlig und unbrauchbar ist er dagehängt.

Dann ist ihm ein Tränenstrom aus den Augen gebrochen und er hat furchtbar geschluchzt: „Die hemmi kaschtriert!" (Die haben mich kastriert.)

Ich habe ihn in meine Arme genommen, und beide haben wir dann herzzerbrechend geweint. Gerne wäre ich noch ein bißchen bei ihm geblieben, aber ich mußte ja wieder zu meinen Tieren. Und so sind wir wieder auseinandergegangen.

Er hat mich noch einmal mit einem schmerzhaften Blick angesehen, als ob er ihm helfen sollte. Aber ich konnte ihm ja die herausgeschnittenen Hoden auch nicht mehr zurückgeben.

Mit dem besten Willen nicht!

Dieser schreckliche Anblick ist mir bis heute im Gedächtnis haften geblieben. Von dieser unendlichen Traurigkeit des in Lumpen gekleideten, verwahrlosten Mannes habe ich immer wieder geträumt. Das waren Alpträume, die mich fix und fertig machten. Ich bin dann nachts schweißgebadet aus dem Schlaf gefahren und hab' geschaut, ob ich meine Hoden noch hatte.

Es ist nur Mitleid, daß ich diese Begebenheit erzählt habe. Gott soll mein Zeuge sein, daß es die reine Wahrheit ist. Die beiden Söhne dieses armen Mannes (alter Hans genannt) hießen Karo und Putzi.

Ein Selbstmordversuch, der so schön endet!

Es mag 1949 oder 50 gewesen sein. Ich hatte gerade an einem hundsgewöhnlichen Werktag meine Viecher von der Weide weg in den Stall gebracht, als ein großer Personenwagen an den Hof heranfuhr. Schnell habe ich meine Kühe und Ziegen angebunden, denn so ein Auto, das war damals noch eine Seltenheit. Ich wollte nichts versäumen, und Autobesitzer, die zu uns kamen, waren meist nette Leute, die mir manchmal etwas schenkten. So ein Fremder mochte sich wohl freuen, wenn ich ihn anhimmelte wie den lieben Gott. Da fiel dann gelegentlich eine Kleinigkeit für mich ab.

Dieses Mal hat mich der Bauer gleich weggeschickt. Ich sollte im Schopf Holz spalten. So eine Arbeit mußte ich eigentlich abends nie verrichten, und ich merkte sofort, daß er mich nur loshaben wollte.

Ich habe drum durch die Astlöcher der Bretter des Holzschopfs herausgespickt und gesehen, daß ein großer, kräftiger Mann aus dem Auto gestiegen ist und hinten aus dem Auto viele Stöcke herauslupfte, die voller Bratwürste hingen. Auch der Bauer hat zwei Stöcke gepackt. Ich habe genau gesehen, wie sie die Bratwürste durch die Küche in meine Kammer trugen und dort aufhängten. Diese Arbeit hat schon eine Weile gedauert.

Dann kam der Bauer zu mir in den Holzschopf, wo ich fest am Holzspalten war. Er war plötzlich ganz freundlich und hat gemeint, ich könne jetzt ruhig Feierabend machen.

Wir sind dann zusammen in die Küche gegangen, wie das jeden Tag der Fall war. Nur diesmal ging der Bauer in meine Kammer 'rein und hat mich hinter sich hergezogen. Als er dann sagte, er müsse mir etwas Wichtiges sagen, habe ich neugierig die Ohren gespitzt.

„Also", hat er gesagt, „von diesen Bratwürsten darfst du

keine essen, wenn du am Leben bleiben willst. Die sind alle vergiftet. Und wenn die fertig sind, kommen sie nach Rußland. Damit werden die bösen Russen vergiftet. Aber gell, daß du mir ja keine davon essen tust, sonst mußt du sofort sterben. Ich mein's nur gut mit dir." Eine so lange Rede hatte der Bauer mir noch niemals gehalten. Wie lieb er war, wie gut er es mit mir meinte. Ich habe richtig gestaunt und dann gedacht, daß ich anscheinend doch zur Familie gehöre. Wenn der mich am Leben lassen will, habe ich gedacht, hat er mich doch sehr lieb.

Aber dann hat mich eine furchtbare Angst gepackt. Ich hab' nämlich an meine liebe Odesa gedacht. Die war ja auch eine Russin. Es konnte ja sein, daß die eine von den vergifteten Würsten erwischte. Das war nicht auszudenken. Dann fiel mir eiskalt ein, daß alle bösen Leute immer so lieb zu mir gewesen sind. Ich wollte nicht einsehen, warum man die Russen vergiften müsse.

„Die haben uns doch nichts getan", habe ich zum Bauern gesagt. Der ist dann mit einem Mal ärgerlich geworden.

„Du hast doch keine Ahnung", hat er gesagt. Aber ich hab' nicht locker gelassen. Wenn es um meine liebe Odesa ging, war mit mir nicht zu spaßen.

„Die Russen", hat der Bauer nun erklärt, „sind gar keine richtigen Menschen. Die müssen alle weg, radibutz. Du wirst da schon noch dahinterkommen. Und wenn du eine einzige von den Würsten essen tust, bist du auch weg, verstanden?"

Mir war ganz konfus im Kopf. Ich hab's einfach nicht zusammengebracht. Aber so ein Bauer war nun mal gescheiter als ich. Das hat er mich auch schon oft spüren lassen. Wenn der so etwas sagte, hatte ich's zu glauben.

Ich bin dann wieder in die Küche hinausgegangen, wo es wie immer Suppe und Kartoffeln mit Milch als Nachtessen gegeben hat. Todmüde bin ich hinterher in meine Kammer geschlichen. Bevor ich aber ins Bett stieg, bin ich noch einmal andächtig vor den Bratwürsten gestanden, mit denen man alle Russen vergiften wollte. Wieder hat mich die Angst um meine liebe Odesa gepackt. Das war doch damals eine so gute Frau gewesen. Und wenn die anderen Russen auch so lieb sind, dann durfte man sie doch nicht vergiften. Wenn die Russen aber die gleichen Menschen sind, wie ich einer bin, dann ist es doch nicht recht, daß man sie mit den Würsten vergiften will. Immer wird über die Russen geschimpft, habe ich gedacht. Dabei hat auch der Bauer sicher kaum mal mit einem Russen zu tun gehabt. Woher nimmt sich der das Recht heraus, so gottslästerlich von den Russen zu sprechen?

Aber wenn ich groß bin, das habe ich mir felsenfest geschworen, werde ich schauen, daß ich Geld verdiene. Damit fahre ich mit dem Zug nach Rußland und will die Russen kennenlernen. Dann werde ich auch meine liebe Odesa suchen, die sicher irgendwo auf mich wartet. Die wird sicher noch lange leben. Die ist auch viel zu klug, um eine von den vergifteten Bratwürsten zu essen. Die fällt in eine so plumpe Falle niemals herein, die nicht.

Aber dann hat mich doch wieder die Angst gepackt. Mein Kopf ist wegen der schlimmen Gedanken so schwer wie ein Mühlstein geworden; alles ist ganz schrecklich durch meinen Schädel gesaust. Aber gottlob bin ich dann doch zum Schlafen gekommen.

Meine letzten Gedanken waren immer noch bei den vergifteten Bratwürsten. Vielleicht würde Karo, der Hund, und die Katzen heute nacht die Bratwürste herunterreißen und fressen. Tiere sind zäh, denen würde das Gift nichts ausmachen, die können sogar verfaultes Fleisch fressen. Oder würden sie doch dabei sterben? Dann wäre mir schon lieber, sie kämen gar nicht an die vergifteten Würste 'ran. Sonst ginge es ihnen ja wie später den Russen!

Und warum hat dieser böse Bauer die vergifteten Würste gerade in meine Schlafkammer gehängt? Auch das hat mich noch vor dem Einschlafen beschäftigt.

Und dann habe ich noch gemerkt, wie von der Küche her Rauch in meine Kammer gelassen wurde, der allerdings durch ein Loch in der Decke wieder abgezogen ist. Es hat ganz gut nach verbrannten Tannennadeln gerochen. Und endlich war ich ganz weg.

Trotzdem bin ich in der Nacht wieder aufgewacht. Immer habe ich an meine Odesa gedacht. Die ist lebendig vor mir gestanden.

Ich muß jetzt ein paar Jahre überspringen und zwar gleich 34

Jahre. Nach diesem großen Zeitsprung ist es mir nämlich endlich gelungen, meinen Kindheitstraum zu verwirklichen. Ich wollte ja meine Odesa finden.

Immer wieder habe ich mir während meines Lebens geschworen: „Wenn ich groß bin, reise ich in das Land, wo man sie gefangen hat und dann zu uns nach Deutschland gebracht hat."

Am 23. Januar 1984 nachmittags um 17 Uhr hob ich in Luxemburg mit einer sowjetischen Iljuschin der Aeroflot in Richtung Moskau ab. Das „Offenburger Tagblatt" hatte den Gruppenflug organisiert.

Wir wohnten fünf Tage im Hotel „Cosmos". Während meine Reisegruppe von einer Sehenswürdigkeit zur anderen unterwegs war, klapperte ich von morgens bis abends Moskau nach Odesa ab. Eigentlich war ich ganz sicher, daß ich sie finden würde. Ich wußte auch, daß sie mich sofort erkennen würde, wenn sie mich auf der Straße sähe.

Meine Reisegruppe konnte mein eigenbrötlerisches Verhalten nicht verstehen, aber mir war das egal. Ich wollte allein sein, ich hatte nur meine liebe Odesa vor Augen.

Überall, wo ich Menschen sah, ging ich hin. Oft blieb ich lange an einem Platz stehen in der Hoffnung, daß doch ein Wunder geschehen möge. Allen Menschen habe ich in die Augen geblickt und habe gesucht, fünf Tage lang. Gerade beim langen Warten ging mir die schöne Zeit von Straßburg ständig wie ein Film im Kopf herum. Meist zeigte das Thermometer 20 Grad unter Null, und mein Gesicht fing vor lauter Kälte zu schmerzen an. Aber ich gab nicht auf. Und als ich wieder ergebnislos nach Hause zurückflog, war ich nicht traurig. Im Jahr drauf flog ich wieder in die Sowjetunion, dieses Mal in die wunderschöne Stadt Leningrad.

Wieder war ich voller Hoffnung. Dieses Mal würde es bestimmt klappen. Wieder ging ich täglich durch die Straßen der prachtvollen Stadt, musterte die Menschen, wurde gelegentlich sogar angesprochen: „Du Germanski?"

Manchmal gelang es mir mit meinem liederlichen Englisch, mich mit diesen netten Menschen zu unterhalten unter Zuhilfenahme von Händen, Kopf und Füßen. Ich fand sie alle sehr lieb. Und die, die ich wegen der fremden Sprache nicht verstand, habe ich mit ihren Blicken und ihrem schönen Schweigen verstanden und liebgewonnen. Wenn ich wieder Zeit habe, werde ich noch einmal nach Rußland reisen. Ich werde dort so lange mit einfachen und lieben Menschen zusammenkommen, bis ich meine Odesa gefunden habe.

Wie gut habe ich mich mit ihnen verstanden, diesen lieben Russen. Und auch heute ist mir der Bauer ins Gedächtnis gekommen, der gesagt hat, die Bratwürste seien vergiftet, und damit würde man die bösen Russen vergiften. Diese schrecklichen Worte gehen mir nicht mehr aus dem Sinn.

In der vorletzten Nacht meines Leningrader Aufenthaltes habe ich eine nette, liebe Frau aus dem Schwabenland kennengelernt. Sie hat Brigitte geheißen, und ich habe ihr von meiner Absicht erzählt. Meine Odesa wollte ich halt finden, um jeden Preis.

Wir sind in einer russischen Bar gesessen und haben Krim-Sekt getrunken. Bis in die tiefe Nacht hinein haben wir Goethe zitiert. Sie hat mich verstanden und meine Sehnsucht gepriesen. Wohl ihrer Menschlichkeit.

Ich bin jetzt also wieder in Kirnbach am Rotsal, und mein später Ausflug nach 34 Jahren soll wieder vergessen sein.

Ich muß erneut feststellen, daß sich von Anfang an alles beim Bauern verschlechtert hat. Sobald der gemerkt hat, daß er die Katze im Sack hatte, bin ich für ihn der letzte Dreck gewesen.

In der Schule bin ich wieder sitzen geblieben.

War das ein Wunder, wo mir doch niemand bei den Hausaufgaben geholfen hat?

So jeden Tag in die Schule laufen zu müssen und zu wissen, daß die Lehrerin wieder toben wird, weil ich wieder keine Aufgaben hatte, das war nicht so einfach. Und wenn ich dann nachsitzen mußte, hat es daheim beim Bauern Reibereien gegeben. Die Bäuerin war ja noch eine gute Frau, aber sie hat nur nach der Gunst des Bauern geschielt. Immer wollte sie sich bei ihm beliebt machen, und das ist zu oft auf meine Kosten passiert.

Ein jeder hat seine dreckigen Füße an mir abgeputzt, hatten die schlechte Laune, mußte ich's büßen. Das Nachsitzen war absolut sinnlos, denn allein habe ich sowieso nichts fertig gebracht. Manchmal hat mich die Lehrerin zur Strafe mit nach Hause genommen. Dort durfte ich ihr das gespaltene Holz die Treppen hinauf auf den Speicher tragen. Das war gar nicht so schlecht, jedenfalls besser als das öde Nachsitzen, wo ich vor der leeren Tafel hockte und nichts fertigbrachte.

Leider hatte sie nun auch nicht so viel Holz, daß sie mich immer mitnahm.

Der Streit mit den angrenzenden Bauern ist auch nicht besser geworden. Immer weniger konnte man mich leiden, immer häufiger haben sie mich mit meinem Vieh von ihrem Gelände verjagt. Natürlich war es nicht mein Vieh, es waren die Kühe und Ziegen von meinem Bauern. Aber die Tiere taten mir halt immer mehr leid, je weniger sie auf den Matten des Bauern zu fressen hatten. Schließlich habe ich am besten gewußt, was Hunger heißt.

Der Bauer selbst war grober und härter zu mir geworden. Das ist für mich heute noch ein Rätsel, wo ich doch für den durchs Feuer gegangen bin. Die Liebe zu seinem Vieh ging mir über alles. Für die Familie war ich ein Stück Holz, das man verbrannte. Immer war ich allein. Niemand hat mir das Maul gegönnt, und wenn der Bauer mal etwas wollte, hat er meistens mir Schimpfwörter angehängt. Nichts konnte ich ihm recht machen, an allem hat er herumgemeckert. Ich sei ein Taugenichts, ein Faulenzer, ein Tunichtgut. Dabei hetzte er mich von einer Arbeit zur anderen. Und kaum war ich fertig, ist er schon hinter mir gestanden und hat mich zur nächsten Arbeit geführt. Es war mir grad', als ob er's im Urin hatte, wann ich fertig war.

Wie glücklich hätte mich mal ein nettes Gespräch oder ein Lob gemacht. Nichts dergleichen. Vorwürfe, böse, von Haß funkelnde Augen, Geschimpfe, Gegeifer.

Ich konnte zwar wie früher mit meinen Kühen und Ziegen sprechen, aber die konnten mir ja nicht antworten und haben mich höchstens mal lieb angeguckt oder meine Hände abgeschleckt.

Es war ein richtiges Elend. Alle prügelten sie auf mir herum, als hätten sie keine Fehler. Dabei hatte ich doch niemandem etwas z'leid getan. Da habe ich ganz in mir drin' gespürt, daß ich zu nichts nütze war.

Die Lehrerin wäre froh gewesen, wenn sie mich nicht mehr gesehen hätte. Also wäre es doch das beste, wenn ich einfach abhauen würde. Kaum hatte ich am nächsten Morgen die Augen aufgemacht, da glotzten mich die Würste an, mit denen man die bösen Russen vergiften wollte. Ich bin aufgestanden, obgleich es noch dunkel war. Still und heimlich habe ich meine Kammer verlassen und bin über die Lochmatten, dann über den Bach in Richtung Morgenbauer gewandert. Über den Horbenhof kam ich zur Jakobus-Kapelle und war dann bald daheim in Wolfach.

Aber wir waren jetzt keine Schloßherren mehr, meine Eltern und die Geschwister waren ins alte Engelschulhaus umgezogen.

Dort bin ich hingegangen und habe geläutet. Meine Mutter hat die Türe geöffnet und zunächst eine Mordsfreude gehabt. Sie hat mich in die kleine Küche gezogen. Dort mußte ich ihr von meiner Arbeit erzählen, aber sie hat sicher gleich gemerkt, daß es mir gar nicht wohl in meiner Haut war. Vieles habe ich ihr schon gar nicht erzählt, weil ich mich einfach schämte. Außerdem wollte ich sie nicht unnütz beunruhigen.

Jeder meint doch, so ein Hirtenbub, der hat's doch schön, an sonnigen Tagen Vieh hüten, das ist eine feine Sache. Aber wann scheint bei uns schon mal die Sonne?

Meine Mutter muß gleich gemerkt haben, daß ich elend gestunken habe, denn gleich hat sie mir in der Waschküche einen großen Kessel heißes Wasser gemacht und gesagt: „So Bub, jetzt tust du einmal richtig baden und guck, daß du auch sauber bist. Hier hast du ein Stück Kernseife und eine Wurzelbürste. Laß' dir ruhig Zeit. Du hast nämlich Wasser und Seife bitter nötig, gell! Und wenn du fertig bist, dann kommst du in die Küche. Ich koch' dir 'was Gutes."

Am liebsten hätte ich meine Mutter umarmt. Wie ein König bin ich mir in der warmen Badewanne vorgekommen. Was für ein schönes Gefühl, so ein warmes Bad.

Ich bin lange in dem Holzzuber gesessen und habe die Wärme genossen. Das mit der Wurzelbürste und der Kernseife war gar nicht so wichtig, aber die schöne Wärme habe ich buchstäblich aus dem Wasser in meinen frierenden Körper gezogen. Und meine liebe Mutter hat mir dieses Vergnügen bereitet.

Wie lange ich im Holzzuber gesessen bin, weiß ich nicht mehr genau. Jedenfalls bin ich erst herausgegangen, als ich das Wasser schon wieder mit der eigenen Körperwärme aufheizte. Als ich dann nach oben zur Mutter in die Küche kam, stand das gute Essen schon auf dem Tisch.

Ich hatte einen Riesenhunger. Bei meiner lieben Mutter hat mir das Essen schon immer am besten geschmeckt. Nur das Essen bei meinen lieben deutschen Soldaten war noch so gut gewesen.

Danach hat sie mich in ein Schlafzimmer geführt. Ich glaube, daß es das Schlafzimmer meiner Schwestern gewesen ist.

„So jetzt, Bub", hat sie gesagt, „leg' dich schlafen, denn du siehst arg müd' aus!"

Das war ich auch, denn ich war ja fast vier Stunden streng gelaufen. Ich glaube, daß ich den ganzen Tag geschlafen habe. So recht konnte ich mich hinterher nicht mehr erinnern.

Gegen Abend kam dann meine Mutter zu mir ans Bett und hat mich geweckt. Sie sagte, ich müsse jetzt aufstehen und wieder heimgehen. Ich wehrte mich und sagte, daß ich doch hier daheim sei.

„Jetzt nicht mehr", hat sie traurig gesagt. Dann hat sie sich schnell umgedreht und ist aus dem Zimmer gegangen.

Ich glaube, daß sie geweint hat, warum, das ist mir allerdings nicht eingefallen.

So bin ich halt aufgestanden, denn ich war ja wirklich ausgeruht. In der Küche hat mir dann meine Mutter in aller Ruhe erklärt, daß es nicht gut sei, wenn mein Vater nach Hause käme und mich hier antreffe. Sie meinte, ich müsse das doch selbst wissen. Mein Bauer in Kirnbach brauche mich doch auch, und in die Schule müsse ich auch wieder gehen.

„Wie geht es denn überhaupt in der Schule?" wollte Mutter noch wissen. „Es geht mir recht", habe ich geantwortet.

Die Wahrheit wollte ich meiner lieben Mutter doch nicht sagen, dazu genierte ich mich. Was hätte es überhaupt genützt, wenn sie erfahren hätte, daß ich wieder sitzen geblieben war?

Die Mutter hat dann noch etwas zum Essen eingepackt und mich erneut gemahnt, mich auf den Heimweg zu machen. Dabei hat sie immer wieder zur Uhr gesehen.

Also habe ich mich von meiner Mutter verabschiedet und bin langsam in Richtung Kirnbach losgezottelt. Mir war so weh im Herzen, ich hätte vor Schmerzen heulen mögen.

Mit jedem Meter, den ich hinter mich brachte, ist mir klar geworden, daß ich nicht mehr in Wolfach Heimat hatte, sondern nach Kirnbach gehörte. Aber, so dachte ich ununterbrochen auf dem Heimweg, ich könne doch nicht in Kirnbach bleiben. Da würde ich ja kaputt gehen. Immer übler stieg es in mir hoch, je mehr ich mich dem Hof meines Bauern in Rotsal näherte.

Mit der Zeit wurde es dann auch dunkel, und das war mir gerade recht. So könnte ich mich leicht unbemerkt in meine Kammer schleichen, so dachte ich.

Das Haus war nun in Sicht, und ich wurde langsamer. Was sollte ich dem Bauern sagen, wenn er mich erwartete? So schlich ich mich ängstlich zur hinteren Tür. Aber schon hatte mich Karo, der Hund, bemerkt und fing auch gleich zu bellen an. Als ich nahe an ihn herangekommen war, sprang er an mir hoch, als würde er sich riesig freuen.

Außer dem Hund hat sich jedoch niemand gefreut. Denn schon kam schnurstracks der Bauer dahergefurzt, packte mich hart an der Hand und zog mich unters Dach auf die Bühne. Dort hat er mich wie mit Eisen umklammert und zu Boden gerissen. Kaum bin ich auf den Brettern gelegen, hat er mit seinen Fäusten auf mir herumgetrommelt. Das hat bis hinunter in die Küche gerumpelt, daß sogar die Bäuerin laut gerufen hat, er solle mich jetzt in Ruhe lassen.

Der Bauer hat dann auch aufgehört, aber geschumpfen hat er noch lange und mich einen undankbaren Dreckskerl genannt. Ich habe mich dann durch die Küche in meine Kammer geschlichen und habe elendiglich gezittert. Wieder ist die ganze Welt in mir zusammengebrochen. Heim durfte ich nicht mehr, und da bleiben konnte ich doch auch nicht.

Ich war verzweifelt. Mein Kopf war die reinste Rumpelkammer.

Da lag ich im Bett und habe wieder einmal über alles nachgedacht. War nicht doch noch irgendwo ein Mensch, der mich liebte?

Wo hätte ich denn hingehen können?

Aber mir ist niemand eingefallen. Mein Elternhaus war mir für immer verschlossen. Wieder habe ich an meine liebe Odesa gedacht. Sie hätte mich beschützt, sie hätte bestimmt eine Lösung gefunden.

Aber Odesa war nicht da, und mein Schluchzen hat niemand hören wollen. Nirgendwoher kam das geringste Echo.

Und da es für mich keinen Ausweg mehr gab, beschloß ich, mir noch in dieser Nacht das Leben zu nehmen.

Ich starrte die über mir hängenden vergifteten Bratwürste an. Ja, das war die beste Lösung. Zum Aufhängen hätte mir der Mut gefehlt. Mit diesen vergifteten Dingern konnte es ja nicht schief gehen.

Gleich habe ich in die erste hineingebissen und gemerkt, daß sie trotz des Giftes prima schmeckten. Aber ich mußte auf Nummer sicher gehen. Also habe ich von den vergifteten Bratwürsten so vier oder fünf Stück verdrückt.

Jetzt geht's ans Sterben, dachte ich erleichtert. Noch bevor ich weg war, überkam mich ein heißes Glücksgefühl, daß es so leicht gegangen war.

Ich wollte es tags drauf nicht glauben, aber ich bin dann trotzdem wieder erwacht. Das ist doch nicht möglich, habe ich immer wieder gesagt. Vielleicht hätte ich von den Würsten noch ein paar mehr essen sollen.

Ich wollte es jetzt genau wissen, und habe am Abend drauf eine gehörige Anzahl verschlungen. Dieses Mal haben sie mir noch weit besser geschmeckt.

Aber am folgenden Tag lebte ich immer noch. Also hat das Gift bei mir nicht gewirkt. Die bessere Erklärung war aber wohl die, daß mich der Bauer angelogen hatte.

In den kommenden Wochen hat man mich nicht besser behandelt. Das Leben ist nicht schöner geworden. Nur konnte ich mich schon den ganzen Tag auf die vergifteten Bratwürste freuen, von denen ich in jeder Nacht zwei Pärchen verdrückt habe. Die wurden auch deshalb täglich besser, weil sie durch das Räuchern hart und knackig wurden.

Ich habe nun auch jede Nacht unversehens Besuch bekommen. Die große alte Katze ist nämlich zu mir gekommen und hat sich die Wursthaut geholt. Dabei hat sie wunderbar geschnurrt. Den Rest der Nacht hat sie dann auf meinen Füßen verbracht. Das war für mich eine Wohltat. So ein warmes Katzenfell, das ist etwas Herrliches. Die Katze hat mir sehr imponiert, die wollte ich an mich binden. Drum habe ich ihr auch einmal eine ganze Bratwurst zugesteckt.

Das muß sie mir hoch angerechnet haben, denn jetzt ist sie regelmäßig gekommen.

Das warme Katzenfell hat mich nicht nur gewärmt, es hat mich sogar geheilt. Immer weniger habe ich ins Bett gebrunzt. Das Hemd in der Hose war nun auch tagsüber trocken; ich habe auch nicht mehr so viel gefroren und habe die Tage für schön gehalten.

In der Schule habe ich auch nicht mehr so gräßlich gestunken, und die anderen haben mich nicht mehr so stark gehänselt.

Auch der Hund hat Lunte gerochen und hat hin und wieder eine Wurst abbekommen. Und er hat's mir wie die Katze durch seine Treue gedankt. Das Verhältnis zum Bauern hat sich nicht mehr gebessert. Manchmal wollte ich ihm flattieren*, aber es gab einfach Spannungen. Wir haben uns dann auch nicht mehr gegrüßt und lebten wie tot nebeneinander her. Ich habe dann auch nur noch das gearbeitet, was dringend nötig gewesen war. Die zusätzlichen Arbeiten neben dem Viehhüten habe ich ganz eingestellt. So kleine Aktionen habe ich hin und wieder schon noch unternommen. Unter anderem habe ich weiter Ziegenmilch gegen andere gute Sachen eingetauscht.

Ich durfte mir zum Hüten sogar Most mitnehmen, aber den konnte ich nur aus einem ganz bestimmten Faß abzapfen. Um mir dieses zu zeigen, ist der Bauer extra mit mir in den Keller hinuntergestiegen.

„Gell", hat er gesagt, „da kannst du dir täglich eine halbe Flasche 'rauslassen."

„Ja, ja", habe ich geantwortet. Aber 'rausgelassen habe ich dann aus dem Faß, aus dem er seinen Bedarf gedeckt hat. Natürlich war ich nicht mit einer halben Flasche zufrieden. Ich habe sie ganz voll gemacht und schon im Keller zur Hälfte ausgetrunken. Gleich hinterher habe ich dann nochmals nachgefüllt.

* flattieren = schmeicheln

111

Der Bauer hat nämlich für sich feinen Brombeer-, Heidel-
beer-, auch Kirschenmost gemacht. Vom Hirtenbuben hat er
verlangt, daß er den allerliederlichsten Fusel trinken sollte.
Da hat er die Rechnung ohne den Wirt gemacht.

Damit er keinen Verdacht schöpfen konnte, ich würde seinen Simsenkrabsler* verschmähen, habe ich von dem Lum-
penzeug fast täglich eine halbe Flasche herausgelassen und auf
den Sandboden geschüttet. Dort ist er dann fein versickert.

Weil er mich angelogen, geschlagen und immer wieder ge-
schunden hat, ist mir auch der gute Most zugestanden.

Mit der Zeit bin ich dann zu einem der stärksten Buben auf
dem ganzen Schulweg geworden. Der Grund dafür war sicher
nicht das Essen beim Bauern. Aber durch meine fortgesetzten
Selbstmordversuche bin ich zum Bratwurstfresser geworden,
und die haben bei mir Speck angesetzt.

Daraus kann man ableiten, daß auch ein Selbstmordversuch
seine guten Seiten hat.

Leider ging auch dieses Bratwurstglück eines Tages zu Ende.
Irgendwann hörte ich die Bäuerin zu einer anderen Frau sagen,
daß sich der Bratwurstproduzent das Leben genommen habe.
Da hat mich buchstäblich die Angst gepackt, und ich habe mir in
den folgenden Tagen im stillen Vorwürfe über meinen Brat-
wurstappetit gemacht. Wenn ich ihn deswegen auf dem Gewissen hätte, wäre das fürchterlich für mich gewesen.

Nicht nur mein Gewissen hat mich geplagt, es hat mir direkt
auf den Magen geschlagen.

Gott sei Dank habe ich ein paar Tage später wieder einmal
gelauscht, und da habe ich durch die offene Kammertüre gehört, daß sich der große, liebe Bratwurstmann wegen ver-
schmähter Liebe das Leben nahm. Wie kann man sich wegen
einer Frau umbringen?

So ist's mir wenigstens durch den Kopf gegangen.

Aber im Innersten ist es mir doch sofort wohler geworden.
Ich war also unschuldig am Tod dieses Menschen, der mir dazu
verholfen hatte, daß ich nicht mehr ins Bett gepinkelt habe. Es
ging nicht lange, da wurden die noch bei mir hängenden Bratwürste abgeholt. Aus war der Traum von den abendlichen
Mahlzeiten im Bett. Mit dem Nachschub war's nämlich aus;

* Simsenkrabsler = saurer Most, Wein

keine einzige frische Bratwurst wurde mehr zum Räuchern gebracht.

Auch meine liebe Katze und noch viel mehr der Hund sind darüber traurig gewesen.

Auch heute noch denke ich öfters an jene nahrhafte Zeit, in der ich mir mein trostloses Leben mit Bratwürsten verschönt habe. Und wenn mich etwas reut, ist es dies, daß ich mit der lieben Katze und dem braven Hund nicht noch mehr davon gegessen habe.

Es geht alles vorüber, es geht alles vorbei, heißt's in jenem schönen Heimatlied. Auch meine Tage als Hirtenbub waren nun gezählt. Ursprünglich sollte ich aus der fünften Volksschulklasse entlassen werden, aber meine Lehrerin und der Bauer haben irgend etwas miteinander gedreht. Was, weiß ich nicht, aber ich bin jedenfalls in die sechste Klasse gekommen, wie, weiß ich wirklich heute noch nicht.

An den guten Leistungen kann es auf keinen Fall gelegen haben. Meine Lehrerin hat mich eines Tages ganz freundlich auf die Seite genommen. Ich habe meinen Ohren nicht getraut, wie die mit einem Mal so lieb zu mir gesprochen hat.

Mit fünf Schulklassen, so hat sie mir eingetrichtert, könne ich kein Handwerk lernen. Drum sei es doch besser, ich würde Knecht.

Aber das konnte man mir doch nicht antun, um alles in der Welt nicht. Da machte ich einfach nicht mit.

Wieder haben die Lehrerin und der Bauer Gespräche miteinander geführt. Und eben danach wurde ich in die sechste Klasse übernommen. Für mich war das egal, in welcher Klasse ich mich befand. Ich konnte höchstens ein paar Buchstaben schreiben. Ein Wort habe ich nicht zusammenbekommen, geschweige denn, ich hätte lesen können.

Das einzige, was ich mühelos zustande brachte, war das Schreiben meines Namens. Mit dieser Leistung habe ich über mich selbst gestaunt. Mit dem Rechnen hat's dann auch wieder schwer gehapert. Mit meinen Fingern konnte ich notdürftig kleine Mengen zusammenzählen oder abziehen.

War das ein Kreuz mit meiner Konfirmation. Da hätte es vieles zum Auswendiglernen gegeben. Da ist der Pfarrer von Kirnbach lieb gewesen. Er hat es mir so oft vorgelesen, bis ich es auswendig herunterrasseln konnte. Allerdings habe ich immer wieder den Faden verloren, und dann war das Gestackse fürchterlich. Dazu kam, daß mir mein schwaches Gedächtnis einen üblen Streich spielte. In jeder Konfirmationsstunde war mein Kopf wie leergeblasen.

So wurde ich Gott sei Dank nur einmal von ihm aufgerufen, und das klappte dann wie am Schnürchen. Fehlerfrei konnte ich diesen einen Satz auswendig sagen, den ich heute noch im Gedächtnis habe. Er heißt: „So nimm' denn meine Hände!"

Mit Ach und Krach habe ich meine letzten Schuljahre zu Ende gebracht, und der letzte Schultag war nicht mehr fern. Fast täglich bin ich lieber heimwärts zu meinen lieben Tieren gelaufen, zu den Kühen, den Ziegen, dem Hund und der Katze. Diese feinen Kreaturen haben mich immer wieder ihre Liebe spüren lassen, und das hat mir so gut getan. Auch durch die schwere Arbeit bin ich über viele trostlose Stunden hinweggekommen.

Ein besonderes Vergelt's Gott muß ich der Tochter des Bauern sagen, weil sie doch ein paarmal lieb zu mir gewesen ist.

Am letzten Schultag ist dann noch ein Fotograf von Wolfach gekommen und hat uns in der Gruppe wie auch einzeln aufgenommen. Ich bin natürlich auch drangekommen und bin sehr stolz darauf gewesen, weil ich wie die anderen auf dem Stuhl sitzen durfte und beim Knipsen freundlich lächeln mußte. Der hat mich tatsächlich genau wie die anderen behandelt.

Später wurden die Fotos dann an jeden Schulentlassenen für 4,80 DM abgegeben. Aber woher das Geld nehmen, wenn nicht stehlen?

Und so bin ich als einziger ohne Fotos geblieben.

Ich bin extra zum Fotografen hingegangen und habe ihn angebettelt, er möge mir die Bilder doch schenken, er könne ja damit doch nichts anfangen.

Da hat er nur ganz laut gelacht und laut gesagt, daß es alle hören konnten: „Alle haben die 4,80 DM bezahlt, und ausgerechnet dir soll ich die Fotos schenken? Ich bin doch nicht von Schenkenzell!"

Das Weinen ist mir zuvorderst gestanden, aber genutzt hätte es doch nichts. Drum bin ich ganz still geblieben und leise und traurig davongeschlichen.

Man zählt das Jahr 1951.
Nach der Hirtenbubenzeit holt mich der Vater heim zum Arbeiten.

Mein Vater hat dem Bauern in einem Brief mitgeteilt, daß er mich zum Wochenende abholen wolle. Und genau so ist es dann gekommen.

Der Vater ist mit einem neuen Motorrad dahergefahren. Er hat es unterhalb des Hofes sorgfältig abgestellt und hat dann an die Stubentüre geklopft.

„Herein", hat der Bauer gerufen, und schon stand er im Zimmer. Er hat mich wie alle anderen, die in der Stube gesessen sind, begrüßt. Die Bäuerin hat ihm einen Stuhl angeboten. Wir sind dann lange um den Tisch herumgesessen.

„So Horst", hat er gesagt, „jetzt ist das schöne Leben für dich zu Ende, jetzt beginnt der Ernst des Daseins."

Der Bauer und die Bäuerin haben beide fest mit dem Kopf genickt. Diese Rede meines Vaters war wohl ganz in ihrem Sinn.

Ich aber bin zunächst ganz verwirrt gewesen. Schlimmer konnte es ja nicht kommen, habe ich im stillen gedacht. Was habe ich schon Schönes auf diesem Hofe erlebt?

Gelernt hatte ich so gut wie nichts. Dafür war ich in der Schule zweimal sitzen geblieben. Ich hatte geschuftet wie ein Idiot, man hatte mich wie Dreck behandelt. Überall war ich verhaßt, und hier im Hause war ich immer ein Fremder geblieben.

Ich dachte an die tägliche Krampferei*. So 15, 16 Stunden waren die Regel gewesen, daß ich immer froh war, wenigstens in der Schule den Schlaf nachholen zu können. Kein Wunder, daß man mich dort systematisch abgesondert hat, als ob ich die Pest gehabt hätte.

* Krampferei = Schufterei, schwere Arbeit

Nein, Vater, habe ich gedacht, schlimmer als hier kann's nirgends werden, gleichgültig, was kommen wird. Gesagt habe ich natürlich nichts, denn ich wollte nicht, daß er mich vor den Bauersleuten zusammenbrüllt.

Wir sind dann einfach gegangen, denn auch der Vater hat gemerkt, wie der Bauer plötzlich anfing, auf seinem Stuhl unruhig hin- und herzurutschen.

Meine paar Habseligkeiten hatte ich ganz schnell verstaut. Ich glaube, daß ich weniger mitgenommen habe, als ich hinbrachte.

Dem Bauer habe ich sogar noch danken müssen. Das hat mir schwer gestunken.

Nein, niemand war über meinen Weggang traurig, höchstens mein liebes Vieh, das mich nur stumm ansah, als ich mich von ihm verabschiedete. Aber das mußte schnell gehen, denn mein Vater hatte das neue Motorrad schnell in Gang und wollte keine Sekunde warten.

Also, alle Augen blieben trocken, als wir davonratterten. Im Nu waren wir das Tal vorgefahren und sind in Windeseile beim Engelschulhaus in Wolfach angekommen.

Ich war todmüde und sehr nervös. Drum habe ich meine Eltern gebeten, ein wenig schlafen zu dürfen. Und die haben mir es sofort erlaubt, als sie meinen lahmen Augendeckel bemerkt haben.

So bin ich in irgendein Bett gesunken und erst wieder am nächsten Tag erwacht, als es schon ganz hell war. Das war toll, endlich einmal ausgeschlafen aufstehen zu können. Dieses wunderbare Gefühl kann ich gar nicht beschreiben.

Ich durfte dann noch zwei oder drei Tage zu Hause bleiben und konnte tun und lassen, was ich wollte. Wie ein König bin ich mir vorgekommen, besonders, als ich noch einmal für einige Stunden im großen Holzzuber in der Waschküche ein Bad genommen hatte. Die andere Zeit habe ich fast nur geschlafen.

Zwischendurch hat mir meine älteste Schwester Elfriede noch ein paar Kleider zurechtgemacht. Die total zerlöcherten Strümpfe und Wollsocken hat sie, so gut es ging, gestopft. Zum Teil hat sie einfach die Füße abgeschnitten und neu angestrickt. Sie hat zwar nicht die richtige Wolle dazu gehabt, aber das machte ja nichts. Die Hauptsache war, daß ich meine Zehen nicht mehr aus den Löchern strecken konnte. Das hat einen nämlich ganz verrückt gemacht.

Meine Schwester war im Nähen sehr begabt. Sie hat die Kleider der ganzen Familie zusammengeschneidert.

Hier möchte ich noch erwähnen, daß sie einmal meinem Vater das Ärmelloch in seiner besten Jacke zugenäht hat. Darüber haben wir uns alle lustig gemacht. Nur der Vater ist sehr ärgerlich gewesen und hat elend geschumpfen.

In der kommenden Woche habe ich im Löwen-Post-Hotel in Alpirsbach als Hotelbursche eine Anstellung gefunden. Da bin ich in eine ganz liebe Familie hineingekommen. Sie hieß Kless. Sie stammten von Augsburg. Der Patron des Hauses saß im Rollstuhl und war anscheinend gelähmt. Aber ich habe nur so gestaunt, wie er von dort aus den ganzen Laden organisiert und geleitet hat. Den habe ich richtig bewundert. Trotz seinem Elend war er immer guter Laune. Als ich ihm vorgestellt wurde, hat er mich lieb angesehen und gesagt: „Büble, aus dir mache ich einen rechten Kerle, aber du mußt ehrlich sein, darfst nicht stehlen, nicht rauchen oder gar trinken. Gell, das mußt du mir versprechen."

Dabei hat er mir freundlich zugezwinkert, und ich habe ihm dann auch alles versprochen.

Im Löwen-Post-Hotel in Alpirsbach fühle ich mich bei lieben Menschen glücklich wie der Vogel im Hanf.

Meine erste größere Arbeit bestand darin, alle Schuhe, die vor den Zimmertüren standen, einzusammeln und sauber zu putzen. Danach mußten sie pikfein in Reih' und Glied zurückgestellt werden. Jetzt glänzten sie, daß ich selbst meine Freude daran hatte. Wichtig war, daß ich die Schuhe nach dem Putzen nicht verwechselte.

Das hat mir am Anfang schwer zu schaffen gemacht. Manchmal liefen am Morgen aufgeregte und schimpfende Hotelgäste durch den Hausgang und gar mancher hat mal einen gotteslästerlichen Fluch fahren lassen. Ich habe ihnen dann geholfen, ihre eigenen Schuhe wieder zu finden, was durchaus gar nicht so leicht war. Aber mit der Zeit hatte ich den Trick 'raus, und das Schuhgeschäft spielte sich ein.

Dann gehörte es auch zu meinen Aufgaben, die Hotelgäste am Bahnhof abzuholen. Ich mußte ihnen von dort das Gepäck zum Hotel auf ihr Zimmer tragen. Bei der Abreise war es umgekehrt.

Weiter war ich das Mädchen für alles. Wo man einen Helfer brauchte, hat man nach mir gerufen. Aber man hat nicht ständig mit mir gescholten, ich hab' auch hin und wieder mal ein Lob gehört, und die vielen Arbeiten waren alle nicht so schwer wie früher beim Bauern. Auch habe ich jetzt eine kürzere Arbeitszeit gehabt. Alle Menschen waren nett zu mir und haben mich gut behandelt. Die wenigen, die wegen der verwechselten Schuhe vor ihren Zimmertüre gescholten haben, sind mit der Zeit auch lieb geworden. Es ist wirklich später nie mehr passiert. Ich hielt es für Ehrensache, alle Gäste zufriedenzustellen.

Mein Patron hat mir im Monat 20 DM gezahlt. Dazu kamen

dann zunehmend schöne Trinkgelder. Die waren meist doppelt so hoch wie der eigene Verdienst. Wenn die Hausgäste mit meiner Arbeit zufrieden waren, haben sie sich nicht lumpen lassen. Das habe ich gleich gemerkt.

Vor allen Dingen habe ich ein feines Essen bekommen, guten Kaffee und immer frischen Kuchen. Im Anfang habe ich den Kuchen wie Brot heruntergeschlungen. Ich habe die Stücke auseinandergebrochen, in den Mund geschoben und die klebrigen Finger zum Schluß abgeschleckt. Aber dann hab' ich's bei den Gästen gesehen, wie die fein mit dem Gäbelchen umgehen konnten. Bei denen habe ich's abgespickt, wie man so 'was richtig macht. Aber im Anfang war's für mich ein schwieriges Geschäft. Daß man mit vollem Mund nicht sprechen durfte, habe ich erst hier gelernt.

Überhaupt war Kuchen für mich anfangs ein Fremdwort. Viele Sachen waren für mich spanische Dörfer. So habe ich weder Eis noch Schorle gekannt. Auch das Dessert, die Marmelade oder Fruchtsäfte habe ich erstmals im Löwen-Post-Hotel kennengelernt.

Als ich auf einem Tischchen Bananen und Orangen entdeckte, habe ich wie verrückt geglotzt. Einmal hat mir der Patron eine Ananas geschenkt. Ich hab' sie rübis, stübis mit der Schale verdrückt. Und sie hat auch so prima geschmeckt.

Da gab es ein ganz liebes Mädel im Hotel, die von Schiltach stammte. Dieses Mädchen ist von der Chefin beauftragt worden, mir täglich das Bett zu machen und sich ein wenig um mich zu kümmern. Auch mein Zimmer hat sie in Ordnung gehalten, und manchmal stand auf dem Tisch ein kleines Väschen mit Blumen drin, wenn ich abends müde aufs Zimmer kam. Ich konnte das viele Glück gar nicht fassen und habe vor Freude viel geweint.

War das nun Wirklichkeit oder nicht?

Herr Kless, der Chef hat mich häufig zu sich gerufen und mich gefragt, ob es mir in seinem Hause gefallen würde und ob ich Heimweh hätte. Darüber habe ich mich sehr gewundert.

Heimweh, wonach?

Ich durfte dann immer ein Glas Saft mit ihm trinken. In solchen Momenten war ich restlos glücklich.

Wenn ich dann nachts in meinem pikfeinen Bett lag, habe

ich mich noch vor dem Einschlafen beim himmlischen Vater für all das Gute, das er mir gespendet hat, bedankt. Ein komplettes Gebet habe ich zwar noch nicht zustande gebracht. Dafür habe ich mich einfach so mit Gott unterhalten, und zum Schluß habe ich regelmäßig meinen Konfirmandenspruch vor mich hergesagt: „So nimm' denn meine Hände!" Dieser Spruch hat zu allen Gedanken immer bestens gepaßt.

Die Chefin hat mich regelmäßig zum Friseur geschickt. Sie hat mich auch hin und wieder in einen Kleiderladen mitgenommen, wo sie mir schöne Sachen zum Anziehen gekauft hat.

Meine Chefin war eine liebe, große, blonde Schwäbin und hat zu mir nur „Büble" gesagt. Das klang so lieb aus ihrem Munde, und ich habe gleich gespürt, daß große Zuneigung dahinter steckte. Sie hat auch ordentlich und gepflegt ausgesehen.

Manchmal hat sie ein zierliches, kleines Fläschchen aus ihrer Tasche geholt. Dann hat sie es geöffnet und mir ein paar Tropfen von dem köstlichen Naß an meinen Hals gespritzt.

Manchmal bin ich mitten in der Nacht erschreckt aufgewacht und habe gemeint, ich läge beim Bauern auf dem verseichten Strohsack. Oft habe ich wirres Zeug geredet und wurde von schrecklichen Alpträumen geplagt.

Ich bin dann sofort aufgestanden, habe Licht gemacht und sofort die schönen Tapeten mit den Blumenmustern um mich gesehen. Jetzt habe ich gewußt, daß alles um mich herum Wirklichkeit war. Ich habe mich dann ruhig hingelegt und bin ganz schnell wieder eingeschlummert.

Ich muß aber noch unbedingt einiges von diesem lieben Mädel aus Schiltach berichten. Oft ist sie nach Feierabend zu mir aufs Zimmer gekommen, und wir haben uns bestens unterhalten.

„Sag 'mal", hat sie mich einmal gefragt, „warum kannst du einem denn nicht in die Augen schauen, wenn man mit dir spricht?"

Ich hab' dann nur den Kopf geschüttelt und wieder verschämt weggeschaut. Wer hat schon früher Wert darauf gelegt, daß ich ihn beim Sprechen angeschaut hatte?

Das Mädel hat mich immer wieder ermahnt, mir Mühe zu

geben, nicht so vor mich hinzustarren. Das sei besonders im Hotelgewerbe wichtig. Man müsse den Leuten in die Augen sehen können, wenn man mit ihnen spreche.

„Weißt du, Horst," hat sie gemeint, „ich mein' es ja nur gut mit dir, und wir wollen dir alle nur helfen. Und wenn du einmal eine Freundin haben wirst, wird die dir das auch sagen."

Sie hat mir dann erzählt, daß auch sie früh von daheim fortgegangen sei und daß sie genau wüßte, wie schlimm es um einen steht, wenn man so einsam in der Fremde sei.

Das Mädchen aus Schiltach hat mich ganz nachdenklich gemacht. Und ich habe gespürt, daß sie mir wirklich helfen wollte. Ich war froh, daß ich jemanden hatte, bei dem ich mein Herz ausschütten konnte.

Dieses Mädchen war wie eine große Schwester zu mir. Manchmal war ich schlampig angezogen oder unordentlich gekämmt. Gleich ist sie gekommen und hat gesagt: „Komm', Horst, ich kämme dich!"

Oder sie hat mich ermahnt, mich schnell ein bißchen sauber zu machen, da die Gäste lieber einem gepflegten Hotelburschen ein Trinkgeld geben würden als einem schmusligen Lottel.

Manchmal bin ich auch zu ihr aufs Zimmer gegangen. Sie war ein sehr schönes, junges Mädchen, etwa 17 oder 18 Jahre alt mit langen, pechschwarzen Haaren. Sie hatte auch eine gute Figur und schöne, große Brüste.

Allerdings hätte sie mir noch besser gefallen, wenn sie blond gewesen wäre. Schon als kleiner Bub war die schönste Frau der Welt für mich meine liebe Odesa. An ihrem Aussehen habe ich alle Frauen gemessen und mir immer gesagt: „So muß einmal meine Zukünftige aussehen."

Ja, als Kind war Odesa mein Schwarm, mein Leben, meine Freude, mein einziger Traum gewesen. Und immer, wenn ich mit jungen Mädchen zusammenkam, habe ich alle mit meiner schönen Odesa verglichen. Und niemals habe ich eine Frau gefunden, die ihr hätte das Wasser reichen können.

Nun wieder zurück zu meinem Mädel aus Schiltach. Oft hat sie mir aus ihren Roman-Heftchen vorgelesen. Ihr habe ich nämlich einmal gesagt, daß ich nicht lesen könne. So großes Vertrauen habe ich zu ihr gehabt.

Aber sie mußte mir in die Hand hinein versprechen, daß sie

es niemandem sagen würde. Wir haben zusammen dieses Geheimnis treu gehütet und in unserem Herzen aufbewahrt.

In einer schlimmen Gewitternacht, als es abscheulich krachte, ist sie ganz ängstlich zu mir aufs Zimmer gekommen und etliche Stunden geblieben. Damals habe ich ihr einiges aus meinem Leben erzählt. Dies war das erste Mal, daß ich mich einem schönen, lieben Mädchen anvertraute. Daß sie dieses Geheimnis sorgsam gehütet hat, scheint mir heute noch wie ein Wunder.

Eine herrliche Zeit ist's in meinem Leben gewesen, eine der schönsten.

Diesem Mädchen sage ich an dieser Stelle tausend Dank und wünsche ihr Gottes Segen.

In den paar Monaten im Löwen-Post-Hotel bin ich auch öfters mit anderen netten Menschen zusammengekommen. Es ging mir so gut, daß ich es manchmal nicht glauben konnte, daß das Leben so schön sein kann.

Wenn man über Jahre hinweg gehaßt worden ist, wenn man wegen der Läuse, dem Dreck und der Dummheit so sehr von Mitschülern und Erwachsenen gemieden wurde, ist es hinterher sehr schwer, sich umzustellen. Lange wollte es mir nicht gelingen, an das Gute im Menschen zu glauben.

Immer mehr habe ich gemerkt, daß ich bei dem Mädel aus Schiltach einen Stein im Brett hatte. „Horst", hat sie oft gesagt, „heute abend kommst zu mir aufs Zimmer. Dann werden wir Lesen und Schreiben üben."

Im Anfang haben wir das auch versucht, aber ich hab' gleich gemerkt, daß sie nicht streng genug zu mir gewesen ist. Und ich geb' ja zu, daß ich meistens auch nur Blödsinn im Kopf hatte.

Oft haben wir uns gerauft, gradso, wie's kleine Katzen tun. Oder sie ist Eis holen gegangen und hat es aufs Zimmer gebracht. Wir haben auch zusammen gespielt.

Ich muß schon sagen, jeder Blödsinn ist mir besser bekommen als das Lesen oder gar das Schreiben. Wenn man den ganzen Tag beschäftigt ist, will man abends nicht noch solchen trockenen Plunder verrichten. Dann will man sich einfach erholen. Sobald sie dann loslegte, habe ich mit List und Tücke versucht, das Lernen zu umgehen. Meinen Namen konnte ich ja gut und schön schreiben. Ich hab' mir auch gedacht, daß es genüge, die wichtigsten Sachen miteinander zu bereden. Was soll man immer jeden Dreck aufschreiben?

Ganz früher haben sie auch nichts aufgeschrieben, und denen ist's auch gut gegangen. Was soll ich mich mit so sturem Zeug abplagen? Und ganz ehrlich, ein bißchen habe ich mich auch vor dem Mädel geschämt.

Denn als ich ihr damals von meiner Tölpelhaftigkeit berichtet habe, die auch ich als Blamage empfand, hat sie vor sich hin gekichert und ständig wiederholt: „Ja, so etwas gibt's doch nicht. Das kann doch gar nicht sein."

Ich hab' auch sofort gemerkt, daß sie's einfach nicht glauben wollte. Über ihr Entsetzen bin ich so erschrocken, daß es mich gereut hat, daß ich nicht dicht gehalten habe. Ein zweites Mal hätte sie es nicht mehr erfahren.

Aber jetzt war's draußen, jetzt war jede Umkehr zu spät. Und sie hat mich ja auch ganz gut verstanden. Ihr Entsetzen hat sie prima überspielt. Sie hat so getan, als wäre es das Selbstverständlichste von der Welt.

Ich hab' natürlich sofort gemerkt, daß sie mich mochte. Das ist es gewesen, darum hat sie meine Unkenntnis für normal gehalten.

Manchmal hat sie mich ganz unheimlich angesehen und ist auf mich losgesprungen. Dann habe ich sie fest an mich gedrückt, denn irgend eine Freude wollte ich ihr doch auch tun. Sie aber hat mich lange und innig geküßt, auf die Stirne, auf die Augen und besonders lange auf den Mund.

Wenn ich nur nicht so ängstlich gewesen wäre. Dann hätte ich auch diese Zärtlichkeiten ganz gern mitgemacht. Aber was wußte ich schon von Mädchen und was sie gerne haben.

Auf der Straße hatte ich dies und das aufgeschnappt, wenn andere damit angegeben haben. Sonst war mir nur von allen Seiten eingebleut worden, daß all das, was das Lieben so schön macht, verboten ist. Dies sei eine große Sünde.

Ich habe ihr gerne zugehört, wenn sie mir aus den Romanen vom Lieben, Küssen und sich Kriegen vorgelesen hat. Da ist auch hin und wieder eine Frau oder ein Mann umgebracht worden. Manche haben sich das Leben genommen oder haben andere gehaßt. Augenblicklich ging dann bei mir eine rote

Lampe an. Ich bin unsicher geworden, und die kalte Angst hat mich gepackt.

Und über die Sachen, die sich die Buben untereinander erzählen, wollte ich schon gar nicht mit dem Mädel aus Schiltach reden. Erstens habe ich das für Schweinereien gehalten, zweitens habe ich mich einfach nicht getraut, und drittens habe ich mich geniert. Ich habe deutlich gespürt, daß sie mir noch vieles beibringen würde, denn gescheit ist sie gewesen, und alles, was sie tat, hatte Hand und Fuß.

Ganz plötzlich ging dann die Saison im Hotel zu Ende, und für mich gab es nichts mehr zu tun.

Aber ich hatte mir vorher noch ein Fahrrad angeschafft, mit dem ich in der Freizeit schöne Rundfahrten unternommen habe.

Eine Gangschaltung hat's allerdings nicht gehabt, mein Fahrrad. Von solch einem Luxusmodell habe ich nur träumen können. Ein Rad mit einer Schaltung hätte viel zu viel Geld gekostet.

Aber es ging auch ganz gut ohne eine solche. Einmal bin ich an einem freien Tag mit meinem Rad nach Stuttgart gefahren, und in der gleichen Nacht bin ich wieder zurück ins Löwen-Post-Hotel zurückgeradelt.

Als ich dann zu meinen Eltern zurückging, habe ich mein Fahrrad gut brauchen können. Es war ein regnerischer Montag, als ich mein Bündel hinten auf dem Gepäckträger festgebunden habe. Dann habe ich mich mit schwerem Herzen verabschiedet und bin mit einem komischen Gefühl in der Magengegend zu meinen Eltern nach Wolfach heimgefahren.

Jetzt geht's in die Fabrik und hinterher auf den Bau.

Meine Eltern haben mir gleich eröffnet, daß ich zwar bei ihnen wohnen dürfe, doch einen Faulenzer könnten sie nicht gebrauchen. Ich müßte in eine Fabrik, um Geld zu verdienen.

Ich ging dann auch in eine Wolfacher Metallwaren-Fabrik, wurde aber schon nach kurzer Zeit herausgeschmissen.

Daran war ich sicher selbst schuld. Zum Schaffen hatte ich nämlich keinerlei Anreiz. Auch wußte ich überhaupt nicht, wofür ich arbeite, denn das Geld wurde mir daheim sofort nach dem Zahltag abgenommen. Die Zettel, die in der Lohntüte lagen, konnte ich sowieso nicht lesen, aber die Geldscheine sagten mir schon, was ich nach Hause brachte. Das hat mir schwer gestunken, so immer ohne Geld zu sein, und drum war ich gar nicht böse, daß man mich gefeuert hat.

Mein Vater war stocksauer und weigerte sich, mir eine neue Stelle zu besorgen. Aber gestichelt hat er ununterbrochen, ich sei ein Faulenzer und so. Drum bin ich halt selber herumgezogen und habe neue Arbeit gesucht.

Für ein paar Wochen bin ich auch glatt wieder irgendwo untergekommen. Aber weil ich halt selten pünktlich gewesen bin, wurde ich nur getadelt und elend ausgeschumpfen. Es war schrecklich für mich zu sehen, wie die anderen Menschen in der Fabrik wie verrückt geschafft haben und mit mürrischen Gesichtern immer die gleichen paar Handgriffe ausführten. Da war immer dicke Luft. Und ein gutes Wort hat mir auch selten mal einer gegeben, das hat mir elend gestunken.

Manchmal bin ich am Morgen normal aufgestanden und habe so getan, als ob ich zur Arbeit gehe. Aber unterwegs bin ich dann einfach irgendwo vom Wege abgebogen. Sobald ein Wald kam, habe ich mich ins Gebüsch geschlagen und geschlafen. Oder ich hab' die Zeit auf andere Weise bis zum Abend totgeschlagen.

Das war viel schöner, als in einem nach Öl stinkenden Fabrikraum zu stehen, wo keiner mit keinem gesprochen hat, noch weniger mit mir. Am Wochenende hat man mir ohnehin mein sauer verdientes Geld daheim abgenommen. Das war für die selbstverständlich. In den Gesichtern konnte ich ablesen, daß sie wohl dachten, ich sein ein Depp.

Meine Mitarbeiter in der Fabrik haben keinen guten Faden an mir gelassen. Ich sei zu langsam, zu ungeschickt, ein saudummer Kerl, das haben sie immer behauptet. Derlei mußte ich nicht nur einmal täglich hören, eher hundertmal oder noch mehr. Das hat dann auch seine Wirkung. Mit der Zeit glaubt man's selbst, was man für ein Trottel ist.

Sicher, meine Finger waren dick, schwer und geschwollen. Mit denen konnte ich keine feinen Arbeiten verrichten. Ich weiß noch gut, wie ich einmal bei der Firma Leipold in Wolfach an einem einzigen Tag über zehn Bohrer an der Maschine abgebrochen habe.

Mit solch einem ungeschickten Rüpel, wie ich einer war, konnte keine Fabrik der Welt zu Reichtümern kommen, das war auch mir klar. Prompt hat man mich auch von der Maschine weggejagt. Jetzt durfte ich Metallkübel, die mit Ersatzteilen gefüllt waren, umhertragen oder mit einem Wagen herumschieben. Auch zum Aufräumen hat man mich abkommandiert.

Der alte Chef, der Karl Leipold, das war aber ein lieber Mann. Wenn er mich gesehen hat, nickte er mir trotz meiner Ungeschicklichkeit immer freundlich zu.

Und wenn ich nicht gerade etwas kaputt gemacht hatte oder mit Herumtragen oder Aufräumen beschäftigt gewesen bin, habe ich anderen zugeguckt oder bin herumgestanden. Das hat aber erst recht niemand geschmeckt. Und drum wurde ich auch bei der Firma Leipold geschmissen.

Jetzt ging die Sucherei von neuem los. Überall bin ich mit meinem Fahrrad herumgeschwirrt, aber überall hat man mich abgewiesen. Endlich hat man mich ins Arbeitsamt in Hausach vorgeladen. Dort bekam ich zunächst einmal eine gehörige Schimpfe zu hören. Ich sei ein Gauner. So etwas hätte es nicht einmal beim guten Adolf gegeben.

Der schimpfende Beamte ist während seines Wortschwalles

immer giftiger geworden, und sein Gesicht ist dabei rot angelaufen. Ich habe immer gedacht: „Was der nur hat?" Ich hatte dem doch gar nichts getan.

Als er nichts mehr zum Schimpfen gewußt hat, drückte er mir schließlich einen Zettel in die Hand. Damit mußte ich dann zu einer Baufirma in Hornberg fahren. An der Pforte habe ich den Zettel abgegeben.

Nach einer Weile ist ein großer, starker Mann gekommen und hat mir befohlen, mit ihm in die Bauhütte zu kommen. Das habe ich dann auch getan.

Dort hat er mir eröffnet, ich könne schon morgen hier anfangen. Wenn ich nicht wolle, nähme man eben einen anderen. Auf mich sei man nicht angewiesen. Dabei hat er mich ganz abschätzig angesehen. Ich habe sofort angenommen und versprochen, am nächsten Morgen pünktlich um sieben Uhr auf der Baustelle zu sein.

Mein Vater hat mir das Fahrgeld ausgelegt. Ich mußte nämlich mit dem Zug nach Hornberg fahren. Am nächsten Morgen ging's um sechs Uhr vom Wolfacher Bahnhof los, und so um sieben Uhr bin ich auch in Hornberg angekommen. Ich ging dann gleich, wie verabredet, in die Hütte, aber im Moment war dort gar keiner drin.

So habe ich halt gewartet, bis der große Mann vom Vortag wieder gekommen ist. Gleich hat er losgebrüllt: „Ja, wenn du schon am ersten Tag zu spät kommst, dann brauchst du morgen gar nicht mehr kommen."

Ich bin furchtbar erschrocken. Seit ich vom Bauer weggegangen war, hatte mich kein Mensch mehr so angebrüllt. Dann habe ich versucht, dem Mann klarzumachen, daß ich doch mit dem ersten Zug gekommen sei. Niemand könne schneller vom Hornberger Bahnhof direkt hierher laufen als ich. Aber der hat weiter finster aus der Wäsche geschaut. Schließlich hat er unwirsch nach meinem Namen gefragt. Ich hab' ihm geantwortet, daß ich Horst Lapp heiße.

Schon war er wieder freundlicher: „Für mich bist du der Lapp, und wenn du nicht spurst, dann bekommst du von mir eine auf die Lapp, damit du gleich merkst, wie es bei uns auf dem Bau zugeht."

Jetzt hat er tief Luft geholt und gesagt: „So, Lapp, jetzt

gehst du in den Keller, und dort hab' ich Arbeit für dich. Doch wehe, ich erwisch' dich beim Faulenzen. Dann lernst du mich gleich am ersten Tag kennen."

Ich hab' sofort gerochen, daß dieser Mensch Bier getrunken hatte. Auch später habe ich ihn fast nur mit einer Bierflasche in der Hand gesehen. Manchmal hat die Flasche auch in der Seitentasche der Jacke gesteckt. Wenn bei dem der Alkoholspiegel nicht stimmte, war er unausstehlich. Dann hatte keiner 'was zu lachen.

Also, wir sind dann zusammen in den Keller gegangen, und dort stand eine alte Handwasserpumpe.

„So, Lapp", hat er gesagt, „pump'!"

Ich legte mich sofort ins Zeug, um meinem neuen Chef zu imponieren. Aber er hat mir nicht lange zugeschaut, er ist gleich gegangen. Um neun Uhr kam er zurück und sagte: „Jetzt ist Vesperzeit. Du kannst dich dort auf den Zementsack setzen. Wenn's weitergeht, werde ich dir wieder Beine machen!"

Schon jetzt war ich von dieser Arbeit fix und fertig. So habe ich mich von selber hingesetzt. Keinen einzigen Bissen habe ich heruntergebracht. Nur von dem Tee, den mir die Mutter in einer Sprudelflasche mitgegeben hat, habe ich ein paar Schlücke heruntergewürgt.

Im Nu war die Vesperzeit zu Ende, und der große Mann hat schon von weitem geschrien: „Auf geht's, du Faulenzer!"

Er kam dann ganz nahe an mich heran, hat sich breitbeinig aufgestellt und mir beim Arbeiten lange zugeschaut. Ich habe mich mächtig am Riemen gerissen, denn ich habe genau gewußt, daß der mich zum Teufel jagen würde, wenn ich nicht seine Erwartungen erfüllte. Hin und wieder schaute ich in sein aufgedunsenes rotes Gesicht, und jedes Mal bin ich erschrocken. Aus seinen Augen klirrte es buchstäblich vor Kälte und Haß. Keine Spur von Menschlichkeit war zu sehen, höchstens Verachtung.

Ich spürte instinktiv, daß ich's bei dem verschissen hatte.

Wieder hat mich die Angst gepackt, ich könnte wieder herausfliegen.

Drum habe ich an einem Stück gepumpt, wenn ich auch fast zusammengebrochen bin.

So ein Tag ist furchtbar lang. Man martert sich zu Tode, wenn der Vorarbeiter neben einem steht und nicht mehr gehen will. Als er dann gegangen ist, habe ich vor Erschöpfung geweint. Aber das hat mir natürlich auch nichts geholfen. Ich war ja in dem großen Keller mutterseelenallein. Niemand hätte Mitleid mit mir haben können.

Mit Ach und Krach ist es zwölf Uhr geworden. Ich war am Rande des Zusammenbruchs, aber ich kam über die Runden. Nur nicht aufgeben, habe ich unentwegt gedacht. Denen mußt du zeigen, was in dir steckt. Wieder ist der große Mann vorbeigekommen und hat laut „Mittag" gebrüllt.

Eine halbe Stunde habe ich gevespert und eine weitere halbe Stunde geruht. Erst habe ich wieder von meinem Tee getrunken, und nach einer Weile hatte sich mein Magen so weit beruhigt, daß ich wenigstens ein halbes Vesperbrot herunterbrachte. Das habe ich aber nach einer Weile erbrochen, und auch der gute Tee ist wieder mit hochgekommen.

Warum wurde ich in dieses Dreckloch gesteckt?

Warum hat's gerade mich zu einer solchen Sauarbeit erwischt?

Bin ich denn ein Verdammter?

Warum werde nur ich so elendiglich bestraft, wo ich doch noch nie einem anderen Menschen etwas Böses getan habe?

Ganz im Gegenteil. Den gut angezogenen Menschen bin ich sogar im Zug aus dem Weg' gegangen. Ich habe mich vor jedem geniert, der besser als ich angezogen war. Und von meiner Sorte gab's so gut wie keine. Die sahen alle so fein aus, während ich ja nur dreckige Kleider hatte, von der Arbeit durchnäßt.

Und sicher habe ich auch gestunken, ohne daß ich es gemerkt habe. Und die Gummistiefel waren auch meistens verschmiert.

Wenn die im Zug über mich die Nase rümpften, ist es mir ganz elend geworden. Sobald ich das gemerkt habe, bin ich aufgestanden und hinaus auf den Abort gegangen. Dort habe ich mich eingeschlossen, bis der Zug in Hausach oder Wolfach gehalten hat.

Die mochten mich alle nicht, das habe ich an allen Ecken und Enden gemerkt. Nur wußte ich nicht, warum die mich verachteten. Manch eine Person ist ins Abteil gekommen und auf mich zugelaufen. Obgleich auf meiner Bank noch Platz war, haben sie mich nur kurz angesehen und haben sofort wieder kehrtgemacht. Das war auch so, wenn nirgendwo im Abteil noch ein freier Platz zu ergattern war.

Was für eine Freude wäre es für mich gewesen, wenn sich mal einer zu mir gesetzt hätte. Wir hätten dann zusammen reden können, und es wäre auch für mich kurzweilig gewesen.

Viele Leute haben am Morgen noch im Zug geschlafen, andere haben gelesen, nur abends haben sie immer so Gruppen gebildet und miteinander diskutiert.

Von mir hat nie jemand etwas gewollt.

Langsam habe ich begriffen, daß man mit einem solch armseligen, dreckigen Strolch, wie ich einer gewesen bin, nichts zu tun haben will. Für so einen hat man keine Zeit. Ja, gelegentlich hat man mich Strolch genannt.

So sind viele Tage vergangen, und ich habe mich ein wenig an die harte Arbeit gewöhnt. Aber täglich 10 Stunden in einem nassen Loch zu hocken und zu pumpen, das haut den stärksten Mann um.

In der Stunde habe ich als fünfzehnjähriger Bub 73 Pfennig' verdient. Auch dieses Geld hatte ich bis auf das Fahrgeld für den Zug für Kost und Wohnung daheim abzuliefern. Ein paar Pfennige hat man mir großzügigerweise als Taschengeld überlassen. Aber für ein Kleidungsstück hat das nie gereicht, geschweige denn für einen Anzug, in dem ich auch ordentlich ausgesehen hätte.

So bin ich immer gleichgültiger geworden und habe halt weitergepumpt.

Warum?

Wofür?

Was bringt's?

Ich weiß es heute noch nicht.

Alles geschah, als ob ich ein Automat gewesen wäre, ohne Freude, ohne eine Spur Liebe.

Ich hatte keinen einzigen Freund. Früher hatte ich wenigstens meine lieben Tiere gehabt. Aber diese tote Pumpe, die hat mich höchstens gleichgültig oder gar feindlich angeglotzt.

Warum bin ich dann nicht abgehauen?

Wahrscheinlich bin ich ein elender Feigling gewesen. Oder es hat mir am Verstand gefehlt. Ja, ja, die hatten schon recht, wenn sie behaupteten, daß ich saudumm sei.

Aber das wollte mir einfach nicht in den Schädel, daß ich keinem einzigen Mitmenschen aufgefallen bin, der mich für wert gefunden hätte, mit mir zu sprechen.

Wenn ich nur einen solchen gefunden hätte, ich wäre sofort in die Welt hinausgegangen und hätte ihn gesucht, durch dick und dünn.

In der Schule hatte man mich gelehrt: „Wer sucht, der findet!" Der Pfarrer hat uns das auch immer gesagt. Aber trotz meines Suchens habe ich halt niemanden gefunden, ums Verrekken nicht. Oder hab' ich vielleicht nicht richtig gesucht?

Natürlich war ich nichts Besonderes. Ich hatte grobe Glieder, bekam zusehends Pickel ins Gesicht. Vor allem aber konnte ich niemandem in die Augen sehen. Meine Kleidung war primitiv und dreckig. Aber ich konnte ja mit dem besten Willen an keine schönere oder bessere Kleidung herankommen. Ich kam mir vor, als durchlitte ich einen bösen Traum. Der mußte doch auch einmal zu Ende gehen.

Wieder einmal fuhr ich mit dem Fahrrad und habe dabei zwei junge Burschen kennengelernt, die mir sympathisch vorkamen. Wir haben uns dann von Zeit zu Zeit mit unseren Fahrrädern getroffen und haben große Touren gemacht. So sind wir überall herumgekommen. Es wurde auch eingekehrt, wie sich das auf einer zünftigen Fahrradtour gehört.

Wir haben aber an den Stammtischen fast nur Bier getrunken, wenn der eine oder andere einmal nicht gerade gut bei Kasse war, hat man sich gegenseitig geholfen.

Daheim hatte ich nämlich keine Bleibe. Kaum hat mich mein Vater entdeckt, hat er mich an eine Arbeit geschickt. Der konnte es einfach nicht sehen, daß ich mich hin und wieder aufs Sofa gelegt habe. Immer schaffen, das war sein Rezept. Darum habe ich mich gleich nach Feierabend aus dem Staub gemacht. Denn wenn einer jeden Tag zehn Stunden geschuftet hat, will er wenigstens am Sonntag seine Ruhe haben.

Auch an den Samstagen bin ich unter der Fabrikhalle zehn lange Stunden im nassen, dunklen Kellerloch an der alten Wasserpumpe gestanden und habe mich elend geplagt.

Irgendwann bin ich auf den Dreh' gekommen, daß die Arbeit flotter geht, wenn man eine oder zwei Flaschen Bier getrunken hatte. Man denkt nicht mehr so viel und kommt über manches viel besser hinweg. Wenn ich dann Trübsal geblasen habe und mir alles so beschissen vorkam, habe ich einfach Bier gekauft.

Selbst das Brüllen des Vorarbeiters hat mir dann nicht mehr so viel ausgemacht, obgleich der doch ein großer Mann gewesen ist. Wenn ich Bier getrunken hatte, ging's auch daheim viel leichter.

Drum ließ ich das Bier überhaupt nicht mehr ausgehen. Am Trinken habe ich Hilfe gefunden, das hat meinen Kummer betäubt.

Ein Gendarm reißt mich vom Fahrrad, und ich stürze auf die Straße.

Wieder einmal war ich mit meinen beiden Fahrradfreunden unterwegs. Auf dem Heimweg kam eine Frau daher, die so um die 30 bis 40 Jahre alt sein mochte. Die beiden haben sie begrüßt, als ob sie sie kennen würden. Ich hatte keine Ahnung, wer es sein mochte.

Sie muß wie meine Fahrradkumpel aus Oberwolfach gewesen sein. Im Moment war sie gerade bei einem Bauern in Hausach bedienstet. Sie befand sich mit ihrem Fahrrad auf dem Heimweg nach Oberwolfach, wie sich später herausgestellt hat.

Meine beiden Freunde haben das ältere Mädel herzlich begrüßt und in den Arm genommen. Da war nichts dran, was mir verdächtig vorgekommen wäre. Anschließend gingen sie mit ihr ins Gras. Das ist denen ihr Bier, dachte ich. Ich hab' ja das Mädel überhaupt nicht gekannt. Drum ging ich auch nicht mit, aber ich hab' zu meinen Freunden gesagt: „Ich halte euch die Fahrräder und paß' auf, daß sie euch nicht gestohlen werden."

Das war doch von mir ein lobenswertes Angebot. Die beiden waren auch ganz froh darüber, wie mir schien.

Es ging schon eine Weile, bis die zwei mit dem älteren Mädel im Arm wieder zurückkamen. Dann sind wir drei in Richtung Wolfach weitergefahren. Erzählt haben mir die beiden nichts. Ich hab' auch gar nichts dabei gefunden, daß die einen kurzen Abstecher ins Gebüsch mit ihr gemacht haben. Warum denn auch nicht, denn ich hatte den Eindruck, daß sie ganz gerne mitging. Von Zwang war keine Spur.

Das war an einem Sonntag gewesen, und am drauffolgenden Montag fuhr ich am Abend wie immer mit meinem Fahrrad von der Arbeit nach Hause. Die Zugverbindung zwischen

Wolfach und Hausach war in dieser Zeit so erbärmlich gewesen, daß sich das Strampeln mit dem Fahrrad gelohnt hat.

Also, ich war aufs Fahrrad umgestiegen. Das hatte auch den Vorteil, daß ich meinen eigenen Gedanken nachgehen konnte. Niemand konnte mich Schmutzfinken anstarren und blöde Witze über mich reißen.

Als ich also an diesem Abend gerade über die Siechenbrücke nach Wolfach hinüberfuhr, sprang mir ein großer, kräftiger Polizist direkt vor mein Fahrrad und riß mich mit einem gekonnten Griff aus dem Sattel. Das geschah so unverhofft, daß ich direkt auf die harte Teerstraße stürzte.

Ich tat mir sehr weh. Auch der Griff war ungemein schmerzhaft. Der Polizist muß offensichtlich gewußt haben, wie man so 'was macht. Hinterher erfuhr ich, daß dieser Wächter der öffentlichen Ordnung Metzger gewesen war, bevor er zum Beamten umgesattelt ist.

Ich lag da und rührte mich nicht. Doch der hat mich gleich hochgerissen. Ich bin schon gar nicht recht zu mir gekommen. Verdattert bin ich dagestanden und habe keinen Papp gemacht. Nicht einmal gehen hätte ich gekonnt. An meiner Hand hatte ich eine saftige Schramme, und aus meinem Gesicht ist Blut geflossen. Aber das hat den Polizisten überhaupt nicht interessiert. Wichtigtuerisch hat er mir erklärt, ich müßte sofort mit auf die Wache kommen. Was blieb mir übrig, als mitzugehen?

Dort hat er mich in einen kalten Keller gesperrt, in dem ich einen weiteren Tag und eine zusätzliche Nacht ohne Essen oder gar Trinken verbracht habe.

Während dieser Zeit ist er drei-viermal gekommen und hat mir Bier und Zigaretten versprochen, wenn ich alles sagen würde.

„Wehe, du sagst nicht alles", hat er böse gerufen, „dann gibt's mit dem da."

Dabei hat er auf seinen Gummistock gezeigt.

Der würde mir das Maul schon öffnen, hat er finster gebruddelt*. Und wenn der nicht helfe, habe er noch Besseres anzubieten. In seinen Augen ist ein gefährliches Feuer aufgeglommen.

---

* gebruddelt = vor sich hin gemurmelt

Dann hat er aus einer Seitentasche eine schwarze Pistole gezogen und mir damit vor dem Gesicht herumgefummelt.

„Leck mich am Arsch", hab' ich gedacht und doch schreckliche Angst gehabt. Mir war sowieso übel, und einen gräßlichen Durst habe ich auch noch gehabt.

Da hat mich die Panik gepackt.

„Laß' mich 'raus!" habe ich ununterbrochen gerufen.

„Ich sage dir alles, was ich weiß."

Das war ganz nach seinem Geschmack. Alles schön der Reihe nach, hat er gemeint.

Dann hat er kreuz und quer zu fragen begonnen, und ich hab' gleich gemerkt, daß es um meine Fahrradfreunde gegangen ist, die mit dem älteren Mädel damals ins Gras gegangen sind.

Da habe ich ja eine reine Weste. Was geht mich das an?

So habe ich gedacht.

Ich hatte ja nur die Fahrräder gehalten. So etwas mußte ja noch erlaubt sein. Was die beiden angestellt hatten, das ging mich doch einen Dreck an.

Ich bin sehr froh gewesen, daß mich diese Respektsperson von einem Polizisten aus dem Keller herausgelassen hat. Ich wurde nun auf die Polizeiwache in Wolfach gebracht und auf einen Stuhl gesetzt.

„Nicht schlecht", habe ich wieder gedacht, „gut sitzen ist immer eine feine Sache".

Aber der wüste Metzgergeselle, der sich jetzt zum Polizisten gemausert hatte, hat nun Papier in eine Schreibmaschine gesteckt und mit zwei Fingern auf den Tasten herumgestochert.

„Wie der Storch mit seinem Schnabel im Salat", habe ich gedacht.

Natürlich habe ich mich gehütet, derlei zu sagen.

Die Fragerei ist mir gleich unheimlich vorgekommen. X-mal hat er den gleichen Satz wiederholt und dann daran herumgeschliffen, bis er ihn endgültig formuliert hat. Mir ist das auf die Nerven gegangen. Aber bei der Aufregung, die dieser Mensch verbreitet hat, habe ich mich gehütet, ihm zu widersprechen.

Ich habe genau berichtet, wie sich die Angelegenheit abgespielt hatte. Aber immer wieder hat er mich unterbrochen und gesagt, so könne man das nicht schreiben, das müsse in ordentliche Form gebracht werden.

Schließlich würden das Leute lesen, die weit über ihm stünden, und vor denen dürfe ich mich nicht blamieren. Er hat mir dann Phantasiesätze in den Mund gelegt, die mir verdächtig vorkamen. Aber er hat mir immer wieder versichert, daß das nur zu meinem Vorteil sei. Wenn die hohen Herren das lesen würden, dürfte ich sicher bald wieder nach Hause gehen. Mir ist diese saudumme Fragerei wie eine Ewigkeit vorgekommen, und zum Schlusse bin ich froh gewesen, bis er endlich zufrieden gewesen ist. Er hatte zwei Blätter radibuz vollgeschrieben.

Darüber habe ich mich sehr gewundert, denn so viel hatte ich doch gar nicht gesagt. Ich hatte doch im Prinzip immer nur die gleichen zwei, drei Sätze wiederholt, auch wenn er mich dabei zusammengebrüllt hat. Ich hätte das Zeugs gerne gelesen. Das kam mir überhaupt schon deshalb verdächtig vor, weil er's mit seinen zwei Fingern zusammengestoppelt hatte. Ich hätte es zu gerne gelesen.

Aber wenn der gemerkt hätte, daß ich überhaupt nicht lesen konnte, wäre der Zapfen ganz ab gewesen. Dann hätte er mich bestimmt noch mehr fertiggemacht. Und ausgelacht hätte er mich dazu. Also still schweigen und so tun, als stehe man über allem.

Er hat mir dann einen Stift hingesteckt und freundlich gesagt: „So, mein Lieber, jetzt mußt du noch hier unterschreiben."

Meinen Namen konnte ich ja bestens schreiben, das war kein Problem. Das konnte ich sogar mit Schwung und Eleganz, mit Schnörkeln, wenn's nötig war.

Drum habe ich stolz die Unterschrift unter die Stelle gesetzt, wo er mit seinen Wurstfingern draufgedeutet hat.

Anschließend mußte ich alles, was ich bei mir hatte, aus den Hosen und aus der Jacke nehmen.

„So, jetzt mußt du mit mir ganz schnell mit zur Polizei gehen", hat er gesagt, „dann darfst du hinterher gleich wieder heim."

Aber das war ein Lug. Der Metzgerpolizist hat mich nämlich direkt ins Gefängnis nach Wolfach gebracht. Und ich war gerade 15 Jahre alt geworden.

Der Gefängnisverwalter hat mich wie ein Amtsschimmel empfangen. Ich meine damit, daß er eine ziemlich laute Stimme hatte. Der Kerl hat mich sofort an den bösen, versoffenen großen Vorarbeiter von der Baustelle in Hornberg erinnert. Er hat ihm sogar gleichgesehen. Nein, ich kann nichts Schlechtes über diesen Mann sagen, aber es hat mich einfach vor ihm gegraust. In den zehn Tagen, in welchen ich unter seiner Fuchtel stand, hat er mir kein gutes Wort gegeben und mich dafür immer so feindselig angestarrt. Vielleicht hat er's gar nicht so schlimm gemeint, aber er hat mich wirklich immer so böse angeguckt. Er ist heute in Pension, aber mir kann er immer noch nicht so richtig in die Augen schauen, wenn ich ihm begegne. Ich bin sehr froh, daß ich nichts mehr mit ihm zu tun habe.

Dabei habe ich doch selbst anderen nicht in die Augen sehen können. Komischerweise ist's bei dem gegangen. Vielleicht hat er gegen mich ein schlechtes Gewissen gehabt und ich hab's instinktiv gespürt. Sein Sohn hat im Gasthaus später häufig von den schönen Zeiten erzählt, von den Tagen und Abenden, die er als Bub mit seinem Vater und verschiedenen Gefangenen im Gefängnis verbringen durfte. Die ganze Sippschaft habe bis tief in die Nacht hinein Karten gespielt und er habe den Laufburschen gemacht, um aus dem Keller einen Krug Most nach dem anderen zu holen.

Selbstverständlich hat sich dieser Gefängnisaufseher nur mit eingesperrten Prominenten, mit Geschäftsleuten und betuchten Männern zusammengesetzt. Mich armen Schlucker hat man nicht zu der illustren Gesellschaft gelassen. Nur das Geschrei und Gebrüll hat mich bis weit nach Mitternacht wachgehalten. Wenn ich Durst hatte, mußte ich Wasser aus dem Abort schlucken.

Ein netter, sehr sympathischer Staatsbeamter aus Wolfach saß unlängst mit mir in einem alten Wolfacher Gasthaus und staunte nicht schlecht, als der inzwischen erwachsene Sohn des damaligen Gefängniswärters von den schönen Zeiten erzählte.

Ja, so meinte er, damals war halt noch etwas los, bis tief in die Nacht hinein durfte er für die Saufkumpel von seinem Vater Most aus dem Keller holen.

Für ihn, so sagte er, sei es gut gewesen, denn er brauchte dann nicht so früh zu Bette gehen.

Er staunte natürlich nicht schlecht, als ich ihm sagte, daß ich in dieser Zeit Abortwasser saufen mußte. Denn leider gehörte ich ja nicht zu diesem Säuferring, aber er hat mich dann getröstet und zu mir gesagt, er hätte halt damals auch nichts zu melden gehabt. Aber für mich war der Zufall höchst wichtig, denn daraus geht hervor, daß Vergeßlichkeit nicht bei allen Menschen zu finden ist.

Aber schmieren bei den Herren war schon damals wichtiger als bei den Kärren. Und so wird es sein und bleiben und auch immer weitergehen.

Ich wurde gottlob bald verlegt und kam in das große Gefängnis von Offenburg. Dort war es gar nicht so schlecht, eher interessant, denn viele Menschen, die ich dort traf, haben großen Eindruck auf mich gemacht. Wenn die so ihre Erfahrungen austauschten, spitzte ich die Ohren. Da konnte man fürs Leben 'was dazulernen.

Ein paar Wochen später war dann in Wolfach die Gerichtsverhandlung. Wahrscheinlich wäre ich freigesprochen worden, wenn nicht ein einziger meinen Fall total vermasselt hätte.

Das Gericht hat mir nämlich einen Sozialverteidiger gestellt. Aber der war schwach auf der Brust, wo ein Gewissen drin' sein sollte. Der tat nicht mal seine Pflichtaufgaben. Er ließ mich in meinem Dreck sitzen und ließ mich vom zuständigen Jugendpfleger total überfahren. Bei letzterem habe ich nie verstanden, was der an meiner Jugend gepflegt hat. Dieser Mensch hatte mich nämlich gefressen gehabt. Der hat mich wie einen Schwerverbrecher behandelt.

Was hatte ich denn angestellt?

Ist es denn eine Sünde, wenn man zwei Freunden die Fahrräder hält? Ich konnte ja nicht wissen, daß die beiden mit dem älteren, schon ziemlich abgeblühten Mädchen etwas Böses im Schild geführt haben. Für mich war das Warten schon eine Zumutung. Ich bin nur dagestanden und habe vor mich hin sinniert. Daraus hat man dann einen Verbrecher konstruiert. Man hat mich aber der Beihilfe zur Notzucht bezichtigt.

Letztendlich habe ich nicht 'mal gewußt, was das sein soll. Trostlos und verlassen bin ich dagestanden, und der Sozialverteidiger hat dumm vor sich hingeschaut, während der Jugendpfleger ganz in seinem Element war. Dieser christliche Mann war sich seiner Sache absolut sicher. Ich sei total sittlich verkommen, hat er gesagt. So ein Element sei für jedermann eine Gefahr. Da müsse endlich in dieser verkommenen Zeit ein Exempel statuiert werden. So ist's ziemlich lange weitergegangen.

Wie der in einem tadellosen, gestelzten Hochdeutsch loslegte und seine Haßtiraden gegen mich schleuderte, habe ich unwillkürlich den Kopf geduckt. Dabei hatte ich diesen Kerl noch niemals in meinem Leben vorher gesehen. Das hat mich sehr traurig gemacht. Ich habe immer gemeint, so ein Jugendpfleger sei eine Art Erzieher. Aber was der von sich gegeben hat, darüber habe ich mich für ihn geschämt.

Ich sei ein übles Subjekt, ich müsse unbedingt ins Gefängnis. Am liebsten wäre ich in ein Mauseloch geschlüpft. Das Schlimmste war, daß mich alle so böse angeschaut haben. Manche haben sogar mit dem Kopf genickt. Klar, wenn man den so hörte, klang es ganz überzeugend.

Die Verhandlung war vor allem für die Eltern ein bedeutender Tag. Festlich waren sie angezogen, der Vater mit feiner Krawatte, die Mutter mit einem schwarzen Kleid.

Und wie nett und freundlich die feinen Herrschaften am langen Tisch miteinander in einem gekünstelten Hochdeutsch schöne Worte ausgetauscht haben! Das klang so hochgestochen, daß ich mir schon gar keine Mühe machte, es verstehen zu wollen.

Aber daß mir meine Mutter vor der versammelten Gesellschaft mit der Hand ins Gesicht geschlagen hat, daß es nur so knallte, das werde ich nie verkraften. Sie hat mich einfach für den verlorenen Sohn gehalten und wollte wohl in aller Öffentlichkeit ihre Abscheu über mich bekunden.

Sicher haben die feinen Personen hinterher positiv über meine Eltern geurteilt. Die werden darüber gerätselt haben, wie bei so guten, strengen Eltern ein solch schwarzes Schaf in einer Familie aufwachsen konnte.

Der Jünger Petrus hat seinen Herrn und Meister, den Gottessohn, vor seiner Gefangennahme und Verurteilung mit dem Schwert beschützen wollen und einem römischen Soldaten ein Ohr abgehauen. Aber auch dieser Schlag war damals schon falsch. Sonst hätte ihm wohl der geschundene und verratene Jesus Christus nicht die Hand aufgelegt und dem Soldaten das Ohr wieder angepappt. Und hinterher hat dieser mutige Petrus Jesus doch verraten.

Nun wurden die beiden anderen Burschen, meine Fahrradfreunde hereingeführt, und die Verhandlung hat dann der vorsitzende Herr Richter eröffnet.

Er las den ganzen Vorgang von Zetteln ab, und jeder wurde gefragt, ob es so richtig sei. Ich habe mich sofort gemeldet und gesagt, das würde so nicht stimmen.

Der Richter hat ein Papierblatt geschwenkt und gefragt, ob da drauf nicht meine Unterschrift stehe. Ich bin nach vorn gegangen und habe mir meinen Namen angesehen. Ja, das habe ich geschrieben, habe ich zum hohen Richter gesagt und bin dann wieder an meinen Platz gegangen. Ich war natürlich gottfroh, daß er nicht gefragt hat, ob ich die Blätter auch gelesen hätte. Ich hätte glatt sagen müssen, ich könne ja nicht lesen, und dann hätten alle im Saal gelacht. Diese Blamage konnte ich mir nicht leisten. Das mit der Ohrfeige von meiner Mutter vor allen Leuten war schon schlimm genug.

Bei den beiden anderen Burschen wurde so ähnlich verfahren. Die gaben alles Aufgeschriebene sofort zu und sind deshalb auch besser eingeschätzt worden.

Die hätten nichts abgestritten, das seien auch ehrliche Kerle, hat man ringsum hören können.

Der Richter hat mir dann noch einmal vorgelesen, daß ich doch erst unterschrieben habe, als mir der Metzgerpolizist das Protokoll noch einmal vorgelesen habe. Daß er mir versprochen hatte, mich nach der Unterschrift nach Hause zu lassen, das konnte ich jetzt nicht mehr sagen. Es hätte mir doch kein Mensch geglaubt.

Es waren ja auch noch Schöffen dabei, aber auch von denen hat's keiner gemerkt, daß ich weder lesen noch schreiben kann. So ist mir gottlob diese fürchterliche Blamage erspart geblieben. Ich muß es noch einmal sagen. Darüber war ich im Moment so froh. Irgendein unglückseliger Zufall hätte auch dies zutage bringen können, und wie blöde wäre ich erst dann dagestanden?

Eigentlich hatte ich jetzt vor nichts mehr Angst. Ich habe ja noch immer gehofft, daß genügend Leute im Saal wären, die den Schwindel erkennen würden. Der Richter, der hat doch immer so intelligente Fragen gestellt, der hätte doch merken müssen, daß da etwas nicht stimmte.

An den finsteren Gesichtern spürte ich, daß etwas ganz Schlimmes auf mich zukam. Und dann habe ich automatisch gewußt, daß ich verloren war. Es hat in mir gebrüllt: „Warum hilft mir keiner?"

Ich habe rundum geguckt und geglaubt, jedermann müßte den Schrei hören. Aber niemand hat auch nur den Kopf gehoben, keiner hat meine Not gespürt. Mir aber war dann mit einem Male alles total gleich.

Und dann habe ich die festlich gekleidete Mutter und den feinen Anzug vom Vater gesehen und gedacht, daß die mir doch wenigstens hätten helfen müssen. Hätten sie nicht wenigstens sagen sollen, daß ich immer brav all mein hart verdientes Geld daheim abgeliefert hatte?

Aber die haben mich keines Blickes gewürdigt und so getan, als sei ich Luft. Die wollten anscheinend gar nichts mehr von mir wissen. Dort stand der gutangezogene Mann vom Jugendamt, der vorher so gestelzt und in sauberem Hochdeutsch meine Sünden so böse herausgestrichen hatte.

Hat der wohl auch Kinder gehabt?

Konnte er sich nicht in meine Lage versetzen?

Warum hat er sich den wahren Hergang nicht von mir erzählen lasse? Für den war alles klar, für den war ich ein Fall.

Es kann natürlich auch sein, daß alle vor dem Richter Angst gehabt haben und mit mir gelitten haben. Wenn sie mir deshalb nicht geholfen hätten, wäre es für mich verständlich gewesen. Wir einfachen Leute haben vor so einem Richter einen wahnsinnigen Respekt. Aber der Herr vom Jugendamt, der am schönsten, am längsten und am schnellsten geredet hatte, der die schönen Redewendungen nur so nehmen konnte, der hätte doch noch einmal etwas sagen können. Daß ich ein sittlich und moralisch verkommenes Subjekt sei, das hat er doch immerzu so inbrünstig herausposaunt. Daß er das hohe Gericht bitte, mich unbedingt in ein Jugendgefängnis einweisen zu lassen, das klang so herzerschütternd, daß man geglaubt hat, er sei das Opfer, das die Strafe absitzen müßte.

Und auch jetzt sah er mich immer wieder böse an, daß ich innerlich geschlottert habe. Und das Gericht hat sich dann auch dem Wunsch dieses bösen Mannes angeschlossen. Es kam zu dem für mich fast tödlichen Schlag, zur kompletten Verurteilung.

Man hat mich zu vier Monaten Gefängnis verknackt, nur weil ich meinen zwei Fahrradfreunden ihre Räder gehalten hatte. Ich habe nicht einmal die Zeit gehabt, mich von meinen Eltern zu verabschieden. Denen hätte ich wirklich noch gerne auf Wiedersehen gesagt. Das durfte ich doch früher auch, als ich zum Beispiel als Hütejunge weg mußte.

Mir war so elend in meinem Innern. Und da ist niemand gekommen, der mich mit einem guten Wort getröstet hätte. Allen habe ich angesehen, daß sie sich über meine Verurteilung gefreut haben, wo ich doch nur das Beste gewollt habe.

Ein älterer Gendarm von mittlerer Größe hat mir Handschellen angelegt. Zu diesem Zweck wurden beide Hände mit einem Griff auf den Rücken gedreht, und dann hörte ich ein Klicken. Aber ich habe auch gesehen, daß er mich eigentlich mit einem lieben Blick gestreift hat. Das hat mir viel Mut gemacht, das war die erste nette Geste seit meiner Verdammung. Hinterher habe ich viele Male gedacht: „Wenn der nur mein Vater gewesen wäre."

Der Gendarm führte mich dann aus dem Gerichtssaal heraus. Wie froh ich darüber war, kann ich überhaupt nicht beschreiben. Ein ständiger Brechreiz plagte mich; ich war dem Umfallen sehr nahe.

Jetzt hat man mich ins Gefängnis nach Offenburg zurückgebracht. Von dort hat man mich bald in ein Jugendgefängnis nach Schwäbisch Hall transportiert. Ich bin in eine Zweimann-Zelle gekommen. Mein Zellenmitbewohner sagte gleich, als ich zu ihm gesteckt wurde: „Jetzt machen die ja bald noch einen Kindergarten auf."

Das gleiche hat er zum katholischen Pfarrer gesagt, als der mal zu Besuch gekommen ist. Ich wollte diesem Geistlichen auch gleich mein Leid klagen, aber der hat mich abgewimmelt. „Du gehörst nicht zu unserer Fakultät, für dich bin ich nicht zuständig."

Einen anderen Pfarrer, dem ich den Irrtum meiner Verurteilung hätte erklären können, habe ich dann nicht mehr zu Gesicht bekommen. Es ging nämlich dann ganz schnell mit meiner Verlegung nach Schwäbisch Hall.

Das war so. An einem frühen Morgen rasselten wieder einmal die Schlüssel eines Gefängniswärters im Schloß, und schon war die Zellentür offen. Wieder bin ich richtig erschrocken, denn ein großer Wachmann ist vor mir gestanden und hat gesagt: „Lapp, mach' dich fertig, du wirst in zehn Minuten abgeholt und verlegt."

Das hat mir im Moment auch gar nicht gepaßt. Denn ich war gerade mit einem Herrn aus dem Schwarzwald in der Zelle, und mit dem habe ich mich gut verstanden. Er hat mir erzählt, daß man ihn beim Schwarzbrennen erwischt habe. Wegen der paar Liter Schnaps habe man ihn eingesperrt.

Wirklich, der hat einen guten Eindruck auf mich gemacht. Das war ein Mensch, mit dem man sich so richtig lieb unterhalten konnte. Tatsächlich hat man mich bald abgeholt, und bevor ich aus der Zelle ging, gab mir dieser Mann zum Abschied seine Hand. Dabei sah ich, daß er richtig geweint hat. Mit verschnupfter Stimme hat er zu mir gesagt: „Ade, Büble, hoffentlich läßt man dich bald heim." Ich glaube daß er noch ein paar weitere liebe Worte zu mir gesprochen hätte. Aber im selben Moment hat mich der Wachmann gepackt und aus der Zelle herausgerissen. Die Zellentüre ist ins Schloß geklappt, und weg war mein guter Mensch.

Ich wurde in den großen Gefängnishof geführt. Dort stand an der Seite ein großes, viereckiges, grünes Auto. Dort hinein hat man mich gezerrt. Drinnen saßen schon zwei andere, noch sehr junge Buben. Und mitten zwischen uns setzten sich zwei Polizisten. Wieder hat man uns Handschellen angelegt, glücklicherweise dieses Mal auf dem Bauch. So konnten wir wenigstens einigermaßen sitzen.

Die Fahrt mag wohl etliche Stunden gedauert haben. Wir drei Gefesselten bliesen Trübsal, und drum schien es eine Ewigkeit zu dauern. Endlich kamen wir in Schwäbisch Hall an.

Ich mußte unterwegs einmal dringend Wasser lassen und durfte deshalb neben der Straße aussteigen und an einen Akkerrand treten. Mit Mühe ist es mir im gefesselten Zustand gelungen, den Hosenladen zu öffnen. Ich habe den Polizisten zwar bittend angesehen, aber der hat mir die Handschellen nicht abgenommen.

Ich war sehr erleichtert, daß es auch so geklappt hat, sonst hätte ich glatt in die Hosen gebrunzt.

Lange habe ich betteln müssen. Der Wachmann hat unentwegt gesagt: „Das gibt's nicht, das kannst du spielend aushalten. Dazu ist noch Zeit, wenn wir in Hall sind."

Aber der Druck ist immer stärker geworden, und immer waren wir noch nicht angekommen. Ich flehte ihn schließlich an, es würde in die Hosen gehen, und der Gestank sei doch den anderen nicht zuzumuten. Auch der stärkste Mann kann das Wasser nicht mehr halten, wenn's wie verrückt drückt.

Jetzt endlich hatte er Erbarmen und gab ein Zeichen zum Anhalten. Er schaute mich aber vor dem Aussteigen böse an und sagte laut und deutlich: „Bursche, wenn du flüchtest, lege ich dich um. Jetzt weißt du, wo du dran bist."

Daß es mir sterbensschlecht und schwindlig war, das wollte er gar nicht hören. Wohin hätte ich schon flüchten können? Außerdem war ich viel zu niedergeschlagen. Ich war ja ein Verurteilter. Jetzt wollte man mich noch weniger.

Traurig bin ich dagestanden und bin so meinen Gedanken nachgegangen. Da habe ich wieder seine scharfe Stimme gehört: „Hopp, hopp, du Gauner, mach', daß du wieder in den Wagen steigst."

Ich war froh, daß ich wieder zwischen den anderen Gefangenen im Wagen gesessen bin und daß man mich jetzt in Ruhe gelassen hat. Kaum wurde die Fahrt fortgesetzt, wurde es mir sterbenselend. Im Hals begann es zu würgen. Ich drückte den Mund zu und schwor mir, nichts herauszulassen. Aber das nutzte nichts. Ein Druck, und ich mußte schlimm brechen. Das hat sich dann noch ein paarmal wiederholt. Die anderen fingen an zu schimpfen: „So eine elende Drecksau." Ich habe dann meinen gebrochenen schwarzen Kaffee mit meiner Jacke zugedeckt. Ich litt unendlich.

Und schließlich sind wir dann doch noch in Schwäbisch Hall angekommen.

Ich werde in Schwäbisch Hall auf der Festung Comburg abgeliefert.

Ein großes, eisernes Tor hat sich geöffnet, und wir sind ins Jugendgefängnis von Schwäbisch Hall hineingefahren.

Dort wurde ich wieder in eine Einzelzelle gesperrt, bekam aber gleich warmen Tee und ein ordentliches Abendessen.

Überhaupt waren die Zellen viel schöner und gepflegter als in Wolfach oder Offenburg. Auch die Beamten, die mich jetzt bewachten, waren irgendwie nette Menschen. Das habe ich sofort innerlich gespürt. Die haben auch nicht so böse oder höhnisch aus der Wäsche geguckt. Irgendwie hat man gemerkt, daß sie in uns Menschen sahen. Drum war ich von Anfang an froh, daß ich jetzt hierher gekommen war.

Also, ich habe zuerst den Tee mit einem Schluck heruntergespült. Dann bin ich gierig über den feinen Bückling mit Schalkartoffeln hergefallen. Aber kurz darauf habe ich die ganze Bescherung wieder gebrochen. Dann muß ich wohl auf meinem Bett eingeschlafen sein. Ich bin nämlich erst am nächsten Morgen erwacht, als die Glocke durch den Raum schrillte. Sofort bin ich aufgestanden.

Meine Kleider waren durch das mehrmalige Erbrechen ganz naß und haben elend gestunken, daß ich mich vor mir selber ekelte.

Es gab dann Kaffee und Brot, und ich wurde später von einem Beamten abgeholt. Der hat mich zu einer Kammer geführt, und dort wurde ich mit anstaltseigener Kleidung frisch ausstaffiert.

Eine große Freude habe ich darüber gehabt, daß man mir gut erhaltene Arbeitsschuhe gegeben hat. Die haben mir auch endlich mal gepaßt.

Dann hat man mich wieder in einen Personenwagen gepackt. Ich wurde aus dem Jugendgefängnis herausgebracht und auf die Festung „kleine Comburg" gefahren.

Ein netter, mittelgroßer Wachbeamter hat mich dort empfangen oder besser gesagt, in Verwahrung genommen. Er hat mich in einem großen Zimmer verwahrt, in dem so vier bis sechs Betten standen. Eines davon hat er mir zugeteilt. Außerdem bekam ich einen Schrank aus Blech. Dann ist er mit mir in der alten Burg herumgelaufen und hat mir genau erklärt, wo man dies und jenes zu finden hat. Dieser Mann hat nicht nur mit einem herumgebrüllt, er war mehr als anständig zu mir und hat mich ernst genommen. Zwischendurch hat er nämlich auch Fragen gestellt und sich die Antwort angehört. Der gehörte nicht zu den lackierten Affen, die sich in ihrer Funktion als Herrgötter über uns arme Teufel fühlen.

Zum Schlusse hat er ganz freundlich gesagt: „So, jetzt bring' ich dich zum Gutsverwalter, und der wird dir dann schon die rechte Arbeit zuteilen."

Er hat schwäbisch gesprochen und kein Blatt vor den Mund genommen. „Weisch, Bub", hat er noch gesagt, „ihr Kerle müsset schaffe, sonst wird's euch nur zu wohl, und sell isch net gut."

Er hat mich dann auch wirklich zum Gutsverwalter gebracht, wo er mich nach weiteren Ratschlägen ablieferte: „So, jetz' gehsch du mich nix mehr an, und sei anständig und hau net ab, denn euch Kerle grieget mer älle wieder."

Dann hat er fast nett gelächelt. Schnell hat er sich umgedreht und ist aufs alte Schloß zurückgelaufen.

Der Verwalter hat mich dann durch die verschiedenen Stallungen geführt und mir so manches Nützliche gesagt. Der war vom Fach. Er war ein einfacher ruhiger Mann, der vor allem etwas von Tieren verstand. Als er aber merkte, daß auch ich mit Tieren umgehen konnte, hatte ich bei ihm schon einen Stein im Brett.

Eigentlich habe ich mich ganz frei gefühlt. Ich konnte mich jetzt ohne Aufsicht bewegen, nur mußte ich halt arbeiten, was so tagsüber anfiel. Abends zum Schlafen mußte ich in die alte Burg zurück. Dort wurde ich dann bis zum nächsten Morgen unter Verschluß genommen.

Manchmal hat mich der Verwalter auch in sein Haus mitgenommen, wo es allerlei zu verrichten gab. Hin und wieder mußte ich auch etwas 'rübertragen.

Jedenfalls habe ich das gern' gemacht, denn die Verwaltersfrau war eine gute Person. Sie schenkte mir oft Süßigkeiten und hat mich auch gelegentlich mit einem gut riechenden Wasser aus ganz kleinen Fläschchen besprengt. Auch Hautkreme hat sie mir geschenkt. Ich muß schon sagen, das war eine freigebige Frau, die mir nie anmerken ließ, daß ich ja nur ein Sträfling war.

Sie war aber auch eine schöne Frau, trug dunkelblondes, langes Haar, war mittelgroß, und wunderschön war vor allem ihre Figur. War das ein Glück, daß man mich gerade im Spätsommer auf die Comburg gebracht hatte. Die schöne Verwalterin lag nämlich oft in der Sonne, und wenn dann der Herr Verwalter weit genug weg war, durfte ich diese Schönheit mit wohlriechendem Sonnenöl einreiben.

Diese Arbeit tat ich lieber als die im Stall oder die auf dem Gutshof. Ich gab mir auch die allergrößte Mühe, daß die schöne Verwalterin mit meinen Verrichtungen an ihr auch zufrieden war. Besonders beim Einreiben habe ich mich angestrengt, und mit der Zeit wurde ich in dieser Arbeit ein Meister.

Das hätte ich mir nie träumen lassen, daß ich auf der Festung Comburg vier so schöne Monate erleben würde.

Im Anfang war's ja noch ganz normal, aber dann brachte fast jeder Tag neue Erlebnisse. Sicherlich hat die schöne Verwalterin zu meiner Freude und Glückseligkeit ein ganz großes Stück beigetragen. Und ich habe mich abgemüht, daß sie's auch als schön empfunden hat.

Es ist wirklich jeden Tag schöner geworden, bis halt dann die Sonne nicht mehr schien.

Da ich nun meine schöne Verwalterin nicht mehr einreiben konnte, haben wir uns sonst täglich ein paarmal getroffen.

Wirklich schade, daß diese schöne Zeit so schnell zu Ende gegangen ist. Es hat nämlich geheißen, daß ich an Allerheiligen entlassen würde. Als ich das gehört habe, wurde ich regelrecht traurig. Der baldige Abschied lag mir wie ein Stein im Magen; mit einem Schlag habe ich gemerkt, wie es ist, wenn jemand liebt und selbst geliebt wird. Die schöne Verwalterin war ja nicht nur meine allerliebste Freundin oder Geliebte. Sie war ja auch so eine Art gute Mutter, ein Kamerad.

Sie hat mich in Herzenssachen an meine unvergeßliche Odesa erinnert.

Immer wieder hat sie mir gesagt, daß der Herr Verwalter sehr krank sei, und wenn er einmal sterben würde, dann sei ich ja auch schon größer geworden. Dann wolle sie mich für immer zu sich auf den Gutshof holen.

Das hat sie gesagt, und darüber bin ich sehr glücklich gewesen. Natürlich habe ich geschwiegen wie das Grab. Mit niemandem durfte ich darüber reden, das war klar. Wenn das herausgekommen wäre, hätte sie sicher die größten Schwierigkeiten bekommen.

Über 30 Jahre sind in der Zwischenzeit vergangen. Die schöne Verwalterin hat mich allerdings nie geholt. Dafür habe ich sie auch niemals vergessen.

Zum Schluß möchte ich aber noch sagen, daß die letzten zwei oder drei Tage besonders schön gewesen sind. Gleichzeitig waren es aber auch die schwersten. Hinterher hat es mich noch lange geschmerzt, besonders dann, wenn ich an dieses liebe Geschöpf gedacht habe. Mir war richtig weh' ums Herz.

Ob sie wohl noch am Leben ist, die schöne Frau von der Festung der kleinen Comburg?

Nein, ich werde sie niemals vergessen können.

Der Gefangene Lapp wird aus der Festung der kleinen Comburg bei Schwäbisch Hall entlassen.

Am vorletzten Tag meiner geplanten Entlassung kam dann abends unser Aufsichtsbeamter zu mir.

„So Lapp!" hat er gesagt, „deine Zeit bei uns ist zu Ende. Der Verwalter war mit dir zufrieden. Jetzt schläfst du noch einmal in der Comburg, und morgen früh wirst du abgeholt. In Hall wirst du frisch eingekleidet, dann geht's ab nach Haus', ab in den Schwarzwald!"

Er hat mich aufmunternd angeguckt: „Gell, du kommst doch aus dem Schwarzwald?"

Ich hab nur stumm mit dem Kopf genickt. Und schon hat er wieder gesagt: „Dort möchte ich auch mal gerne hin."

Er war sehr gesprächig und hat mir noch andere, ermunternde Worte gesagt. Mir ist's ganz feierlich vorgekommen.

Zum Schluß hat er mir die Hand gereicht und mir alles Gute gewünscht. Er sagte, er könne sich noch genau an meinen Einlieferungstag erinnern, ich hätte ihm von Anfang an gut gefallen. Er meinte, daß ich immer noch etwas Rechtes werden könne, wenn ich nur in die richtigen Hände geraten würde.

Dann aber ist er feierlich geworden und hat gesagt: „Gell, bleib' so, wie du bist, dann wird alles recht. Und komm' ja nicht mehr hierher!"

Er hat mir noch einen ganz lieben Blick zugeworfen. Dann fiel die Türe ins Schloß; der Schlüssel wurde zugedreht. Für mich begann wieder eimal eine lange Nacht. Riesige Steine wälzte ich in Gedanken so vor mir her. Das war ein einziges Martyrium. Die Probleme haben sich zu großen Bergen getürmt, die mich fast erdrückten. „Was wird jetzt alles auf mich zukommen?" habe ich laut vor mich hin gesagt, „was wird das neue Leben bringen?"

Ganz lebendig sind meine Eltern und Geschwister vor mir gestanden und haben mich vorwurfsvoll angesehen. Ich habe den Schlag meiner Mutter auf der Backe noch einmal verspürt.

Was würden die überhaupt sagen, wenn ich ihnen nun gegenübertrete? Werden sie wohl schimpfen, oder werden sie mich so annehmen, wie ich nun halt mal bin?

Die haben mich sicher längst aufgegeben. Für die bin ich jetzt eine Null, ein Versager, ein Tunichtgut.

Der Schlag der Mutter im Gerichtssaal begann jetzt sogar auf meiner Backe zu brennen.

Aber, so dachte ich, wer etwas verloren hat, kann es doch später wieder finden!

Ich hatte selbst als Hirtenjunge oft etwas verloren und nach einigem Suchen wiedergefunden. Hinterher bin ich dann ganz glücklich gewesen, wenigstens für einen kurzen Moment.

Naßgeschwitzt habe ich mich im Bett herumgewälzt. Immer wieder habe ich den gleichen Salat gekaut. Das war förmlich ein Kampf.

Auch die Monate der Gefangenschaft sind in mir ganz lebendig geworden. Die letzten schönen Tage habe ich noch einmal genossen, das Beisammensein mit der schönen Verwalterin.

Ununterbrochen habe ich mich von einer Seite auf die andere geworfen. Es war schrecklich und schön zugleich.

Ich muß wirklich sehr lange wach gelegen haben, bis ich dann doch noch einschlief. Im Nu war es dann Morgen, und es ist mir vorgekommen, als sei ich gerade eingenickt gewesen, als mich die schrille Glocke aus dem Schlaf riß.

So ist's immer gewesen in den letzten Monaten. Das Aufwachen ist die schlimmste Zeit des Tages.

Ich habe auch noch einmal auf der Festung Kaffee und Brot bekommen und wurde dann mit einem kleinen Lastwagen zum Einkleiden nach Schwäbisch Hall hinuntergefahren.

Im Büro hat mich dann ein großer, schwarzhaariger Mann im grauen Zivilanzug erwartet. Er sei mein Fürsorger, hat er gesagt, er wolle mich zum Bahnhof bringen, daß alles seine Richtigkeit habe.

Allein das Wort Fürsorger war für mich ein Schreckgespenst. Aber in der Not frißt der Teufel Fliegen. Nichts anderes blieb mir übrig, als mit diesem Menschen zum Bahnhof zu trotten.

Wir sind wie zwei Stockfische nebeneinanderher gelaufen, bis er nach längerer Zeit gesagt hat: „So, jetzt sind wir beim Bahnhof." So blöde war ich nun auch nicht, als ob ich das nicht selbst gesehen hätte. Aber allein über diesen kümmerlichen Satz bin ich froh gewesen. Wenigstens hatte er endlich etwas zu mir gesagt. Wir sind dann in den Bahnhof hineingegangen, und er hat mir am Schalter eine Fahrkarte gekauft, die er mir hinterher in die Hand drückte.

„So", hat er wieder gesagt, „und hier hast du dann auch noch dein Geld, das du dir bei uns verdient hast. Aber gebe es nicht unnötig aus. Hebe es gut auf, damit du in Notzeiten einen Sparpfennig hast." Mir ist die Spucke weggeblieben. So etwas hatte ich natürlich nicht erwartet.

Ich habe mich sehr gefreut und das Geld gleich gut versorgt. Das hat einen kleinen Ruck nach vorne gegeben.

Wenn nur der Druck nicht in mir gewesen wäre, die Angst, wie's weitergeht. Aber ein kleines Fünkchen Hoffnung ist auch noch aufgeglimmt.

Würde man mich wieder mögen, oder würden die mich nun alle schräg ansehen?

Alles war mir dann wieder gleich, dünn war die Freude, aber sie war da. Jetzt bin ich doch frei, war nicht mehr eingesperrt, sah die Welt von außen.

Der große schwarze Mann war immer noch bei mir. Eigentlich müßte er sich doch bald verabschieden. Der wird mit mir doch nicht bis Hausach fahren. Was wäre das für eine Blamage, wenn ich den mitbrächte!

Der hat doch auch seine Geschäfte. So hab' ich gedacht. Wann geht er denn endlich ins Gefängnis zurück?

Aber nein, er ging einfach nicht. Immer wieder hat er mich etwas anderes gefragt.

Es mag schon sein, daß er endlich gemerkt hat, daß er bei mir unnütz war. Sicher habe ich auch nicht das freundlichste Gesicht gemacht. Jedenfalls hat er plötzlich streng gesagt, daß ich unterwegs nicht aussteigen dürfe, sonst bekäme ich Ärger. Die Fahrkarte war bis Hausach gelöst.

Nun wäre ich wieder am liebsten zur Comburg zurückgegangen. Dann hätte ich mich dort wieder mit der schönen Verwalterin treffen können und ihr natürlich mein selbstverdientes Geld gezeigt. Das war schließlich nichts Alltägliches, und sie hätte nicht wenig darüber gestaunt.

Aber dann durfte ich in den Zug einsteigen, und alles ging ganz schnell. Als sich die Wagen in Bewegung setzten, verschwand auch der große schwarze Mann, und jetzt fühlte ich mich richtig frei. Heim ging's. Endlich war er fort, der große Fürsorger mit seinem strengen Gesicht und der dauernden Fragerei. Ich kann so dämische Fragen überhaupt nicht leiden. Und jeder Depp hat sowieso gemerkt, daß er mich nur zum Schein beruhigen wollte. Dem war es doch völlig gleich gewesen, wie es in mir ausgeschaut hat. Trost konnte der keinem spenden, mit seiner Schwätzerei verdiente er sich höchstens sein Geld.

Und überhaupt, ein Mann kann sowieso nicht trösten, wenigstens so einer nicht. Auf diesen Dreck, den er abgelassen hat, hätte ich gerne gepfiffen. Das war so oberflächliches Gewäsche, was dieser lange, sture Kerl so dahergequasselt hat.

Kein einziges liebes Wort aus dem Herzen.

Das hat mich höchstens noch verunsichert und verängstigt.

Aber jetzt hatte ich ihn los, endgültig, für alle Zeiten. Gott sei Dank. Solche Leute sollten auf dem Büro schaffen. Niemals dürfte man sie auf arme Menschen wie mich loslassen. Die machen mehr kaputt, nehmen einem die letzte Zuversicht. Wo unsereiner überhaupt kaum welche hat.

Solches dachte ich noch, als der Zug schon lange den Bahnhof von Hall verlassen hatte.

Das Geld brannte wie Feuer in meiner Tasche. Es gab mir Zuversicht, machte mich stolz. Immer wieder holte ich es heraus und habe es versteckt gestreichelt. Die weichen Scheine mit den vornehmen Bildern habe ich gestreichelt. Die haben mich richtig vornehm gemacht.

Also, das hätte ich niemals erwartet. So viel Geld hatte ich noch niemals bei mir getragen. Ich war ja ein reicher Mann.

Dieses Geld hat mich riesig gefreut.

Und immer wieder habe ich es geholt, daran herumgerätselt, warum man gerade solche Bilder darauf gedruckt hatte.

Ich konnte es nicht fassen, daß ich selbst über soviel Geld bestimmen durfte.

Ein neues Rennrad, das war schon immer mein Traum gewesen.

Oder ich könnte eine große Reise in unbekannte Ferne unternehmen. Meine Mutter hatte mir früher viel von anderen Ländern erzählt.

Zwischenzeitlich hielt der Zug immer wieder an, und der Ruck bei der An- und Abfahrt gab mir die Gewähr, daß ich immer noch im Abteil saß. Je länger aber die Fahrt dauerte, um so nervöser wurde ich, denn mit einem Schlage wurde mir klar, daß mich jede Station näher ans Elternhaus brachte.

So ein Bummelzug ist etwas Schreckliches. Kaum hat er sich in Bewegung gesetzt, hält er auch schon wieder an, und die Aufenthalte auf den Bahnhöfen scheinen endlos lang.

Sicher sind viele Stunden vergangen, ich weiß es nicht mehr. Ich mußte ja auch ab und zu umsteigen. Endlich bin ich in Hausach angekommen.

Öde hat mich der Bahnhof angeglotzt. Mein Gott, dachte ich, eigentlich bin ich gar nicht froh, daß ich schon zu Hause bin. Aber wie gut, daß ich noch eine Stunde zu Fuß gehen muß. So sechs Kilometer wollen gelaufen sein. Darüber war ich froh, das war noch einmal eine Galgenfrist. So konnte ich mir noch einmal alles durch den Kopf gehen lassen. Ich machte mir einen genauen Plan, wie ich meinen Eltern und Geschwistern gegenübertreten wollte.

Es war der Tag vor Allerheiligen. Schon kroch die Kälte in meine Kleider, schon wurden die Haare beim Laufen feucht, schon hing die Nacht über den Feldern. So lief ich mutterseelenallein auf der Landstraße zwischen Wolfach und Hausach im Schwarzwald.

Und ich beeilte mich wirklich nicht. Sicher habe ich viel länger gebraucht, als ich nötig gehabt hätte. Immer mehr wurde mir klar, daß es dunkel sein müsse, wenn ich daheim ankomme. Immer stärker plagte mich ein ungutes Gefühl zwischen Freude, Angst und Ungewißheit.

Aber wenn die mit mir schimpfen, dachte ich, hau' ich sofort wieder ab. Irgendwo in der Fremde suche ich mir einen Unterschlupf, ein neues Zuhause. Die sollen sich unterstehen, mich für etwas zur Verantwortung zu ziehen, für das ich unschuldig gesessen bin.

Und schon stand ich zerknirscht vor dem Engelschulhaus, in dem meine Eltern mit den Geschwistern gewohnt haben. Man hat sich erzählt, daß dieses Haus eines der ältesten in Wolfach sein soll. Früher habe es „Gasthaus zum Engel" geheißen. Später sei es dann zum Schulhaus geworden, dann endlich hätte man ein Wohnhaus daraus gemacht. Endlich habe man unten den Kindergarten untergebracht, darüber sei eine Wohnung entstanden.

Ich ging also durch die alte Haustüre in den hohen Hausgang hinein, in dem es dumpf und muffig roch. Über die alten, ausgetretenen Eichenholz-Treppenstufen gelangte ich in den ersten Stock.

Lange bin ich dann vor der Glastüre gestanden. Schließlich faßte ich mir ein Herz und wollte läuten. Im selben Moment kam meine Mutter an die Türe.

Wie angenagelt bin ich dagestanden. Weiß der Teufel, was passiert ist, aber meine Mutter muß gemerkt haben, daß jemand vor der Türe steht.

Stocksteif stand ich im dunklen Hausgang und erkannte sofort die Gestalt meiner Mutter in der hellen Diele. Zwischen Schwanken und Zaudern hat die Mutter von innen die Türe geöffnet. Sie hat mich mit einem Blick erkannt.

Zunächst ist sie richtig erschrocken.

Mit jedem anderen habe sie gerechnet, nur nicht mit mir, hat sie mir später gestanden.

Sie hat aber scheint's ihren Schreck schnell überwunden und hat mich umarmt und fest an sich gedrückt. Darauf sagte sie mir, daß sie sich freue, daß ich wieder daheim sei.

Im selben Moment ist auch der Vater auf mich zugekommen und hat mich begrüßt. An seine Worte kann ich mich noch sehr gut erinnern. Er hat nämlich gesagt: „So, jetzt ist der verlorene Sohn wieder daheim."

Dann hat er mir auf die Schulter geklopft, und ich hatte den Eindruck, daß auch er sich über mein Kommen gefreut hat.

Und weil er so lieb und anhänglich gewesen ist, bin ich gleich mit meinem schönen Geld herausgerückt, über das er nicht groß gestaunt hat. Er hat's aber sofort an sich genommen und gesagt, er wolle es für mich aufheben.

Aus war der Traum vom neuen Rennrad, auch das Reisen konnte ich mir in die Schuhe stecken. Aber ich war selig, daß der Vater so lieb zu mir gewesen ist.

Meine Mutter hat mir dann noch etwas Rechtes zum Essen hingestellt. Dann haben mich die beiden richtig ausgequetscht. Ich mußte ihnen Einzelheiten erzählen, was ich im Gefängnis erlebt hatte.

Natürlich habe ich nur von den harmlosen Begebenheiten erzählt. Ich habe die Rosinen aus dem Kuchen herausgepickt, also nur über Dinge gesprochen, die meine Eltern nicht beunruhigen konnten.

Von der schönen Verwalterin habe ich zum Beispiel kein Wort fallen lassen. Aber die Erinnerung an sie ist gerade in diesem Moment sehr stark gewesen.

Ich bin dann ins Bett gegangen und habe noch lange an die schönen Stunden mit der Verwalterin nachgedacht. Schließlich bin ich dann eingeschlafen.

Am nächsten Tag hat man mich schon früh geweckt. Ich habe mir von einem Freund ein Fahrrad geliehen und habe alle Orte abgeklappert, wo ich eventuell Arbeit finden konnte.

Mit meinem Geld hätte ich mir ein schönes Fahrrad kaufen können, aber das hatte ich jetzt los. Die Mutter meines Freundes hat es gar nicht gerne gesehen, daß ich zum Fahrrad-Entleihen gekommen war. Sie hat mir vom Küchenfenster aus zugerufen, daß ich in ihrem Hause nichts verloren hätte. Ich soll schnell verschwinden und die Finger von ihrem Sohn lassen.

Diese Frau hat halt wie ihr Mann zu den feinen und angesehenen Leuten in Wolfach gehört.

Ob die Kinder allerdings mit ihren angesehenen Eltern glücklich gewesen sind, das weiß ich nicht. Ich weiß nur, daß mein Freund sich später das Leben genommen hat und etliche Jahre drauf die Schwester auch.

Ich denke allerdings mit viel Liebe an die beiden zurück. Immer waren sie hilfsbereit und freundlich zu mir gewesen. Sie haben sich nicht um das Gestänker der Eltern gekümmert. Gott möge ihnen ewige Ruhe schenken und mehr Freude im Jenseits, als man ihnen in dieser harten Welt gegeben hat.

Nach zwei, drei Tagen hat mein Freund sein Fahrrad wieder heil und unversehrt von mir zurückbekommen. Das war doch Ehrensache!

Dieser Liebesdienst hat mir sehr geholfen, denn ich hatte nun Arbeit bei einer Straßenbaufirma gefunden. Ich habe mich darüber sehr gefreut, daß diese Firma in Freudenstadt stationiert war. So mußte ich nämlich nicht in Wolfach arbeiten, wo man nun behauptete, ich hätte viel Schande über die Eltern gebracht.

Gleich nach meiner Entlassung habe ich's gemerkt, wie mich viele Wolfacher Bürger böse und giftig angesehen haben. Wenn ich mal durch Wolfach gegangen bin, war's das reinste Spießrutenlaufen. Manche haben buchstäblich mit dem Finger auf mich gezeigt.

Dabei hatte ich doch denen überhaupt nichts zuleide getan.

Wieder ist mir der Abschied von daheim gar nicht schwer gefallen. Blöd' war nur, daß ich bis zum Arbeitsantritt im Murgtal zwangsläufig noch ein paar Tage daheim verbringen mußte.

Das war ganz schlimm. Jeden Tag gab's Krach. Am laufenden Band hat man mir vorgeworfen, ich würde die Familie aussaugen, weil ich ohne Geld zu Hause gegessen und geschlafen habe.

In allen Büchern kann man's lesen: Daheim sein ist so schön. Aber mir ist dieser schöne Ort gar nicht bekommen. Immer wenn ich daheim war, ist es mir dreckig ergangen.

Oder hatte ich jedes Mal die Situation verkehrt herum eingeschätzt? Bin ich vielleicht zu empfindlich gewesen?

Aber dann ist gottlob doch der Tag gekommen, wo ich verschwinden konnte. Ich habe ein paar alte, von meinem größeren Bruder stammende Kleider in einen alten, kaputten Pappkoffer gesteckt. Es waren die reinsten Lumpen, die man mir mitgab. Es hat sich schon gar nicht gelohnt, daß ich sie überhaupt mitgenommen habe. Aber besser als nichts sind diese abgetragenen Kleider mit ihren Löchern schon noch gewesen.

Daß mir der Koffer nicht auseinandergefallen ist, habe ich ihn mit einer Hanfschnur zusammengebunden. Damit war mir fürs erste geholfen. Ab ging's zum Bahnhof nach Wolfach. Bis Freudenstadt bin ich mit dem Zug gefahren. Von dort ging's weiter ins Murgtal hinein, direkt zur Baustelle.

Wie sich das gehört, habe ich mich beim Vorarbeiter gemeldet. Der hat mich von oben bis unten angesehen, ehe er mir eine Arbeit zugewiesen hat.

Da lagen auf einem Haufen große Granitsteine, die ich auf einen schweren Holzkarren aufladen mußte, um sie danach den Maurern zuzufahren. Beim Aufladen bin ich manchmal fast zusammengebrochen. Aber die Hauptsache war, daß ich Geld fürs Essen und für neue Kleider verdiente.

Ich hatte um diese Zeit einen Bärenhunger. Trotz dem Verzehr von großen Mengen bin ich überhaupt nie richtig satt geworden. Ich habe mich besonders an Margarine, Brot und Schwarzwurst gehalten. Letztere hatte ich besonders gern, weil sie so billig war, nie schlecht wurde und beim Aufbewahren die nötige Festigkeit erhielt. Da konnte man dann so richtig hineinbeißen, daß es krachte. Satt werden wollte ich um jeden Preis, auch mit wenig Geld. Fast täglich wurde an dieser Baustelle etwa 12 Stunden gearbeitet. Das ununterbrochene Tragen der schweren Bruchsteine ging mir ins Kreuz. Dafür konnte ich nachts auch wie ein Stein schlafen. Man hätte mich forttragen können, ich hätte es nicht einmal gemerkt.

Ich war in einer Baubaracke mit drei oder vier anderen Männern untergekommen. Da ging es manchmal heiß her. Die Männer spielten nach Feierabend Karten oder tranken Schnaps bis tief in die Nacht hinein. Sehr oft kamen sie hintereinander, meist wegen einem Dreck. Sie haben sich dann gegenseitig schrecklich angebrüllt und sind aufeinander losgegangen. Manchmal haben sie sich mit den Fäusten verdroschen. Das war kaum zum Aushalten besonders für die, die sich frühzeitig ins Bett gelegt hatten. An Schlafen war überhaupt nicht zu denken. Mir hat das besonders gestunken, aber als Jüngster hatte ich mich anzupassen. Wenn ich sie kritisiert hätte, wäre das die Hölle für mich gewesen. Ich mußte sowieso jede Drecksarbeit verrichten, das hatte sich so eingebürgert. Besonders am Arbeitsplatz wurde mir das Leben schwer gemacht. Wenn zum Beispiel unter einer Straße die Zementrohre verstopft waren, hat man mich hineingeschickt. Ich mußte durchschlüpfen und den angestauten Schlamm bis an den nächsten Schacht vor mir herschieben. Der Gestank war manchmal nicht auszuhalten, und im Dreck fanden sich ekelerregende Gegenstände, die ich hier gar nicht nennen mag. Beim Schacht mußte ich dann das Glumps in Eimer schöpfen, die von den anderen hochgezogen wurden.

In den Röhren herrschte immer ein übler Gestank, daß es mir oft zum Kotzen zumute war. Aber ich durfte mir ja nichts anmerken lassen, sonst hätten sie mich noch ausgescholten.

Einmal, das weiß ich noch, wurde es mir sehr schlecht. Ich bekam in dem Zementrohr von 60 cm Durchmesser zu wenig Luft und bin dann einfach aus den Latschen gekippt. Mir wurde schwarz vor den Augen, und weg war ich.

Als ich erwachte, saß ich neben der Rohrleitung, und ein paar Bauleute standen um mich herum. Der Vorarbeiter, der mich sonst immer angepfiffen hatte, war mit einem Mal scheißfreundlich und erklärte wohlwollend, daß ich heute nichts mehr zu arbeiten brauche. Ich könne frei machen, die Stunden würden mir selbstverständlich bezahlt. Dann meinte er noch, ich hätte mich vorbildlich für die Firma eingesetzt und ich sei noch ein richtiger Kerl, wie man selten einen finden könne.

Ich bin natürlich sehr stolz gewesen, denn so ein Lob tut einem richtig gut.

Am nächsten Tag haben manche über den Vorarbeiter gescholten und ihn der Verantwortungslosigkeit bezichtigt, weil er mich in die Leitung gesteckt habe. Aber als der Vorarbeiter in die Nähe kam, ist das Gestänker sofort verstummt, nur hinten herum haben sie weiter gemurrt.

Einer hat sogar gesagt, daß man den Hund hätte anzeigen müssen, weil er mit einem Menschenleben wie mit Dreck umgegangen sei. Bei dieser Gelegenheit habe ich auch erst richtig erfahren, wie sich der Vorfall zugetragen hat. Ich selbst hatte so gut wie nichts mitbekommen. Komisch habe ich nur gefunden, daß man bezahlt wird und dazu einen ganzen Tag frei machen darf.

Die Arbeiter aus meiner Baracke haben mir dann den Hergang meiner Rettung genau erzählt. Man habe mich mit viel Wasser aus der Röhre gespült.

Ich bin heute noch froh, daß ich wieder lebend aus den Röhren herausgekommen bin. Da drinnen ist es stockfinster wie draußen in der Nacht. Immer hat man das Bedürfnis, die Röhre zu sprengen. Und durch das viele Schnaufen schnappt man buchstäblich die Luft in sich hinein.

In der folgenden Zeit war der Vorarbeiter sehr nett zu mir. Gelegentlich hat er mir sogar ein Bier spendiert. Ich hatte mit einem Mal das Gefühl, als hätte er wirklich seine Freude an mir. Ich konnte mir natürlich vorstellen, welchen Ärger er bekommen hätte, wenn die mich tot aus den Röhren gezogen hätten. Den hätten sie dann zur Rechenschaft gezogen. Vielleicht hätten sie ihn sogar ins Gefängnis gesperrt. Aber mir hätte es natürlich nichts genutzt.

Und so vergingen auch hier die Tage und Wochen. Es war ein schweres Arbeiten, aber irgendwie ist es auch schön gewesen. Viele Leute haben mich akzeptiert und haben auch gerne mit mir gesprochen. Abends saß man dann zusammen und trank sein Bier. Damals habe ich auch mit dem Rauchen angefangen. Es ist mir jetzt gut bekommen.

Ein Vorteil war, daß man in der Baracke seinen Verbrauch aufschreiben lassen konnte. Die haben es einem dann erst am Wochenende, wenn es Lohn gegeben hat, wieder abgezogen. Da brauchte man doch nicht immer seinen Geldbeutel herausziehen, in dem sowieso nie viel drinnen war. Das war wirklich praktisch. Und so habe ich feste getrunken und ebenso regelmäßig geraucht.

Bald ist auch der Hunger weggegangen, und ich habe zunehmend mehr geraucht und getrunken als gegessen. Manchmal hat mich das Essen buchstäblich angeekelt.

Es ist mir zur Gewohnheit geworden, schon am frühen Morgen wie die meisten Arbeiter eine Flasche Bier zu trinken und eine „Golddollar" zu paffen. So konnte ich mich auf die schwere Arbeit den Tag über einstimmen. Natürlich habe ich die Arbeit immer wieder mit Biertrinken und Zigarettenrauchen unterbrochen. Weil ich mich daran gewöhnt hatte, habe ich das auch gebraucht.

Aber ich muß es noch einmal sagen. Zwölf Stunden am Tage bei Hitze oder Regen zu arbeiten, das ist grausam. Das war nur möglich, weil man sich bei jeder Pause schon wieder auf das nächste Fläschchen Bier oder auch die nächste Zigarette gefreut hat. So hat man alles viel leichter angepackt.

Ich war mir ganz sicher, daß man als junger Mann das Trinken und Rauchen nicht nur deshalb betreibt, um bei den anderen angesehener zu sein. Nein, ich habe es ganz deutlich gespürt, daß man so leicht über vieles hinweggekommen ist. Schließlich wollte ich vieles vergessen. Auch wollte ich in Zukunft manches besser machen.

Daheim mit dem Vater gab es nur noch Ärger, weil ich für Kost und Wohnung das meiste Geld abzugeben hatte. Für Kleider sprang ohnehin kein Pfennig heraus. Bis allein die Bierrechnung und der Zigarettenverbrauch der ganzen Woche bezahlt waren, blieb vom sauer verdienten Geld fast nichts mehr übrig. Und je weniger ich daheim abliefern konnte, um so mehr hat der Vater gescholten.

Als es an dieser Baustelle nichts mehr zu arbeiten gab, sind wir mit den Bauwagen und den Baracken an einen anderen Ort gezogen. Überhaupt war das ein ewiges Herumziehen, ein Abbrechen und Aufbauen. Die Arbeiter, Maurer und Zimmermänner litten deshalb nicht Not. Ich aber gehörte zu den Mindesten; ich war nur ein ungelernter Arbeiter, ein Hilfsarbeiter, dem man das ununterbrochen aufs Butterbrot schmierte. Gleichgültig, wie ich schuftete oder wie emsig und genau ich meine Arbeit verrichtete, alles war nichts oder höchstens minderwertig. Immer hieß es wieder: „Gell, du bist nur ein Handlanger." So 'was spürt man im Urin. Schon die Blicke, mit denen sie einen eingestuft haben, waren tödlich. Es hat dann geheißen: „Du hast hier nichts zu melden, für dich ist die schlimmste Drecksarbeit gerade noch gut genug. Und wenn du nicht spurst, fliegst du 'raus!"

Wahrhaftig, ich könnte ein regelrechter Flieger sein, wenn ich daran denke, wie oft ich in der Folge aus mancher guten Arbeitsstelle herausgeflogen bin.

Mein größtes Übel war halt, daß ich es daheim nicht ausgehalten habe und dann abends ausgeflogen bin. Das hat dann meistens lange gedauert, ein gutes Sitzleder habe ich schon gehabt, besonders, so lange etwas Flüssiges im Glas war. Und so bin ich morgens fast regelmäßig verschlafen. Darüber haben sich alle anständigen Leute aufgeregt. Ich gebe ja zu, daß das ein schwerer Fehler war. Für mich aber hatte nie jemand ein Einsehen.

Wenn man zu spät kommt, macht man sich überall unbeliebt. Das ist ein Gesetz, das habe ich bitter zu spüren bekommen.

Man hat nicht nur schlecht von mir geredet, man hat mir auch die schlechteste Arbeit zugeschoben. Und oft habe ich gehört, wie sie zueinander sagten: „Ist das nicht ein Gauner? Das hätte es beim Adolf nicht gegeben. Solche Zigeuner hätte man in den Arbeitsdienst gesteckt. Für den hätte es sogar ein Arbeitslager getan."

Dabei habe ich doch gerne gearbeitet. Daran hat auch keiner gezweifelt, und jeder hat gewußt, daß ich für die Drecksarbeit zuständig war.

Daß mich aber am Morgen hätte einer wecken können, auf diese Idee ist keiner gekommen. Dann wäre ich ja auch immer pünktlich gewesen wie die anderen.

Wie oft ist es vorgekommen, daß sich andere Männer während der Arbeit ausruhten und vor sich hinsagten: „D'Stunden bringen's Geld!" Aber gleichzeitig konnten sie mich anfahren und sagen: „Auf, du junger Spund, schaff', daß dir das Wasser im Arsch kocht. Das ist für junge Hunde gesund!"

Das Schinden hat mir überhaupt nichts ausgemacht. Nicht umsonst habe ich an beiden Schultern ein Überbein. Die habe ich mir geholt, weil ich unentwegt schwere Hölzer, Dielen, Balken, Steine hin- und herschleppen mußte. Die habe ich mir gratis erarbeitet.

Immer durfte ich alles mit den Händen an den Körper drükken. So würde das Tragen besser funktionieren, haben die gesagt, die zugeschaut haben. Da sind sie herumgestanden mit den Händen in den Hosentaschen und haben sich erst gerührt, wenn der Vorarbeiter vorbeikam. Die waren immer fein 'raus.

Mir aber hat das elend gestunken.

Selten habe ich nette Leute gefunden, mit denen man sich einmal aussprechen konnte. Auf den meisten Baustellen gab es welche, die es darauf abgesehen hatten, mich herumzuschikanieren. Ein guter Freund, ein lieber Kumpel hätte Wunder gewirkt. Dann hätte ich auch lieber die anfallenden Drecksarbeiten erledigt, auch dann, wenn man mich noch so sehr als liederlichen Kerl hingestellt hätte. Aber von der Sorte gab's niemand auf weiter Flur. Immer war ich allein.

So sind mir unentwegt die gleichen Gedanken durch den Kopf gegangen. Sind die denn besser, nur weil sie etwas bessere Klamotten besaßen und zufällig das Glück hatten, eine Lehre durchgemacht zu haben? Können die sich solche Unverschämtheiten herausnehmen, nur weil sie mehr Geld verdienen?

Wenn ich mit Schaufel und Pickel graben mußte, habe ich oft festgestellt, daß ich mehr Dreck in der gleichen Zeit herausgeworfen habe wie die Stänkerer und Nörgler. Auch wenn sie sich als etwas Besseres vorgekommen sind, war ich ihnen im Schaffen überlegen.

Aber so etwas zählt ja nicht. Die sind dann höchstens noch böse geworden und haben behauptet, durch meine Schufterei würde der Akkord gedrückt.

Also, im Fliegen war ich Meister. Schließlich bin ich wieder heim nach Wolfach gekommen. Dort habe ich dann einen Platz bei einer großen Baufirma gefunden. Die Arbeit war recht nett, aber es hat mir wieder gestunken, daß ich zu viel Geld abliefern mußte. Die Eltern schimpften unaufhörlich mit mir, ich sei der Schandfleck der Familie, ein Zuchthäusler, und meine Geschwister müßten sich wegen mir schämen. Ich solle mir an anderen ein gutes Beispiel nehmen, die durchs Leben kämen, ohne eingesperrt worden zu sein.

Natürlich hatten sie recht, ich war ja tatsächlich vier Monate in Schwäbisch Hall eingelocht gewesen. Aber immer noch war mir nicht klar geworden, warum man mich eingebuchtet hatte.

Die beiden anderen hatten's doch mit der Frau getrieben. Was kommen die immer wieder mit dem alten Käse daher?

Sicher würden die heutigen Gerichte nicht mehr so böse urteilen. Ich habe später von weit schlimmeren Fällen gehört, bei denen die Sünder praktisch ohne Strafe davongekommen sind. Die haben meist Bewährung bekommen, denen hat man eine Chance gegeben. Bei mir hat man kurzen Prozeß gemacht, und ich weiß immer noch nicht, warum man so scheußlich ein Exempel statuiert hat. Die haben nicht lange gefakkelt, und der Jugendpfleger mit seiner gestelzten Stimme ist auf seine böse Rede sicher noch heute stolz.

Sind die heutigen Richter deshalb korrekter, weil sie besser ausgebildet sind?

Unsere heutigen Jugendlichen kommen nicht mehr so leicht ins Gefängnis. Da findet sich immer ein Psychologe, der die Beschuldigten fein herausredet. Meinem Verteidiger war ich wurscht. Dem ging's nur ums Honorar. Für den war ich eine Nummer. Oder vielleicht bin ich auch nicht normal und habe den Verfolgungswahn. Ich hätte dann den Tick, daß ich mir heute noch mißhandelt vorkomme. Aber bin ich tatsächlich mit meiner Meinung so sehr auf dem falschen Dampfer?

Warum hat dann jener Wachmann auf der Festung Comburg zu mir sagen können: „Bleib', wie du bist, mach' so weiter!" Der hat doch sicher Respekt vor mir gehabt, sonst hätte er diesen Satz nicht sagen können. Der war doch nicht darauf angewiesen, mir zu schmeicheln? Den hatte man doch im Gefängnis als Zellenschließer angestellt gehabt. So etwas ist doch ein Vertrauensposten, an den man nur einwandfreie Leute hinstellt. Der hatte doch den nötigen Sachverstand, um mich richtig beurteilen zu können. Sicher hätte er mich sonst ins Gebet genommen, wenn ich so ein mieser Kerl gewesen wäre, wie meine Eltern immer noch meinen.

Aber die Eltern waren für mich auch Respektspersonen. Und weil sie immer wieder sagten, ich sei ein Versager und würde alles falsch machen, habe ich das mit der Zeit sogar geglaubt.

Ja, ich mußte ein liederlicher Kerl sein. Bestimmt war ich nichts wert. Nur habe ich über alle den Kopf geschüttelt, die geglaubt haben, sie seien etwas wert. Wer ist denn schon etwas wert in dieser verdammten Welt, wo sich einer nur auf den anderen draufsetzt?

Sollen sie ruhig „Hund" zu mir sagen, was schert's mich! Was habe ich übrigens für gute Hunde in Erinnerung. Keiner von denen, die mich am schlimmsten kritisieren, kann sich mit meinem lieben Wolf von einst messen. Das sage ich klar heraus.

Das Reisefieber packt mich, einfach weit weg von daheim, egal, wohin!

Seit einigen Tagen rackere ich mich im Kopf total kaputt. Meine Ruhe ist beim Teufel, es bedrängt mich gräßlich. Immer überfallen mich böse Gedanken. Bin ich ein Versager?

Hat meine Umgebung recht, oder kann ich an den Gefängniswärter glauben, der mir auf der Comburg so viel Mut gemacht hat?

Nicht einmal in der Nacht habe ich meine Ruhe. Wach' lieg' ich da, und ein großer Berg drückt mir den Atem ab. Nein, es ist eher ein großer Stein, der sich nicht wegwälzen läßt. Ich schnaufe dann wie ein Walroß und habe Angst zu ersticken.

Was ist eigentlich, was mich so unendlich plagt?

Was drängt mich wie besessen?

Eines ist sicher, ich will fort, weit fort.

Aber dann kommen wieder die Zweifel.

Geht nur der Gaul mit mir durch?

Warum kann es denn nicht so weitergehen wie bisher?

Das muß mein Gewissen sein. Ist denn mein Lebenswandel so liederlich?

Wieder sehe ich den feinen Herrn Jugendpfleger vor Gericht auf mir herumhacken, und alle haben ihm geglaubt. Wie er flehentlich um meine Bestrafung gebeten hat, das vergesse ich niemals. Ich glaube, er hätte sich sogar vor dem hohen Gericht niedergekniet, nur um mich möglichst klein zu machen.

Es kann natürlich auch sein, daß das Hirtenleben meiner Vorfahren erneut in mir zum Ausbruch drängt.

Da ist ein unendlicher Drang in die weite Ferne.

Fort, weit fort, nur nicht dableiben, egal wohin. Das kann doch nicht so grundlos in mir schieben, zerren. Aber wie komme ich nur weg?

Wie soll ich fortkommen, wo doch nirgendwo sich ein Weg abzeichnet? Aber es muß jetzt etwas geschehen.

Wieder sind ein paar Tage vergangen; alles dämmert so dahin. Und dann nehmen meine Gedanken immer mehr Gestalt an. Ich glaube mit einem Mal fest daran, daß es irgendwann und -wo doch einen Weg geben muß.

Fast bin ich krank geworden, denn alles rennt konfus in meinem Kopf herum. Ganz in der Ferne zeigt sich ein schmaler Silberstreifen. Jedenfalls muß ich erst einmal weg von daheim. Wenn es möglich ist, muß ich ein großes Stück weit fort.

Ich möchte von denen nichts mehr sehen und nichts mehr hören. Jedes Land wäre mir da recht, keines zu fern.

Wieder habe ich mit niemanden darüber sprechen können. So bin ich halt gesessen und habe mit offenen Augen geträumt. Ich habe mir in Gedanken viele schöne Bilder gemalt, die sind wie Schmetterlinge aus meinem Kopf gepurzelt.

Eines war für mich gewiß. Ich würde mich mit jeder Arbeit abfinden. Die Hauptsache war für mich, von dieser Umgebung wegzukommen.

Am liebsten hätte ich mich in der Landwirtschaft betätigt. Das wäre genau das richtige Geschäft für mich gewesen. Auf diesem Gebiet war mir alles vertraut. Ich verstand etwas von Geißen, Kühen, Säuen, ich hatte Hunde und Katzen als Freunde gehabt. Diese lieben Tiere waren auch alle schon in meiner Obhut. Tiere wären die ideale Familie für mich gewesen. Allein der Gedanke daran hat in mir ein Feuer entfacht.

Ja, das war das Feuer von meiner Hirtenbubenzeit.

War das nicht die schönste Zeit meines Lebens gewesen?

Die Schwere jener Tage war mit einem Mal verschwunden.

Wenn ich an die Kühe, Ziegen, den Karo, die lieben Katzen und an das Haustöchterchen denke, dann könnten mir die Tränen kommen. Das war schon eine wunderbare Zeit gewesen.

Im selben Moment ist mir natürlich auch wieder die schöne Verwalterin in den Sinn gekommen. Was waren das für unvergeßliche vier Monate gewesen.

Schöne, interessante Bilder sind in mir aufgestiegen. Das hat sich so durcheinandergemischt.

Ich saß augenblicklich im Abseits, und in meinem Innern hat's ganz erbärmlich ausgeschaut.

Da sitze ich und merke zum wievielten Male, daß ich ja im Moment schon wieder nichts mehr arbeite.

Ich glaube, man hat mich wieder einmal aus einer Baustelle herausgeschmissen. Man kann auch sagen, man hat mich zum Teufel gejagt. Immer werde ich fortgejagt.

Warum kommt nicht mal einer, der mich zu sich holt?

Nein, keiner holt mich zu sich, nicht der liebe Gott und nicht der Teufel. Anscheinend bin ich dem einen zu schlecht, dem anderen zu gut.

Ich habe in der Religion gelernt, daß es immer nur zwei Möglichkeiten gibt. Trotzdem kann ich das nicht glauben. Für mich muß es so viele Möglichkeiten geben, wie es Menschen auf der Erde gibt. Oder darf denn nicht jeder auf seine Weise reagiern?

Wenn man überall weggejagt wird, verliert man nicht nur alles. Auch das, was man noch gar nicht hat, geht kaputt.

Viele sagen, man habe sich mit den Gegebenheiten abzufinden. Natürlich stimmt das nicht, und doch ist ein Körnchen Wahrheit daran, denn sonst würde einem nur die Verzweiflung packen, und das Leben wäre eine qualvolle Hölle.

Wie oft hat man mir von der Hölle erzählt, besonders im Religionsunterricht. Da hat es immer geheißen, in der Hölle seien die Verdammten. Das verstehe ich nicht so recht. Kann man wenigstens immer in der Hölle bleiben, so oder so? Oder wird man vielleicht von dort auch verjagt, wenn einen die Bewohner nicht mögen?

Aber wo geht man dann hin, wenn man nicht einmal mehr bei den Verdammten bleiben darf?

Was heißt schon verdammt? Gibt es nicht auf dieser Welt genügend Leute, die wir Verdammte nennen und die sich's ganz gut gehen lassen? Ist das alles nicht Ansichtssache?

Auch darüber habe ich mir den Kopf zerbrochen. Eine Lösung habe ich allerdings trotz größter Anstrengung nicht gefunden. Vielleicht bin ich auch zu dumm dazu. Aber dann wären's andere auch, denn ich habe darüber jede Menge Leute gefragt, und niemand hat mir eine anständige Antwort geben können.

Wer weiß schon etwas von der Hölle? Keiner ist von dort zurückgekommen.

Vom Himmel habe ich schon mehr gewußt, von Gottvater und seinen Engeln und Heiligen. Aber das hat man mir schon frühzeitig beigebracht, daß ich niemals in den Himmel kommen könne. Den Himmel hat man denen reserviert, die nicht im Gefängnis eingesperrt sind.

Ein wenig habe ich mich darüber geärgert, denn ich weiß ja heute noch nicht, was der Gendarm von Wolfach damals alles auf die zwei Zettel über mich geschrieben hat. Ich weiß nur genau, daß ich unter die letzte Linie schön und sauber meinen Namen schreiben durfte. Mit dem Finger hat er mir die Stelle genau bezeichnet, und ich habe sogar einen kleinen Schwung in die Unterschrift hineingebracht. Also ausgesehen hat es gut.

Vielleicht ist aber sogar mein Name auf dem Kopf gestanden. Wenn Gottvater diese beiden Zettel gelesen hat, dann hat er sicher über mich die Stirne gerunzelt.

Aber es heißt ja, Gott sei allwissend. Und drum hat er sicher auch gemerkt, daß der Metzger-Polizist verlogenes Zeug über mich auf den beiden Zetteln festgehalten hat.

Immer wieder quälte es mich, daß ich schon so vieles verbrochen hatte. Der Pfarrer hat auch immer gesagt, Gott sei barmherzig. Dann hätte mir der liebe Gott auch verziehen, sicher mehr als die Leute um mich herum, die Barmherzigkeit immer nur für sich in Anspruch genommen haben.

Bei diesem Hin und Her in meinem Kopf fielen mir kaum böse Taten ein, die ich gemacht hätte sollen. Nur Ruhe wollte sich bei solchen Grübeleien nicht einstellen. Die Zeit ist so langsam dahingeschlichen. Aber was ist schon Zeit, wenn man sich nicht mit der Zeit beschäftigt. Was hatte mir schon damals die Zeit gebracht?

Für mich gab's halt Tag und Nacht, wobei es mir in der Nacht viel wohler war. Denn da waren weniger Menschen auf der Straße, und die wenigen, die man antreffen konnte, rannten nicht so nervös und gisplig an einem vorbei wie am Tag, wo jeder wie ein gehetztes Stück Vieh ausgesehen hat.

Wenn abends der Vater von der Arbeit nach Hause kam, wollte ich nicht mehr daheim sein. Schon sein Gesicht hat mir gelangt, und wenn er sonst losgelegt hat, das war zum Kotzen. Drum habe ich mich regelmäßig verzogen und bin mit einem geliehenen Fahrrad eben durch die Nacht gefahren. Das war nicht immer schön, denn mancher Regen hat mich naß und steif gemacht. Ich bin dann irgendwo abgestiegen und war froh, wenn ich in einem warmen Bett unterschlupfen konnte.

In dieser Zeit habe ich eine neue Bekanntschaft gemacht, einen Mann, meine ich. Der stammte aus Litauen und war für mich eine Attraktion. Da er im selben Haus wie ich wohnte, konnten wir uns oft sehen. Er war ein großer, starker, erfahrener Mann, hoch in den zwanziger Jahren. Und er hat mich auch auf eine neue Baustelle ins Murgtal mitgenommen. Ich muß es ihm hoch anrechnen, daß er sich ein wenig um mich gekümmert hat. Das hat mir an ihm imponiert. Jetzt war ich plötzlich nicht mehr so allein, und seine Nähe hat mir gut getan. Wenn er dabei war, konnte nichts schief gehen. Auch beim Arbeiten habe ich jetzt einen Kumpel gehabt.

Wehe, wenn mich einmal der Vorarbeiter angeschissen hat. Mein Freund hat ihm's Maul zugemacht. Manchmal wollte mich der Vorarbeiter von ihm wegholen. Dann hat er sich sofort beschwert und immer gesagt, daß wir nur gemeinsam miteinander etwas leisten können.

Der Vorarbeiter hat auch vor meinem neuen Bekannten Respekt gehabt, und drum hat es wirklich mit unseren gemeinsamen Arbeiten bestens geklappt. Es gab Ausnahmen, wo man uns doch auseinandergeholt hat.

Wir haben uns dann auch zusammen ein Zimmer in irgendeiner Wirtschaft genommen. Das war für mich sehr gut. Von da an bin ich morgens nicht mehr verschlafen. Beide gingen wir täglich pünktlich zur Arbeit, auf die Minute genau.

Leider hat mein neuer Freund oft Geld bei mir ausgeliehen. Ich hab's dann bald mitbekommen, daß er es nicht immer zurückbezahlen wollte. Auch beim Bieranschreiben gab es oft fürchterlichen Krach, wenn der Wirt nicht mitmachen wollte. Aber mein Freund war groß und stark; der setzte sich durch. Wenn die nicht nach seiner Pfeife tanzten, hat er ihnen schnell mit der Faust gedroht. So ist es zu mancher Brüllerei gekommen. Mancher gemütliche Hock ist mit schlimmen Streitigkeiten zu Ende gegangen.

Die meisten Männer haben vor meinem neuen Freund Angst bekommen, und wenn sie gemerkt haben, daß dicke

Luft heranzog, haben sie sich verduftet. Dennoch sind manchmal die Fetzen geflogen, und meist ist mein Freund Sieger geblieben.

Danach hat man sich wieder versöhnt und viel Wein, Bier und Schnaps getrunken. Das war für mich eine total neue, stürmisch bewegte Zeit. Ob sie gut oder schlecht gewesen ist, kann ich nicht einschätzen, aber interessant ist sie gewesen und auch abwechslungsreich.

Mein Freund und ich haben uns dann hinterher während der Arbeitszeit unterhalten und über das Erlebte diskutiert. Wir haben aber auch hin und wieder neue Vorhaben ins Auge gefaßt. Er hatte nämlich Unternehmungsgeist. Bei dem konnte ich mir ein Stück abschneiden.

Eines Tages hat er mir eröffnet, er wolle nach Canada auswandern. „Hast du dazu keine Lust?" hat er gefragt und mich mit seinen klaren Augen angesehen. Natürlich wollte ich mitkommen, zumal er mir versprach, sich um mich zu kümmern.

Wenn der mich mitnehmen wollte, war ich ihm doch etwas wert. Auch das hat mein Selbstbewußtsein gehoben. Ein glücklicher Friede hat sich auf mein Gemüt gelegt. Manchmal war ich jetzt sogar glücklich. Mein größter Wunsch schien in Erfüllung zu gehen. Und für mich gab es endlich Hoffnung auf ein neues Ziel.

Selbst die schwersten Arbeiten haben mich nicht mehr müde gemacht. Denn in Gedanken sah ich mich schon im Urwald bei den Holzfällern von Canada. Etwas Schöneres konnte ich mir gar nicht vorstellen. Endlich gab es einen Lichtblick, von zu Hause fortzukommen. In der Ferne winkte eine neue, große Heimat.

Viele Jahre hatte ich ja schon im Walde verbracht, und der Vater hatte dafür gesorgt, daß ich mit der Baumsäge, Axt und Beil umgehen konnte. Das wird die schönste Zeit meines Lebens werden, so dachte ich unentwegt. Wachte ich am Morgen auf, waren meine ersten Gedanken bei unserem großen Plan. Man muß nur warten können, dann geht alles in Erfüllung, habe ich mir glücklich gesagt. Mein neuer Freund hat Sonnenschein in mein Leben gebracht. Ich muß es immer wieder betonen, daß er mir beigesprungen ist, sobald dies nötig war. Das ging so weit, daß er mir sogar Essen und Trinken beschaffte, wenn ich in Schwierigkeiten war.

Nur das mit dem Geld hat mir gar nicht gefallen. Hatte ich ihm welches geliehen, hat er es mir nie mehr zurückgegeben. Das war seine große Schwäche. Er konnte mit dem Geld nicht wirtschaften.

Ich hab' auch gewußt, daß er bald heiraten wollte. Eine Freundin und ein Kind hat er schon damals gehabt. So eine Heirat, hat er immer gesagt, kostet eine Menge Geld.

Er hat mir viel erzählt, wenn wir in unserem Hotelzimmer saßen und Bier tranken. Aber was heißt hier schon Hotel! Meistens waren es billige Mansardenzimmer in ganz einfachen Gasthäusern. Manchmal wohnten wir auch bei Privatleuten, wenn es preislich günstig war.

Was ich bei diesem Wohnen alles erlebt habe, das gäbe eine lange Geschichte.

Viele schöne Mädchen und Frauen sind da zur Türe hereingekommen oder manchmal auch durchs Fenster gestiegen. Nur selten habe ich dann geschlafen. Ich tat nur so und habe auch absichtlich geschnarcht, um die Frauen nicht zu beunruhigen. Daß ich bei meinem Freund im Zimmer lag, war für die heikel. Aber mein Freund hatte mir das Nötige eingeschärft. Ich solle einfach so tun, als würde ich tief schlafen, hat er gesagt. Und auch mir wäre es nicht recht gewesen, wenn die eine oder andere seiner Gspusis Angst bekommen hätte.

Ich tat das übrigens gerne, nicht nur meinem Freund zuliebe. In Wirklichkeit war ich glockenhell und putzmunter. So konnte ich allerlei mitbekommen, von dem ich früher keine Ahnung hatte. Denn wenn ich einmal so richtig groß und schön bin, hab' ich gedacht, dann freue ich mich ja auch, wenn so viele schöne Verehrerinnen zu mir kommen. Da mußte ich ja auch mit meinen Erfahrungen aufwarten. Drum hab' ich mir alles schön angehört und gut gemerkt, denn wer was kann, der trägt nicht schwer daran.

Aber eine von den vielen Zimmergeschichten ist mir besonders im Gedächtnis haften geblieben. Drum will ich sie hier aufschreiben. Wenn ich wollte, könnte ich ein ganzes Buch mit diesen Geschichten füllen. Vielleicht gebe ich sie auch 'mal gesondert heraus. Einen Titel hätte ich schon: „Dem einen gibt man es im Schlaf . . . oder im Schlafzimmer."

Bevor ich diese kleine Geschichte erzähle, möchte ich doch sagen, daß das bescheidene Dorfleben abends in einem einfachen Wirtshaus viel Wunderschönes in sich haben kann. Da gab es viel zum Zuhören. Die Unterhaltung der Männer und Frauen, der Buben und Mädchen am Stammtisch war interessant. Ich hab's gleich gemerkt, daß jeder so sein Päckchen hat. Und wenn man ein paar Bier getrunken hatte, dann liefen die Mäuler mit offenem Herzen wie geschmiert.

Ohne Sorgen war keiner, nicht ein einziger. Man trank also und erzählte, man trank mehr und erzählte mehr. Man fand sich nett, das verband einen. Man hat sich wieder getroffen und sich darüber gefreut. Schließlich hat der eine auf den anderen gewartet. Viele wurden sehr sauer, wenn einer mal nicht kam.

Und je mehr man trank, um so mehr umfloß einen wohlige Zufriedenheit. Ganz ehrlich, man versteht sich einfach besser.

Am Stammtisch kann man so viele nette Menschen kennenlernen. Das wichtigste aber dabei ist, daß man sich gegenseitig seine Sorgen erzählen kann und daß jemand da ist, der einem zuhört. Man konnte von einem miesen Arbeitstag her noch so eine schlechte Stimmung haben. Kaum hatte man ein paar Bierflaschen in der Gesellschaft von anderen herunterlaufen lassen, dann war die Welt wieder in Ordnung.

Langeweile kam in einer Gaststube nie auf. Jeder steuerte zum Gespräch bei. Man unterhielt sich über Sachen, wo einem der Schuh drückte. Die Themen waren alle aus dem grauen Alltag gegriffen. Das waren lebensechte Situationen, wie sie der kleine Mann tagtäglich hinter sich bringt.

Selten kam mal so ein großmäuliger Spinner, der mit verlogenem Zeug auftrumpfte. Man merkte es zehn Meter gegen den Wind, wenn sich so ein Angeber, der etwas Besseres sein wollte, zu uns gesetzt hat. Solche Kerle ließen wir einfach links liegen. Nein, für dumm haben wir uns nicht verkaufen lassen. Das konnten wir nicht leiden, da hielten wir dann eisern zusammen und haben ihn weggeekelt. Aber jetzt will ich die kleine Schlafzimmergeschichte erzählen, die ich vorher angekündigt habe.

Es war im schönen Murgtal, als wir uns nach getaner Arbeit an einem von Hochwasser beschädigten Bachufer auf den Abend freuten. So eine Flußmauer zu bauen, strengt an. Da gibt es viel zu schleppen und zu lupfen. Ich hatte mich wie immer ein wenig zurechtgemacht und war dann zum Vesper in die Schenke hinuntergegangen. Es wurde wie immer geraucht und getrunken. Schon tags zuvor hatte man neue Gesichter gesehen, und das mußte doch gefeiert werden.

Es ist wirklich ein Riesenunterschied, ob man einsam und verlassen auf seiner Bude sitzt und mit seinem Bier Trübsal bläst oder in Gesellschaft anderer sich geborgen fühlt. Da herrscht gleich ein wunderbares Fluidum; man fühlt sich zusammengehörig, und das Trinken, Rauchen, Lachen und Erzählen läuft wie von selbst.

Diese Nacht ist mir noch so gut in Erinnerung, als hätte sie sich erst gestern abgespielt. Das Wochenende war angebrochen, aber wir fuhren nicht nach Hause, denn mein Freund hatte Pumpendienst. Das bedeutete, daß er am Bachbett eine Dieselpumpe zu überwachen hatte. Das mußte auch am Samstag und Sonntag geschehen.

Drum gingen wir am Samstagabend in die Dorfschenke, wo wir darüber unser Doppelzimmer hatten.

An diesem Abend war es in der Gaststube besonders schön. Da saßen nämlich drei oder vier Musikanten und spielten schöne alte Lieder auf ihren zum Teil alten Instrumenten. Es herrschte eine gute Stimmung. Ziemlich viel Leute saßen rund um die ständig spielenden Musikanten herum. Da sah man junge, ältere, ja sogar ganz alte Väterchen, die lauschten mit verklärten Augen. Einer hatte sogar Tränen in den Augen. Der imponierte mir vor allem deshalb, weil er einen schönen gezwirbelten Kaiser-Wilhelm-Bart hatte. Zwei funkelnde Augen stachen aus dem Gesicht heraus.

Ich habe mir diesen Mann so richtig angeschaut, denn er hatte eine große Ähnlichkeit mit meinem verstorbenen Großvater mütterlicherseits.

Trinken durfte ich an diesem Abend nichts, denn mein Freund hatte mich beauftragt, alle zwei, drei Stunden nach der Wasserpumpe am Bach zu schauen. Die mußte nämlich im-

merfort laufen, das heißt, sie durfte nicht absaufen. Er ist für
diese Arbeit bezahlt worden, hatte aber gar keine Lust dazu an
diesem Abend. Wenn was passiert wäre, hätte er am Montag
Schimpfe bekommen. Ich war nüchtern und fit. Außerdem
hatte ich ja auch Zeit. Und für meinen Freund tat ich gerne etwas.

An diesem Abend wurde ich sogar von jungen Burschen
eingeladen, mit ins nächste Dorf zu fahren. Leider mußte ich
ablehnen; ich mußte ja nach der Dieselpumpe sehen. Mal saß
ich an diesem, dann wieder an jenem Tisch. Die Musikanten
hatten gutes Sitzleder und die Gasthausbesucher dazu. Als es
so gegen zwölf Uhr ging und sie immer noch spielten, sah man
auch schon Betrunkene herumtorkeln und dumme Sprüche
klopfen. Es wurde nun auch laut geschrien und gelacht, daß
die Musik immer mehr unterging. Ein älterer Mann hat seiner
Frau in der Stube drin mitten ins Gesicht geschlagen. Die Frau
hat daraufhin wie am Spieß gebrüllt: „Du elender Hurenbock,
wenn du nur verrecken tätst."

Er aber hat sie an den Haaren gepackt und hinaus ins Freie
gezerrt. Beide sind dann verschwunden. Es ist dann ein bißchen ruhiger geworden, und die Musik hat immer noch schöne
Lieder gespielt. Das hat mich so sehr an die Zeit als Hirtenbub
erinnert, als mir der andere Hütebub, der alte Peter, auf der
Mundharmonika dieses oder jenes Lied beigebracht hat.
Auch die Kinder des Bauern hatten damals diese schönen Me-
lodien gesungen.

Jetzt kam das heulende Elend über mich. In dem Moment
hätte ich gerne jemand gehabt, der mich ein wenig gemocht
hätte. Aber da war nichts auf weiter Flur. Ich saß allein wie ein
Häufchen Elend da.

Was soll ich noch weiter da unten, hab' ich gedacht. Ich war
dann doch auch ein wenig müde und hab' mich aus dem Staub
gemacht, ohne mich bei irgend jemand zu verabschieden.

Ich bin dann hoch in unser Zimmer gestiegen und hab' mich
ausgezogen. Das Hemd und die Unterhose ließ ich an. Dann
legte ich mich hin und hörte gelegentlich das Schlagen der
Wirtschaftstüre. Auch die Musik ist weiter zu meinen Ohren
gedrungen.

Ich bin noch eine kurze Weile wach im Bett gelegen und

hab' über manches nachgedacht. Plötzlich aber hat sich die Zimmertüre geöffnet, und leise ist mein Freund mit einer Frauengestalt an meinem Bett vorbeigelaufen. Die beiden haben miteinander geschmust. Dann habe ich auch gesehen, wie sich die beiden auszogen. Von der Straßenlaterne her ist nämlich ein kleiner Lichtschimmer ins Zimmer hereingefallen.

Ich hab's gleich gesehen, daß die fast nackte Frau schön war. Sie hat ständig „pst" gemacht. Sicher hat sie gewußt, daß im Zimmer noch ein anderer schlief. Eines hat aber die schöne Nackte nicht gewußt, daß der Schlafende hellwach war und alles gehört und fast alles gesehen hat, was sich so deutlich anbahnte.

Aber meinem Freund war das schöne Spiel mit dem nackten Engel aus dem Murgtal nicht lange gegönnt. Schon nach kurzer Zeit schlug jemand mit den Fäusten gegen die Türe und schrie: „Wenn du elende Sau nicht sofort herauskommst, schlage ich die Türe ein und bringe dich um."

Dabei ist's aber nicht geblieben. Der Schimpfende hat gotteslästerlich geflucht, und die Schläge an die Türe sind immer heftiger geworden.

Ich glaube, daß es mein Freund jetzt mit der Angst zu tun bekam. Er sprang nämlich sofort auf mich zu und riß mich mit einem Ruck aus meinem Bett. Dann sagte er mir leise ins Ohr: „Spring sofort aus dem Fenster in den Garten 'runter und paß' gut auf, daß das Mädel heil ankommt, gell!"

Kaum hatte ich das gehört, da bin ich auch schon gesprungen. Ich hatte mich noch nicht 'mal richtig hochgerappelt, da hat mein Freund vom Fenster aus geflüstert: „Achtung, sie kommt."

Und schon schlug sie neben mir im Garten auf. Sie fiel in ein weiches Beet mit irgendwelchem Gemüse drin. So hatten wir beide bei der Landung Glück gehabt, denn vom ersten Stockwerk aus bis hinunter sind es schon ein paar Meter gewesen.

Es war stockdunkel. Wir standen hinter dem Haus. Aber die Musik klang immer noch so schön zu uns in den dunklen Garten herüber. Ich habe die schöne Nackte am Arm genommen und bin mit ihr leise über verschiedene Gartenbeete hinübergeglitten. Dort sind wir am Zaun angekommen, und ich habe die nackte Frau immer wieder zu beruhigen versucht. Sie hat vor sich hingewimmert, aber schließlich ist mir es gelungen, sie zu beruhigen.

Ich zog ihr mein Hemd an, aber meine Hose wollte ich noch nicht abgeben. Wenn da jemand kommt, habe ich gedacht, dann geht's mir dreckig. Sie ist immer noch am Zaun stehen geblieben, während ich einen Ausgang gesucht habe. Den konnte ich aber mit dem besten Willen nicht finden. Bei meiner Suche bin ich aber auf ein altes, kleines Gartenhaus gestoßen. Da drinnen konnte man sich ja prima verstecken. Also schlich ich wieder zu dem schönen nackten Engel zurück und habe ihr von meinem Fund berichtet.

„Oh, des isch gut!" hat sie erfreut gesagt und griff fest nach meiner ausgestreckten Hand. Und so schlichen wir uns durch die Blumen- und Gemüserabatten zu dem alten Gartenhäusle. Die Türe war leicht zu öffnen, weil lediglich eine Schnur um einen Nagel gewickelt war.

Ich befahl der nur noch Halbnackten, sie solle so lange draußen warten, bis ich drinnen nachgeguckt habe, ob genügend Platz für uns beide sei.

Da es drinnen stockdunkel war, fand ich mich nur langsam zurecht. Mit der Zeit gewöhnten sich die Augen dann an die Dusterheit. Ich habe dann ein bißchen aufgeräumt und herumstehende Gartengeräte herausgetragen. Dann zog ich die Schöne hinein und verschloß die Türe von innen. Aber die Türe war ausgeleiert und ging nach kurzer Zeit immer wieder auf. Jedesmal, wenn sich die Türe öffnete, bekam die schöne Frau Angst, und ich mußte sie unaufhörlich beruhigen. Schließlich habe ich eine alte Gießkanne vor die Türe gestellt. Das war die Lösung, denn jetzt war alles im Butter, und meine Gespielin vergaß ihre Angst.

Wir setzten uns eng zusammen und hatten so schön warm. Sie erklärte mir dann, daß ihr Freund so fürchterlich eifersüchtig sei. Dabei brauche er doch keine Angst um sie zu haben, sie wolle ja eh nichts von ihm wissen.

Sie hat dann trotzig gesagt, sie bleibe jetzt erst recht diese Nacht von zu Hause weg.

Dabei habe ich gespürt, daß sie mich erwartungsvoll angesehen hat. Ich kam mir wie ein König vor, der ein schönes, altes eigenes Haus in einem Garten bewohnt. Eine richtige Prinzessin hatte ich auch bei mir, eine fast ausgezogene schöne Frau, eine, die noch gar nicht heim wollte.

Welch ein Glück. Morgen war Sonntag, da konnte ich ja ausschlafen. Besser hätte ich es überhaupt nicht erwischen können.

Ich hatte jetzt nur noch eine Sorge. Der eifersüchtige Liebhaber würde mich sicher bei der schönen Frau suchen. Das war mir ganz klar geworden.

Aber wir waren jetzt unserem eigenen Schicksal überlassen. Das war recht so.

Ich hörte zwischendurch mal etwas pfeifen. Atemlos sind wir in unserem Gartenhäuschen gesessen und haben keinen Laut von uns gegeben.

Schließlich ist auch die Musik in der Gaststube verstummt.

Keiner von uns beiden hat den anderen gekannt. Wir haben nicht einmal gewußt, wie der andere hieß. Aber verstanden haben wir uns immer besser.

Sie zog jetzt ihr Hemd aus, das heißt, es war ja mein Hemd. Denn ich hatte es ihr nur geborgt.

Darauf sagte sie: „Komm', wir setzen uns auf dein Hemd. Da haben wir's schöner als auf dem sandigen Holzboden."

Ein richtiges Glücksgefühl ist durch mich geflutet. Gerade jetzt, wo ich Zeit hatte, empfand ich richtige Lust für diese schöne Frau. Sie hatte halblanges, dunkles Haar und kleine, feste Brüste. Ihre Gestalt war schön groß, aber schlank. Sie mußte so um die 30 Jahre herum sein.

Aus Angst, daß uns vielleicht doch noch jemand bemerken konnte, haben wir kaum miteinander gesprochen. Ich hab' sowieso nicht gewußt, über was man noch miteinander hätte reden können. Ich hatte ja alles, wonach mein Herz begehrte. Alles war eitel Freude. Lust zum Leben stieg in mir hoch, Gefühle, wie ich sie schon lange nicht mehr erlebt hatte, wurden in mir wach. Die Liebe, Schönheit und die Sünde waren miteinander vereint. Oh, wäre diese Sünde nie zu Ende gegangen. Es war eine Nacht wie im Paradies. Und dann habe ich es tief empfunden, wie sehr Sünde glücklich machen kann.

Daß das Schöne im Leben nur von kurzer Dauer sein darf, das verspürte ich in jener Nacht mit schweren Nachwehen. Die Stunden zerrannen uns zwischen den Fingern. Es war kaum zu glauben, als es plötzlich am Himmel wetterleuchtete und der neue Tag sich zaghaft ankündete.

Ein neuer Tag war für mich selten auch neues Glück gewesen, eher schon neue schwere Last oder ein böser Traum, der sich noch häßlicher auszehrte.

Dieser neue Sonntag hat mir dann überhaupt keine Freude gebracht. Nein, er hat mir wieder alles weggenommen, die schöne Frau, die Hütte im Gemüsegarten und alle meine Hoffnungen. Geblieben ist nur ein schaler Geschmack im Munde, ein dreckiges Gefäß, das unansehnlich zwischen Unkräutern lag.

Warum habe ich dieses schöne Weib nicht behalten dürfen? Hätten wir doch in diesem Gartenhäuschen wohnen dürfen für alle Zeiten, um uns immer zu lieben.

Warum kam keine Fee vom Wald herüber und hat mir gesagt, daß ich ja immer noch zwei Wünsche offen hätte? Ich hätte mir glatt diese alte Hütte und das schöne Weib gewünscht. Liebe, kleine Kinderchen könnte sie mir gebären, und mein Glück wäre vollkommen gewesen. Warum muß auf so viel Schönes nur Häßlichkeit, die schäbige Wirklichkeit kommen?

Das und so vieles andere ist mir an diesem Sonntag hinterher durch den Kopf gegangen.

Aber im Moment hatte ich andere Sorgen, denn mit der Helligkeit des Tages gab es auch Probleme. Schließlich mußte ja die schöne Nackte wieder zu ihren Kleidern kommen. Ich hab's der schönen Frau versprochen, sie nicht in ihrer Not im Stich zu lassen. Ich wollte ihr auch zeigen, daß ich ein anständiger Kerl bin.

Drum schlich ich durch den Garten und habe einen kleinen Ausgang gefunden, von dem ich zu einem Nebeneingang der Wirtschaft gelangen konnte. Ich hatte mich schon durch den Hausgang geschlichen und wollte gerade in mein Zimmer hineingehen, als mich der Gastwirt bemerkte. Der sagte zu mir: „So, Büble, hast du schon einen Dauerlauf gemacht?"

Ich habe nur so verlegen etwas dahergestottert und war froh, daß er mich nicht weiter ausgefragt hat.

Seither weiß ich, für was es gut ist, wenn einer sein letztes Hemd verschenkt, die Hosen aber behält.

Also, ich bin gut im Zimmer angekommen und habe mit einem Blick gesehen, daß auch mein Freund sich aus dem Staub gemacht hatte. Vielleicht lag der irgendwo in einem fremden Bett oder hatte womöglich auch so ein Gartenhäuschen gefunden. Wer weiß! Unter meiner Bettdecke fand ich dann die schönen Kleider von meinem nackten Engel. Warum die unter meiner Decke gelegen haben, wo sie doch gar nicht in meinem Bett gelegen ist, hat mir überhaupt nicht eingeleuchtet. Aber mein Freund wird schon gewußt haben, warum er das so arrangiert hat.

Ich habe mich dann zunächst angezogen und die schönen Kleider meines nackten Engels in meine Jacke gepackt. Dann bin ich vorsichtig und leise wieder die Treppe hinuntergeschlichen, habe die Haustüre vorsichtig aufgeklinkt, daß es keinen Laut gab. Dann bin ich in Richtung des Gartens zum alten Häuschen gegangen.

Zum Glück war der Tag noch nicht voll da. Das bißchen Dunkelheit half mir, ohne größere Schwierigkeiten zur Hütte zu kommen. Ich hatte sie noch nicht erreicht, als die Türe langsam aufgemacht wurde. In der Türöffnung sah ich sie dann noch einmal stehen, für mich unvergeßlich schön.

Als sie das Bündel in meiner Jacke gesehen hat, ist sie mir vor Freude um den Hals gefallen und hat mich innig geküßt.

In dieser Nacht sind meine Lippen fast wund geworden. Und es war schon so lange her, seit mich jemand so geliebt und geküßt hat. Das war die schöne Verwalterin auf der Festung gewesen.

Nun hat sie ihre Kleider genommen und hat sich langsam angezogen. Langsam ist nicht das rechte Wort. Ihre Bewegungen waren so anmutig und weich, daß ich sie am liebsten gebeten hätte, sich noch einmal auszuziehen, daß ich das Ganze noch einmal hätte mitansehen können. Heute noch habe ich diese traumhaften Bewegungen in Erinnerung.

Sie war nun unwiederholbar fertig, und sie hat mich noch einmal angelächelt. Hätte ich sie festbinden können. Aber der Tag kam nun mit raschen Schritten näher. Es war höchste Zeit, daß sie gegangen ist.

Langsam und vorsichtig lief sie durch den Garten. Und ich habe ihr traurig nachgesehen, bis sie mit einem Mal fort war.

Den ganzen Tag habe ich von ihr geträumt. Man konnte absolut nichts mit mir anfangen.

In den darauffolgenden Tagen wurden die Arbeiten an der Baustelle abgeschlossen, der Bauhof aufgelöst. Wieder einmal ist eine für mich schöne Zeit zu Ende gegangen. Mit unserem Weggang hat sich manches Problem an diesem Ort gelöst. Mancher brave Mann, der hier gewohnt hat, hat sicher erleichtert aufgeatmet. Jeder konnte nun in seinem trauten Heim weiterleben und mußte nicht mehr um das Seelenheil und den Ruf seiner Frau bangen.

Wir, die Baulöwen, wie man uns damals nannte, waren ja überall und nirgends. Jeder hat genommen, was ihm gerade über den Weg lief. Und gerade deshalb waren wir für die Ehemänner verdächtig. Die hatten halt schon öfters schlechte Erfahrungen mit unsereiner gemacht. Das hat man gespürt, wenn man ihnen begegnet ist. Sie waren unfreundlich und haben einen so scharf angesehen. Ich glaube sogar, daß sie uns gehaßt haben.

Aber man kann nicht nur uns die Schuld in die Schuhe schieben, nicht nur wir haben uns an die Damen herangemacht. Ich weiß von manch schönen Frauen, die gelegentlich mit einem feinen Wagen vorgefahren kamen und kleine Geschenke mitgebracht haben. Diese hatten sie in schönes Seidenpapier eingewickelt und sind damit in verschiedene Bau- und Schlafbaracken gegangen. Zuerst haben sie ein bestimmtes Bett liebevoll wieder aufgeschüttelt und die Leintücher schön geglättet, bevor sie ihr Geschenk ablegten.

Das war auch ganz in Ordnung so. Wer mitgeholfen hat, das Bett zu zerwühlen, der hatte es auch hinterher in Ordnung zu bringen. Das nennt man heute Bereinigung des Verursacherprinzips.

Ja, wir Baulöwen waren schon ein eigenartiges Völkchen. Die meisten waren muskulöse Männer von kräftiger Statur, kernig und gut durchwachsen. Unsere Haut war von Wind und Wetter schön braungebrannt. Im Sommer waren wir nur mit kurzen, engen Höschen bekleidet. Ich selbst hatte damals noch eine Figur wie ein Modellathlet. Ich hätte es mit jedem hellenischen Krieger aufnehmen können. Also, so ein fetter, bleicher Beamter hätte es neben uns trotz seiner sicheren Position und seinem dicken Gehalt schwer gehabt. Jeder von uns hätte so ein schlottriges Bleichgesicht ausgestochen. Überhaupt beneidete die keiner von uns. Die waren ja den ganzen Tag im Büro eingeschlossen und atmeten Zimmermief. Wir aber standen draußen unterm freien Himmel, am Fluß oder auf der Straße. Wir ließen uns die Nase vom Wind trocknen. Dort haben wir gearbeitet, wo sich das Volk aufhält. Uns konnte man ohne Verlegenheit vorzeigen. Zu unseren Fehlern sind wir gestanden und haben nichts vertuscht, wie das besonders heute bei den Politikern üblich ist. Unsere Theaterbühne war die Baustelle in Gottes freier Natur. Wir spielten ein interessantes Theaterstück bei oft akrobatischen Verrichtungen. Die leisteten wir für die anderen. Der Lohn dafür war sehr bescheiden, und doch gingen wir ran, wenn's gut flutschte.

Oft ist es so über mich gekommen. Ich hab' dann gedacht, daß jeder für den anderen auf der Welt ist. Wenn man anderen hilft, hat man selbst seine Freude. Und bevor es wieder an die Arbeit ging, habe ich mich auf die anderen gefreut, und die haben sich gewiß auch auf mich gefreut.

Alle außer mir sind die anderen, das ist klar. Gott hat alle erschaffen. Der andere ist für mich geboren und ich für ihn. Daß keiner so allein ist, wie es bei mir lange Zeit gewesen ist, das ist das Hoffnungsvolle in dieser Welt.

Nimm eine Ähre von einem Kornfeld und vergleiche sie mit all den anderen Millionen, die im Winde schwanken. Keine einzige ist genau gleich. Und doch sind sie alle einander so ähnlich, daß man sie verwechseln kann. Nur wenn man genau hinsieht, kann man Unterschiede entdecken.

Bei den Menschen ist's auch so. Jeder trägt eine eigene Welt in sich. Oft will keiner dem anderen flattieren, auch wenn er sich sehr einsam fühlt. Die Klügeren wissen, daß man einander braucht, und wenn man nur miteinander beim Bier-, Wein- und Schnapstrinken seine Sorgen loswerden kann.

Wie schön mag es wohl im Himmel sein oder in der anderen Welt, wie viele Leute sagen. Manch einer denkt, der liebe Gott hätte diesen Ort allein für ihn geschaffen. Dann würde es sich ja gar nicht lohnen, unser langes Leben hier auf Erden. Dann wären alle Mühen und Qualen umsonst. Wenn im Jenseits alle Leiden schwinden, dann ist es nur prima, wenn man die Freuden miteinander erleben kann, wenn es keine Großkopfeten und arme Schlucker gibt, keine, die ihre Nase immer nur vorn' haben mit den Dummen, die hinten anstehen müssen.

Meine Zeit im schönen Murgtal war für mich nicht umsonst gewesen. Denn in einer schönen Nacht war ich ja in der anderen Welt gewesen. Es ist gewesen, als hätte ich für eine Nacht ins Paradies gehen dürfen, um dort glücklich zu sein.

Ein großes Unheil überrollt mich, und ich fahre zur Hölle.

In Wolfach habe ich bei einer fremden Baufirma wieder Arbeit gefunden. Es waren recht nette Männer, mit denen ich eigentlich gut zurechtkam. Ich war nun wieder jeden Abend daheim, aber das ist mir gar nicht gut bekommen. Ich war an meiner alten Baustelle verwöhnt worden. Jetzt war ich einfach nicht mehr derjenige, der nur noch ja und amen zu allem sagen konnte, auch wenn's die Eltern so wollten. Zu meinem Glück hatte ich noch meinen Freund aus Litauen. Der hatte drei Schwestern. Mit einer hatte ich mich immer gut verstanden, aber dabei ist es auch geblieben. Gehabt habe ich mit ihr nichts.

Meine freie Zeit habe ich nicht mehr zu Hause verbracht. das ist sicher gut so gewesen, denn die daheim waren ja sowieso nur auf mein Geld aus. Ich habe meine Freizeit bei der Familie meines Freundes verbracht.

In langen Gesprächen haben wir die Auswanderung nach Canada diskutiert. Er war deswegen schon einmal auf dem Konsulat in Karlsruhe oder Stuttgart gewesen und hatte von dort auch Hefte und Beschreibungen über das canadische Land mitgebracht. Aber diese Broschüren hatten ihre Tükken, weil ich ja nicht lesen konnte. Auf keinen Fall wollte ich mich verraten, und es hatte ja auch in der letzten Zeit immer bestens geklappt. Niemand hat es gemerkt. Meinen Namen konnte ich ja gut und schön schreiben. Jede Woche, wenn's Lohn gab, mußte ich ja auf meinem Lohnzettel eigenhändig unterschreiben, und das machte ich erstklassig. Mein Lohn hat auch immer gestimmt, im Gegensatz zu dem der anderen. Die machten hin und wieder ein Mordskrakeel und sind nochmal aufs Lohnbüro gerannt, wenn sie auf dem Lohnstreifen einen Fehler festgestellt hatten. Oft haben sie nämlich nicht alle Stunden herausbezahlt bekommen. Das wurde dann meistens in der Baubaracke mit dem Vorarbeiter diskutiert und richtiggestellt.

Also, solche Probleme gab's bei mir eben nicht. Da ich nicht lesen konnte, war sowieso immer alles klar. Mit dem Rechnen ging's schon einigermaßen und Zahlen konnte ich zur Not lesen. Aber was da dazwischen geschrieben stand, das waren für mich spanische Dörfer. Da war ich mit meinem Latein buchstäblich am Ende.

Und weil ich mich beim Vorarbeiter nie beschwert habe, war ich bei dem auch gut dran. Der hat dann oft zu den anderen gesagt: „Beim Lapp ist doch auch alles in Ordnung, was ihr nur immer zu meckern habt."

Das ist mir natürlich wie Öl heruntergegangen.

Wenn die gewußt hätten!

Aber ich war froh, auch so einigermaßen über die Runden zu kommen.

Für einen Arbeitgeber kann es nichts Schöneres geben, als daß seine Leute immer zufrieden sind. Und ich war's immer. Was für ein Glück für mich, daß ich weder lesen noch schreiben und deshalb auch nicht vergleichen konnte.

Nur manchmal dachte ich auch an den alten, aber wahren Spruch: „Mit den Dummen treibt man die Welt um."

Andere haben wieder gesagt, daß Dummheit zufrieden mache, und das kann ich nur bestätigen.

Ich habe fest mitgeholfen, die Welt umzutreiben. Inzwischen habe ich auch lesen und schreiben gelernt. Aber ich muß sagen, daß ich damals viel glücklicher war als heute.

Wenn nur die Angst nicht gewesen wär, daß man meine Unwissenheit gemerkt hat. Immer hatte ich die Hosen voll, daß mir einer auf die Schliche kommt.

Aber dafür war ich halt doch nicht dumm genug. Ich habe alles gut gemeistert und bestens geheimgehalten. Oft, wenn mir mein Freund ein Blatt zum Lesen vorgelegt hat, habe ich immer eine Ausrede parat. Ich hab' zum Beispiel gesagt: „Ich muß jetzt heim, ein andermal, vielleicht morgen."

Und tags darauf hat er es vergessen gehabt, und ich habe mich gehütet, ihn daran zu erinnern.

Das war manchmal gar nicht leicht, das so hinzubiegen, daß es andere nicht gemerkt haben.

Also, jetzt ging es um die Kosten für die Überfahrt ins ferne, große, weite Land.

Ich glaube, man hatte damals so um tausend DM herum aufzubringen. Nichts wie sparen, dachte ich. Und wenn's Geld beisammen ist, geht's sofort ab in die neue Welt.

Natürlich habe ich auch an den Vater gedacht. Der hatte mir ja über viele Jahre hinweg das ganze Geld abgenommen. Vielleicht wäre der bereit, mir das Geld für die Überfahrt zu leihen.

Bei dem Gedanken, bald abfahren zu können, wurde ich ganz verrückt. Nichts anderes wurde mit meinem Freund in den nächsten Tagen besprochen. Wir malten uns sämtliche Einzelheiten aus, und ich freute mich schon den ganzen Tag auf die abendlichen Gespräche, wo wir förmlich ins Schwärmen gerieten. Das ging dann immer bis tief in die Nacht hinein. Auch die Schwestern meines Freundes hatten an den Auswanderungsplänen Geschmack gefunden.

An den Wochenenden wurde besonders ausgiebig darüber diskutiert. Das wurde zum Thema Nr. eins. Nichts anderes hatte mehr im Kopf Platz.

An einem Wochenende machten wir, mein Freund und ich, einen Spaziergang in den Wald hinein. Etwa eine Stunde tappten wir so herum und kamen dann an ein altes Haus.

Davor sind wir stehengeblieben und wären sehr gern hineingegangen. Aber die Türe war verschlossen. Wir sind schon arg neugierig gewesen, wie das Haus wohl von innen aussehen könnte. Drum klopften wir einfach mal an die Türe.

Gleich hat eine nette, alte Frau geöffnet; es war schon eher eine Dame. Mein Freund sagte: „Grüß Gott, dürfen wir dieses Haus mal von innen ansehen?"

„Ja", hat die nette Dame gesagt, „kommt nur herein."

Gleich waren wir begeistert. Es hat im Innern ausgesehen, wie man sich ein altes Hexenhäusle vorstellt.

Wir gingen durch alle Zimmer hindurch. Ich habe sogar einen alten Schrank aufgemacht und hineingeschaut.

Die alte Frau hat uns alles erlaubt; sie hat anscheinend großes Vertrauen gehabt. Das hat uns sehr gefreut, denn solches Entgegenkommen erlebt man sonst selten.

Und als wir alles gesehen hatten, haben wir das Haus wieder verlassen. Als wir uns von der alten Frau verabschiedeten, fragte sie noch, wer wir eigentlich wären und wie wir heißen würden.

Einer solch lieben Frau muß man doch sagen, mit wem sie es zu tun hatte. Gern hab' ich ihr meinen Namen genannt.

Dann sind wir wieder in Richtung Wolfach gelaufen und haben ununterbrochen unsere Auswanderungspläne diskutiert. Aber ausschöpfen konnten wir das Thema natürlich nicht. Dazu war der Weg zu kurz. Drum bin ich noch bis spät in die Nacht hinein bei meinem Freund gesessen, und wir haben dann in seiner elterlichen Wohnung nochmals alle Einzelheiten übers Auswandern erörtert.

Am nächsten Morgen ging ich wie gewohnt zur Baustelle. Ich wollte es kaum glauben, aber es war so. Nach ungefähr einer Stunde, als ich so mitten in der Arbeit drin war, kam mit strenger Miene ein Polizist daher und hat mich aufgefordert, ihm zur Wache zu folgen. Was der nur hat, habe ich gedacht. So ein Gendarm ist mir seit der ersten Bekanntschaft immer unheimlich gewesen. Aber auf der Wache bin ich dann noch mehr erschrocken; es ist mir förmlich in die Gedärme gefahren. Da saß nämlich jener Metzger-Polizist. Siedend heiß ist es mir den Rücken 'runtergelaufen. Nun, dieser Bursche war ja auch nur ein Mensch, den man später wegen eines Holzdiebstahls entlassen hat. Aus dem Staatsdienst.

Aber jetzt im Moment war sein Anblick für mich grauenhaft. Das war doch der, der mich damals vom Fahrrad heruntergerissen hatte.

Wie ein Donnerschlag hat's mich getroffen, und ich hab' auch gespürt wie er mich böse und tückisch angesehen hat, gerade so, als wollte er mich töten.

Kein Hund hat mich je zuvor so böse angesehen wie dieser Mensch. Was mußte der einen Haß auf mich haben?

Darf man böse gegen andere sein?

Dem sein Innenleben wollte ich schon gerne kennen, wo ich ihm doch nie einen Grund gab, so ekelhaft gegen mich zu sein.

So viel ich wußte, hatte der daheim doch auch Kinder. Denen ist er doch Vater gewesen.

So Kinder sind doch sehr empfindlich, wenn man sie böse anschaut. Die spüren sofort, wenn ihnen der Vater keine Liebe entgegenbringt; ich weiß es von mir selber.

Und eine Frau hat dieser Mensch doch auch gehabt. Ich hab'
sie sogar gekannt. Das war eine nette, liebe Person, die mich
öfters ganz lieb angelächelt hat. Die hat bestimmt nichts gegen
mich gehabt. Also, dieser Metzger-Polizist, warum hat der
mich so gehaßt?

Viel später habe ich dann mal erfahren, daß meine Mutter
früher einmal auf diesen Kerl mit dem Küchenmesser losgegangen ist. Jeder kann sich vorstellen, warum.

Meine Mutter war eine friedliche Frau. Wenn die mal rabiat
geworden ist, dann hatte das schon triftige Gründe.

Auch ein Schiltacher Gastwirt mußte einmal zu seinem großen Metzgermesser greifen, als er gemerkt hat, daß der Metzger-Polizist seine junge Bedienung in Bedrängnis brachte.

Da gab es viele Frauen, denen dieses Scheusal nachgestellt
hat. Jedenfalls hat er schleunigst Reißaus genommen, als der
Wirt sein Messer gezückt hat. Alle Achtung vor diesem Wirt.
Die Bedienung aber hat seitdem ihre Ruhe vor dem Dreckskerl gehabt.

Der Gastwirt hat mir hinterher die Geschichte selbst erzählt. Der feine Gendarm hat sogar in den Unterhosen flüchten müssen, weil er die richtige Hose nicht mehr schnell genug
heraufgebracht hat. Das Auge des Gesetzes in Unterhosen,
ich lach' mich tot. Sein Leben lag damals auf eines Metzger-
messers Schneide. Das ist nun wieder tragisch.

So ein Gendarm ist auf dem Land eine Autorität, der ver-
körpert die Macht schlechthin. Der Wirt hat gut daran getan,
gegen ihn keine weiteren Schritte zu unternehmen. Ein Polizist ist eine Amtsperson. Da gibt's nichts zu rütteln dran.
Wenn der seinen Diensthut aufhatte, kam er direkt unter dem
Herrgott.

So einer kann machen, was er will. Der kann sich auch Sei-
tensprünge erlauben. Darüber wird höchstens getuschelt, natürlich nur hinter seinem Rücken. Eine Hand wäscht die andere, und ein Polizist ist immer geachtet. Verheiratet war er ja
dazu. Damit war die Sache geritzt.

Da ist es für den kleinen Mann das beste, daß er seinen
Schwanz einzieht, das Maul hält und den Ärger herunter-
schluckt. Bei solchen windigen Brüdern, die auch noch mächtig sind, müßte man sich sogar beliebt machen.

Da war er nun aber bei meiner Mutter an die Falsche geraten. Die hat's ihm gezeigt, und dafür hat er sich nun an mir gerächt.

Ist so etwas in Ordnung?

Aber wo kein Kläger, da ist auch kein Richter.

Also, das Verhör ließ noch auf sich warten. Zunächst hat man mich für vier oder fünf Stunden in einen dunklen Raum gesperrt. Dann kam der Metzger-Polizist zu mir herein und hat leise gesagt: „Gell, du wolltest die alte Frau ausrauben?"

Soviel Gemeinheit habe ich nicht erwartet; ich war zunächst sprachlos. Dann ist es aus mir herausgefahren: „Was soll denn das?"

In dem Moment ist er auf mich zugesprungen und hat mir die Faust ins Gesicht geschlagen. Sofort schoß das Blut nur so aus meiner Nase heraus. Es wollte nicht mehr aufhören, und darüber ist der Schläger nun selbst erschrocken. Schnell hat er mir ein nasses Handtuch gebracht.

Das soll ich mir auf die Nase legen, hat er gesagt.

Dann hat er sich breitspurig vor mich hingepflanzt und drohend gesagt: „Das war nur der Anfang. In einer Stunde komme ich wieder, und wenn du deine Schandtat nicht zugibst, schlage ich dich tot."

Patsch, das saß. Mir haben vor Angst die Knie geschlottert. Dann aber habe ich mir Gedanken gemacht, wie ich mich gegen ihn wehren könnte. An Körperkräften war er mir weit überlegen. Ich hätte schon einen Bengel oder ein Stück Eisen zum Schlagen haben müssen. Aber nichts habe ich gehabt, nicht einmal einen Stuhl, mit dem ich mich hätte verteidigen können.

Ich war ganz verzweifelt, denn sterben wollte ich noch nicht. Drum habe ich mir vorgenommen, mich bis zuletzt zu wehren.

Unentwegt habe ich um mich gesehen. Aber ich habe einfach nichts gefunden, nicht mal einen Grashalm. Wie gerne hätte ich mich mit einem Faustschlag revanchiert. Meine Wut war zum Zerbersten. Aber aus der angekündigten Stunde wurde eine lange Zeit, die ich nicht mehr abschätzen konnte. Inzwischen hat sich auch meine Wut gelegt. Ich bin sogar schläfrig geworden und vermutlich eingenickt.

Es muß mitten in der Nacht gewesen sein, als dieser Kerl erneut die Türe aufschloß und das Licht andrehte.

Im Moment war ich geblendet und hab' halt so mit den Augen geblinzelt. Aber dann habe ich sofort erkannt, welche Scheußlichkeiten mir nun bevorstanden.

Er hat nämlich in der einen Hand seine Pistole gehalten und gegen mich angelegt. Dann hat er höhnisch gesagt: „Wenn du auch nur die geringste Bewegung machst, lege ich dich um, verstanden?"

Ja, das hat dieses ekelhafte Schwein zu mir gesagt. Immer wieder habe ich es wie das Echo vernommen: „Dann lege ich dich um!" Das hört sich so an, wie wenn man mit dem Radiergummi ein Wort von einem Blatt ausradiert.

Eines war mir klar, wenn der abdrückte, war ich ein toter Mann. Die Angst ist mir die Kehle hochgekrochen; ich war verloren. Erstmals in meinem Leben war ich restlos am Ende.

Sollte ich mich nicht doch auf ihn stürzen?

Dieser Gendarm hat sicher ein Gespür für meinen Gedanken gehabt. Er hat mich nämlich haarscharf gemustert und keinen Blick von mir gelassen. Dann ist er ein kleines Schrittchen zurückgetreten. Es war ganz unmöglich, etwas gegen ihn zu unternehmen, ohne daß er geschossen hätte.

Plötzlich aber hat er sich umgewendet und hat eine Nebentüre geöffnet. Dann hat er gerufen: „Jetzt kannst du hereinkommen. Alles hängt nun von dir ab, ob du frei werden willst oder nicht."

Er hat mit seinen Pranken eine Schreibmaschine gepackt und auf den Tisch gesetzt. Das Ding ist mir vorgekommen wie eine Köpfmaschine. Dann wollte er gut Wetter machen. Mit einem Male konnte er ganz freundlich säuseln: „Wenn du alles richtig machst, gibt es für dich nur eine Möglichkeit."

Er hat mir dann über den blanken Tisch hinweg eine Zigarette zugeworfen. Auch eine Schachtel Streichhölzer schmiß er hinterher.

Die Zigarette habe ich sofort angezündet und tief daran gezogen. Ich hatte jetzt das Gefühl, daß ich viel ruhiger geworden war. Und dann ist's mit der Ausfragerei losgegangen. Das ging so hin und her, und gefallen hat mir überhaupt nichts, weil er mir immer Worte in den Mund gelegt hat, über die ich mich unbehaglich gefühlt habe.

Ich erklärte ihm, daß ich mit meinem Freund nach Canada

auswandern wollte und beteuerte immer wieder, daß ich niemals Geld stehlen wollte.

„Ja, ja, ist ja klar", hat er stirnrunzelnd gesagt und vor sich hingesehen.

„Ich mach' dir jetzt einen Vorschlag", hat er dann plötzlich erwidert. „Du sagst einfach, ihr beide wärt total abgebrannt gewesen. Notgedrungen hättet ihr dann Geld im Schrank der alten Dame gesucht. Dann läßt das Gericht Milde walten, und man läßt euch nach ein paar Tagen frei."

Dann aber wurde seine Stimme böse, als er neu ansetzte: „Aber wenn du sagst, daß ihr kein Geld gesucht habt, dann werde ich euch beide in Untersuchungshaft stecken und überhaupt nicht mehr frei lassen."

Er könne mir nur helfen, wenn ich sofort ein umfassendes Geständnis ablegen würde. Nur dann würde das Gericht Gnade walten lassen.

Da bin ich gesessen und hab' lange überlegt. Ich habe die Zigarette zu Ende geraucht, und gleich hat er mir eine neue hingesteckt. Im Nu hat auch diese gebrannt. So eine Zigarette wirkt Wunder. Mit dem Rauch, den man einzieht, kann man seine fünf Zwetschgen im Kopf drin wieder zusammenbekommen.

Wieder habe ich hin- und herüberlegt. Beim genauen Nachdenken kam ich schließlich zur Überzeugung, daß es dieser Gendarm tatsächlich gut mit mir meinte. Er hat mich auch nicht so brutal gedrängt.

„Laß dir viel Zeit", hat er gesagt, „dann werden wir das schon richtig machen. Du kannst dich ganz auf mich verlassen."

Natürlich wollte ich ja keinen Fehler machen. Geld hatte ich wirklich nicht gesucht, aber dieser Polizist hatte ja seine Erfahrung mit solchen Protokollen. Trotz meiner schlechten Erlebnisse mit ihm habe ich Vertrauen zu ihm geschöpft.

Ausschlaggebend für mich wurde, als er ganz freundlich sagte: „Weißt du, das mit der Pistole vorher war ja nur Spaß. Ehrlich, ich meine es gut mit dir."

Es ging mit einem Male ganz friedlich zu. Er spannte ein weißes Blatt in die Schreibmaschine und hat dann mit zwei Fingern auf den Tasten herumgestochert. Wenn er daneben geschlagen hat, hat er gescholten wie ein Rohrspatz.

Er hat meinen Namen und meine Adresse aufgeschrieben. Dann hat er gefragt, wann und wo ich geboren sei, Beruf und all das Zeug, das so auf Fragebögen steht.

Dann ist Satz zu Satz gekommen. Vorher hat er mir sogar die ganze Schachtel Zigaretten mit den Streichhölzern vor die Nase gelegt und hat gesagt, ich solle mich nur bedienen. So geschenkte Zigaretten schmecken besonders gut. Drum habe ich am laufenden Band neue Zigaretten angezündet.

Er hat erklärt, ich sei sowieso sprachlich gehemmt. Er würde mir die Sätze formulieren. Ich soll dann einfach mit dem Kopf nicken, wenn es recht sei. Er wüßte besser, wie man einen solchen Text abfasse, um bei Gericht Erfolg zu haben.

Und so hat er am laufenden Band geschrieben. Als die erste Seite voll war, hat er ein zweites Blatt eingespannt. Ständig hat er geschrieben und etwas zwischen die Zähne gemurmelt.

Ich aber habe geraucht und mich so richtig wohlgefühlt. Jetzt war ich fest davon überzeugt, daß dieser Mann alles richtig machte.

Dann war ich froh, daß nicht noch weitere Blätter eingespannt wurden, daß er sich wohlgefällig zurücklehnte und sein Werk betrachtete.

Ich habe unterschrieben und gehofft, daß man mich bald wieder freilassen würde.

Er, der Gendarm, hat es mir ja immer wieder versichert. Er sagte, daß wir das Protokoll zusammen schon richtig aufgesetzt hätten. Und ich habe ihm geglaubt. Denn wie der manierlich gewesen ist, darüber habe ich hinterher immer wieder gestaunt.

Aber meine Hoffnungen haben sich nicht erfüllt. Bis zum Morgen hat man mich ins Polizeiarrest eingesperrt, dann sind noch ein paar andere Gendarme gekommen. Ein etwas jüngerer Polizist hat mich ins Gefängnis nach Wolfach gefahren. Von dort wurde ich mit Handschellen im Zug nach Offenburg transportiert.

Das war für mich ganz schrecklich, weil mich alles, was im Abteil herumsaß, so böse und schadenfroh angestarrt hat. Für die war ich natürlich ein schlimmer Verbrecher. Am liebsten hätte ich mich in einem Mauseloch verkrochen.

Der Polizist hat es sichtlich genossen, daß er mich so allein ins Gefängnis bringen durfte. Während seiner Dienstzeit hat er einmal ein vierzehnjähriges Mädchen entjungfert, aber da er ja selbst ein Gendarm war, ist Gras über die Sache gewachsen. Er war halt nicht so ein armer Schlucker wie ich. Nein, er wurde nicht eingesperrt und verurteilt. Aber er hat sicher keinen vom Jugendamt zugewiesen bekommen, der dann bei Gericht herumgebrüllt hat.

Das Mädchen hat es mir selbst erzählt, sonst würde ich es hier nicht erwähnen. Der arme Kerl ist übrigens zwischenzeitlich sehr jung an einer bösen Krankheit verstorben.

Ich schreibe nicht über Tote, höchstens von Toten. Viele, die hier erwähnt sind, haben mittlerweile das Zeitliche gesegnet.

Ich habe also das Protokoll wunschgemäß unterschrieben. Wieder einmal war ich sehr stolz darauf, daß keiner von denen gemerkt hat, daß ich nicht lesen und schreiben konnte. Was wäre das für eine Blamage gewesen, wenn zu meiner Verhaftung auch noch diese Demütigung gekommen wäre.

Besonders stolz bin ich gewesen, daß nicht einmal die intelligenten Gendarmen dahintergekommen sind.

Da saß ich also wieder viele Tage, etliche Wochen allein in einer Zelle des Offenburger Gefängnisses, und eines Tages kam ein großer, dicker Herr zu mir herein und entpuppte sich als Rechtsanwalt.

Er sei mir vom Staat als Sozialverteidiger zugewiesen worden, hat er mir mürrisch erklärt. Denn hier in unserem guten Staat dürfe niemand ohne Rechtsbeistand verurteilt werden.

Das wollte mir zunächst gar nicht in den Kopf 'rein. Hatte nicht der Polizist, der mir noch einen Haufen Zigaretten spendiert hatte, gesagt, daß es nicht zur Verurteilung komme?

Aber der hatte mir auch noch eingeschärft, ich dürfe mit niemandem über das Verhör reden, sonst könne er mir nicht helfen, und alle Anstrengungen seien dann umsonst gewesen.

So habe ich während all der Hafttage mit meiner baldigen Entlassung gerechnet. Dem guten dicken Mann habe ich gesagt, daß ich ihn nicht brauche, da ich ja nicht verurteilt würde.

Der hat einen Moment saudumm aus der Wäsche geguckt. Gar nicht so, habe ich gedacht, wie man das von einem Rechtsbeistand erwartet. Dann hat er gesagt: „Dummes Zeug, du wolltest doch Geld klauen." Jetzt war ich erst recht in der Zwickmühle, denn ich hab' ja nicht mehr den Gendarm fragen können, was ich dem Anwalt antworten müsse.

Der hat dann ständig gefragt, was ich denn mit dem Geld vorgehabt hätte. Ich hatte ja gar kein Geld gesucht. So habe ich auch gar nichts damit vorhaben können.

Der wird mich nicht'reinlegen können, habe ich mir eingeschärft. Wenn ich viel erzähle, verhasple ich mich immer mehr. Drum habe ich dem Rechtsanwalt keinerlei Auskunft mehr erteilt. Nein, ich wollte auf keinen Fall weitere Fehler machen.

Nun ist mein dicker Rechtsanwalt wütend geworden. Er hat mir mein Schweigen offenbar als Verstocktheit ausgelegt.

„Wenn das so ist", hat er gesagt, „dann kann ich auch nicht helfen."

Ehe ich mich's versah, war er aufgestanden und aus der Zelle herausgegangen.

Nach einigen Tagen wurde ich wieder vor Gericht geführt. Ich hab' meinen Augen nicht getraut, wie viele Leute mir die Ehre gegeben haben. Die Zuhörertribünen waren gerammelt voll. Alle haben der Verhandlung gegen mich zuhören wollen. Das hat mich schwer geschockt.

Auch die alte Dame war anwesend und hat hin und wieder giftig zu mir hinübergeschaut.

Der Staatsanwalt ist dann aufgestanden und hat die Anklage gegen mich und meinen Freund verlesen.

Mein Freund ist unmittelbar neben mir gesessen, hat aber keinen sicheren Eindruck gemacht. Vielleicht haben ihn auch nur die vielen Leute verwirrt. Ich hatte kaum Angst, denn ich wußte ja, daß mir so gut wie nichts passieren konnte. Ich brauchte nur das zuzugeben, was der Gendarm für mich aufgeschrieben hatte.

Aber der Staatsanwalt hat einen langen Vortrag gehalten, und ich habe gemerkt, daß er einiges Böse gegen mich gesagt hat. Da war plötzlich dicke Luft im Gerichtssaal. In mir ist es dann hochgestiegen, daß ich ja nie Geld stehlen oder rauben wollte. Es dämmerte mir, daß mich der Gendarm 'reingelegt hatte.

Am Ende der langen Rede des Staatsanwaltes habe ich gemerkt, daß man mich für eine unbestimmte lange Zeit ins Gefängnis stecken wollte. Dann war er endlich fertig.

Mir aber fiel das Herz in die Hose, als ich den kleinen, bösen Mann vom Wolfacher Jugendamt wieder sah, der nach vorne lief und dort wieder seinen Vortrag abspulte. Ich hatte ihn noch vom ersten Mal her in den Ohren; er benutzte fast die gleichen Worte. Nur klang alles noch gereizter, einfach böser. Dieser Preuße, der hat mich fix und fertig gemacht. Was der mir so alles in die Schuhe schob, war alles erfunden, verstunken und verlogen. So ein Dreckspatz war ich wirklich nicht.

Ich kann diesen Menschen nur mit einem vergleichen, der auch eine so lockere Zunge hatte, das war der Propagandaminister vom Adolf, der Goebbels. Genau wie der hat er auch zwischendurch gebrüllt und geschaut, wie das auf die Zuhörer wirkte.

Im Gerichtssaal war Totenstille, als dieser Teufel beantragte, man möge den Angeklagten Lapp endlich aus dem Verkehr ziehen.

Ich habe seinen Haß förmlich auf meiner Haut gespürt. Ganz ängstlich habe ich den Kopf eingezogen.

Verbrannt bin ich Gott sei Dank nicht geworden. Der Verteidiger hat auch noch ein paar alberne Sätze herumgestottert. Für mich war klar, daß er mit dem bösen Mann vom Jugendamt unter einer Decke steckte.

Was Gutes hat er jedenfalls nicht gesagt, etwas, was Hand und Fuß gehabt hätte. Er war auch sofort mit meiner Verurteilung einverstanden gewesen.

Wenn ich keinen Anwalt gehabt hätte, wäre ich wahrscheinlich besser weggekommen.

Schöffen waren auch noch dabei, alles ältere, gut genährte Männer. Aber die haben auch nur böse aus der Wäsche geguckt. Keiner hat sich die Mühe gemacht, meine Note zu begreifen.

Ich hab' immer gedacht, warum rührt sich denn keiner von denen? Die sind nur stumm dagesessen und haben vor sich hingestarrt. Ich war doch kein Räuber, oder vielleicht doch?

Als dann alle ihren Dampf abgelassen hatten, hat mich der

Herr Richter noch gefragt, ob denn ich nicht noch etwas zu dieser Sache zu sagen hätte.

Was hätte auch ich noch sagen sollen? Da saß ich, total geschockt in einem Saal, wo mich jeder anstarrte. Groß reden war mein Fall sowieso nie gewesen.

Ich hab' drum ganz kleinlaut zum Herrn Richter hingeschaut und immer gedacht, nur jetzt nicht weinen. Niemals! Vor denen blamierst du dich nicht. Ich hab' dann die Frage des Richters mit ganz normaler Stimme verneint.

Das hat sich anscheinend nicht gut für mich ausgewirkt, denn der Richter hat dann später bei der Urteilsverkündung extra betont, ich hätte keine Spur von Reue gezeigt. Deshalb sei es gut, wenn man mich für einige Zeit von den Menschen absondern würde.

Bevor er damit herausgerückt ist, hat sich das Gericht zur Beratung zurückgezogen. Die meisten Leute sind im Gerichtssaal geblieben und haben herumgemurmelt. Dabei ist mir aufgefallen, daß sie über mich gescholten haben, wo ich doch denen gar nichts getan hatte.

Kein Mensch hat mich angelächelt, keiner hat mir ein tröstendes Wort oder wenigstens einen freundlichen Blick gespendet.

Nein, ich sah immer nur in sture Gesichter.

Und dann sind die hohen Herren mit ihren wichtigen Akten und todernsten Mienen wieder durch eine Nebentüre in den Gerichtssaal zurückgekommen.

Ein Polizist hat mich am Arm gepackt und von meinem Platz hochgezogen.

„Aufstehen!" hat er gezischt.

Auf ein Zeichen des hohen Herrn Richters durfte man sich dann wieder setzen.

Das war gut, daß auch ich mich wieder auf die Bank setzen durfte. Sonst hätte es mich nämlich während der Rede des hohen Herren umgehauen, platt auf den Boden hin.

Ich hab' meinen Ohren nicht getraut, was der im Namen des Volkes verkündet hat.

Der Angeklagte habe sich schuldig gemacht, hat er gesagt, indem er im Haus einer alten Frau herumgesucht habe. Dann habe er sich an einem Schrank zu schaffen gemacht, wodurch bewiesen sei, daß er Geld entwenden wollte. Er habe selbst zugegeben, daß er auswandern wollte und dafür dringend Geld gebraucht habe.

Der kleine böse Mann vom Jugendamt und die Herren Schöffen haben beifällig mit dem Kopf genickt. Es hat so ausgeschaut, daß der verkommene Angeklagte dringend hinter Gitter zu stecken sei. Das hohe Gericht hat mir dann 18 Monate bis vier Jahre Jugendgefängnis aufgebrummt.

Ich war fix und fertig. Und doch habe ich noch einen Funken Hoffnung in mir verspürt. Ich dachte, es müßte ein Wunder geschehen.

Irgendwie müßte sich der hohe Herr Richter entschuldigen und sagen, er habe sich geirrt, das Urteil sei falsch und man habe mir nur Angst einjagen wollen.

Das Wunder ist erst viel, viel später geschehen. Heute nämlich ist die Angelegenheit vergessen.

Es werden wieder andere verurteilt. Aber es gibt auch Verbrecher, die frei herumlaufen dürfen.

Im Moment schluckt man eine solche Bestrafung nicht so einfach herunter, wo ich doch mit einem Freispruch gerechnet habe.

Ich bin neben dem Polizisten gesessen und habe keinen Papp gemacht. Nur meine Gedanken rasten wie wild im Kopf herum und vollführten wahre Wirbel. Von ferne hörte ich die Stimme des Polizisten, der mir befahl, aufzustehen. Ich hab' es gar nicht gemerkt, wie man mich aus dem Gerichtssaal herausgeführt hat.

Wieder haben mich nur finstere Blicke getroffen. Alle haben sie feierlich ernste Gesichter gemacht. Das war wie bei einer Beerdigung. Aber dort wird wenigstens den Trauernden die Hand gereicht. Jetzt war ich der Trauernde; mir hat niemand die Hand hingestreckt. Dafür haben sie die Köpfe zusammengesteckt und sicher wichtige Gespräche miteinander geführt. Da flogen Wortfetzen durch den Raum, wie: „Dem geschieht's recht!... So ein liederlicher, elender Hund!"

Es hat in mir schon rumort, besonders, als man mir wieder die Handschellen angelegt hat. Da bin ich dann in einem Raum gesessen und habe lange warten müssen, bis sie mich gefesselt zum Bahnhof brachten. Dort wurde ich in den Zug geschoben und nach Offenburg ins große Gefängnis gebracht. Dort hat man mich in eine Zelle eingesperrt.

Der Gendarm von Wolfach hat sich hinterher nie blicken lassen. Wenn der ein Kerl gewesen wäre, hätte er sich mindestens bei mir entschuldigen müssen. Es hätte mir schon gut getan, wenn er gesagt hätte: „Ich habe mich geirrt, jetzt ist es doch anders gekommen."

Er hätte mich trösten müssen. Aber vermutlich hat er sich noch ins Fäustchen gelacht. Der hatte das erreicht, was er wollte. Man hat mir später sogar erzählt, man habe ihn als Held gefeiert, weil er wieder mal ein Verbrechen ans Tageslicht gebracht habe. So eine schlimme Tat sei durch seine Geschicklichkeit gesühnt worden.

Aber auch diese Heldentat hat ihn später nicht gerettet. Mit dem Dienstwagen der Polizei hat er sich nämlich als Holzstehler hochgearbeitet. Man hat auch gehört, er sei mit dem Dienstwagen auch Fahrschullehrer gewesen. Das ist der dann auch noch geworden.

Das Dumme an diesen Geschäften ist nur gewesen, daß man ihn beim Holzklauen geschnappt hat.

Und so war er unversehens in meine Rolle geschlüpft.

Man hat mich nicht lange in Offenburg gelassen. Schon nach einigen Tagen hat man mich gefesselt im grünen Wagen ins Jugendgefängnis nach Schwäbisch Hall transportiert.

Wieder hat man mir meine Kleider und das Privateigentum genommen. Ich besaß zwei oder drei Mark, einen abgebrochenen Kamm, kaputte Halbschuhe, zerrissene Hosen, die vor langer Zeit einmal Bügelfalten hatten, graue Unterwäsche mit dem üblen Schweiß- und Körpergeruch.

Halt, fast hätte ich mein weißes, verknittertes Hemd vergessen, dessen Kragen nur noch lose am Unterteil hing.

Ich bekam die obligatorischen Sträflingskleider aus der Kammer gestellt und wurde am nächsten Tag dem Anstaltsleiter vorgeführt. Der hat die Stirn gerunzelt und gleich gesagt, daß man mich für längere Zeit verwahren würde. Es hänge alles von mir ab, wie lange das sein werde.

Ich habe mich sofort an meinen letzten Aufenthalt erinnert und ihn inständig gebeten, mich wieder zum Arbeiten auf die kleine Comburg zu lassen. Dort hätte ich schon einmal gearbeitet, und der Verwalter sei mit mir sehr zufrieden gewesen. Natürlich habe ich auch an die schöne Verwalterin gedacht, denn die ist ja auch so sehr mit mir zufrieden gewesen.

Natürlich habe ich dem Anstaltsleiter nichts davon gesagt. Das wäre wirklich blöde gewesen.

Mein Betteln hat nichts genutzt. Der Anstaltsleiter hat mich nämlich schnell unterbrochen. Mein Vergehen sei viel zu schwer, meine Strafe viel zu lang, als daß ich zum Außenkommando dürfe. In den Genuß solcher Vergünstigungen kämen nur solche, die nur bis zu sechs Monaten eingesperrt seien. Ich müßte wie die schwereren Verbrecher im geschlossenen Strafvollzug bleiben und dürfe wegen Verdunklungsgefahr weder nach draußen gelangen noch draußen arbeiten.

Damit wußte ich, welche Stunde es geschlagen hatte.

Der Anstaltsleiter war ein großer, netter Mann. Was er sagte, hatte Hand und Fuß. Und das muß man ihm lassen. Er hat mich so richtig lieb und ruhig über alles aufgeklärt. Gebrüllt hat der nie.

Von ihm habe ich dann auch erfahren, daß ich mindestens 18 Monate absitzen müsse. An eine frühere Entlassung sei überhaupt nicht zu denken.

Das war für mich ein schwerer Schlag, und ich habe hinterher still geweint. Die 18 Monate hätte ich schon verkraftet, wenn ich wenigstens auf der kleinen Comburg hätte arbeiten dürfen.

Weil dieser Mann so lieb gewesen ist, habe ich ihm meine Leidensgeschichte genau erzählt, und er hat geduldig zugehört. Aber er hat gesagt, jetzt könne er mir auch nicht mehr helfen. Ich hätte das bei der Verhandlung dem Richter sagen müssen. Ich hätte mir alles selbst vermasselt.

Dann hat er mich auch gleich wieder darauf hingewiesen, daß ich doch sicher die Anklageschrift eigenhändig unterschrieben habe. „Und weißt du, lieber Bub", hat er gesagt, „da, wo der Name steht, steht auch der Kopf."

Er gab mir den guten Rat, mich anständig aufzuführen. Dann könne man von der Anstalt aus nach 18 Monaten ein Gesuch einreichen. Ich glaube, daß es dieser Anstaltsleiter gut mit mir gemeint hat. Er hat nicht nur dumme Sprüche gemacht, er hat auch etwas auf einen Zettel geschrieben und den in einen Kasten gesteckt. Dann hat er auf einen Knopf gedrückt, der auf dem Tisch angebracht war. Gleich ist ein Beamter gekommen und hat mich in eine Einzelzelle geführt. Dort habe ich noch einmal meine trostlose Lage überdacht. Die Verhandlung mit den hohen, studierten Herren stand ganz lebendig vor meinen Augen. Die hatten mich wieder einmal zum Sündenbock gemacht.

Das ganze Elend der ungerechten Verurteilung kam über mich, das Wissen von der Härte der Menschen ließ mich erschauern. Die kalten, bösen Gesichter der Zuhörer standen mir lebendig vor den Augen. War es denn in der Welt so, daß immer die Falschen büßen müssen?

Wer gibt Menschen das Recht, in dieser Weise in das Leben eines Unschuldigen einzugreifen?

Was ist denn das, Gerechtigkeit?

Irgendwann bin ich dann auch in verworrene Träume gefallen.

Am nächsten Morgen bin ich aufgeschreckt, weil ein Beamter die Zellentür' geöffnet hat. Ein gefangener junger Häftling hat ihn begleitet und Kaffee und Brot auf den Tisch gestellt.

Keine Viertelstunde später hat man mich dann aus der Zelle geholt und in einen Raum geführt, wo ich Kohlensäcke nähen mußte. Der junge Mann hat mir dann erzählt, daß er seit vier Jahren eingelocht sei und noch sechs weitere Jahre absitzen müsse. Er sei aus Pforzheim und habe seine Mutter erschlagen.

Als er mir das erzählt hat, hat er nicht geweint. Ich hab' auch gleich gemerkt, daß er überhaupt keine Reue verspürt hat. Er sprach einfach, ruhig und sachlich. Bei mir hat er einen guten Eindruck hinterlassen, weil er halt so richtig ehrlich war.

Oft habe ich dann an mein Verhör in der Gendarmerie gedacht, wo auch ich um ein Haar auf den Metzger-Polizisten losgegangen wäre. Wenn ich ein Messer gehabt hätte, wäre ich sogar zum Mörder geworden.

Wenn man verzweifelt ist und Angst hat, ist man zu allem fähig. Und wenn man dazu noch Pech hat, ist's schnell passiert. In so einer richtigen Panik kann man leicht zum Mörder werden.

Ich habe dann etliche Wochen mit diesem jungen Mann zusammen gearbeitet. Und ich muß sagen, das war eine sehr schöne Zeit gewesen. Wir durften mit unserem Geld, das wir bei der Arbeit verdient haben, einkaufen. Dabei haben wir uns gegenseitig beraten und nach Möglichkeit einander ausgeholfen. Wenn Not am Mann war, haben wir jeden Pfennig ehrlich miteinander geteilt. Der eine war für den anderen da und umgekehrt.

Vielleicht war das der Grund, daß andere mit schiefen Gesichtern es nicht haben konnten, daß wir zusammen ein Herz und eine Seele waren. Eines Tages hat man uns ohne jeden Grund getrennt. Jeder kam in eine andere Abteilung, und das Schlimme war, daß wir uns dagegen nicht wehren konnten. Ich war sehr traurig und der junge Mörder auch. Wer aber hat etwas von unserer Trennung gehabt? Man hat dies und jenes gemunkelt, warum man uns auseinanderdividiert hat. Einen Grund gab's keinen.

Ich habe jedenfalls einiges dazugelernt. Es muß auch Spaß machen, anderen weh' zu tun. Das Schikanieren war ja im Gefängnis etwas Alltägliches. Immer wieder hat man unter Neid und Mißgunst zu leiden gehabt.

Aber machen konnte man da nichts. Wer sich gewehrt hat, hat es bitter büßen müssen. Drum hat man sich stumpf in sein Geschick ergeben.

Wenn man so allein ist, vergeht die Zeit überhaupt nicht. Wir haben zwar jeden Tag Handball spielen dürfen, und das waren dann kurzweilige Stunden. Aber hinterher saß man mutterseelenallein in seiner Zelle, und es hat einen böse befallen.

Man war halt nicht ausgelastet, und so ist man notgedrungen ins Sinnieren gekommen. Wenn man ins Bett ging, lag man endlos lange und konnte nicht einschlafen. Ja, wenn die Gedanken nicht gewesen wären, wär's ja noch gegangen. Die aber sind mit Gewalt über einen gekommen. Ich hab' mir immer wieder überlegt, warum man mich eigentlich aus dem Verkehr gezogen hat.

Immer stand der kleine, eitle, böse Mann vom Jugendamt mit seinem elenden Geschwätz vor meinen Augen.

Man hatte mich von den Menschen entfernt, mit denen ich

mich zunehmend gut verstanden habe. Und da saß ich in der Scheiße, und jeder hat mich darin sitzen lassen. Das hat täglich an mir gezehrt.

Nein, die Zeit ist stillgestanden im Gefängnis, ein ganzes Jahr lang. Das hatte ich den gelehrten Leuten zu verdanken, die mich über meinen Kopf hinweg eingebuchtet haben.

Weil man täglich Schikanen zu erleiden hatte, habe ich im Gefängnis richtig hassen gelernt.

Die, die von Berufs wegen über andere urteilen dürfen und feierlich Sprüche klopfen, das sind die großen Götter. Die haben es leicht zu erklären, daß man vergeben und vergessen müsse, daß man Gutes tun und seine Feinde lieben soll. So einen Dreck kann jeder behaupten, wenn er sich selbst nicht daran hält. Hätte mich denn der feindliche, böse Mann vom Jugendamt geliebt, dieser Schnellschwätzer, dem die frommen Sprüche so flott aus seinem kleinen Mund zwitscherten.

Und dann war da noch der Anstaltspfarrer, der mich immer wieder darauf hingewiesen hat, alles zu vergessen und ein neues Leben zu beginnen.

Die haben mit ihren Gehältern und in Erwartung einer saftigen Pension gut reden. Die brauchen sich um nichts zu sorgen. Sogar ihre Ansprachen können sie wie ein Kochrezept direkt frei Haus aus Heftchen beziehen.

Sobald ich von meinen Problemen anfing, die ein bißchen außerhalb ihres routinierten Alltags lagen, hat's immer geheißen: „Das ist ja alles gut und recht, aber ich habe heute keine Zeit." Der hätte schon Zeit gehabt, wenn er Lust zum Zuhören gehabt hätte.

So waren sie alle. Die wollten lieber pünktlich heimgehen zur lieben Familie oder mit Freunden zusammensitzen. Nur keine Überstunden machen, die werden ja nicht gesondert bezahlt. Was kümmerte die so ein armer Hund, wie ich einer war?

Überhaupt, was heißt schon, besser werden? Was hätte ich denn schon besser machen können?

Wie hätten die denn gehandelt, wenn sie in meinen Schuhen gesteckt wären?

Was ist denn das Rechte?

Wenn man selbst nicht in der Scheiße hockt, kann man gut Ratschläge geben. Wie gesagt, Rezepte findet man in jedem

Kochbuch. Aber zum Kochen braucht man allerlei, das Geld kostet.

Täglich hat es mich neu überrollt. Einfach mit allem aufhören, dann wäre dieser Trübsinn vorbei.

Nichts mehr essen, nicht mehr arbeiten, einfach in der Zelle sitzen und abgestumpft in die Ecke stieren.

Einen Strick nehmen und sich aufhängen!

Einfach Schluß machen mit diesem Murks von Leben!

Aber was ist, wenn ich Schluß mache?

Wann ist das Leben denn zu Ende?

Oder fängt hinterher die Strafe erst richtig an?

Nein, so kann und darf ich nicht denken. Es dreht sich sonst alles im Kreise herum. Dabei wollte ich doch weit weg, hinaus in die große, weite Welt, hinaus in die Freiheit.

Ich will dorthin gehen, wo man keine Protokolle unterschreiben muß, von denen man gar nicht weiß, was drin' steht.

Ich will in einer Welt leben, in der jeder den anderen gern' hat. Wenn man noch ein einziges Mal solches Schlamassel überleben könnte. Ich will heraus aus diesem finsteren, miesen Loch. Dann werde ich lesen und schreiben lernen und nur noch das glauben, was ich selbst schreiben oder lesen kann.

Ich werde dann keine Schriftstücke mehr unterzeichnen, mit denen man mich so böse hereinlegt.

Ich will mehr können, als nur meinen Namen zu schreiben. So eine Unterschrift ist ja ganz schön. Aber das, was oben dran steht, ist wohl viel wichtiger. Man sollte niemandem trauen, der einem etwas Gedrucktes vorlegt und dann besonders freundlich ist, daß man seine Unterschrift drunter setzt. Faul ist da immer 'was.

Solches dachte ich nächtelang. Ich habe schwere Kämpfe ausgestanden und mich im Bett unruhig von einer Seite auf die andere geworfen. Meine Strafe hatte ich abzusitzen, das war mir klar. Aber so durfte mein Leben nicht weitergehen.

Oft bin ich aufgestanden und ans Zellenfenster getreten. Dort habe ich zu beten versucht. Die kühle Luft hat mich ganz klar gemacht. Da habe ich dann auch plötzlich neue Kraft geschöpft, und eine neue, richtige Ruhe ist in mich gefahren.

Aber einen Macken hab' ich weg bis zum heutigen Tag. Ich sag' das nur ungern.

Ob ich an Gott glaube?

Das weiß ich nicht. Nur eines ist sicher. Ohne seine Hilfe, die ich in mir gespürt habe, hätte ich dieses öde Leben nicht durchgestanden. War das überhaupt ein Leben, nicht eher ein Vegetieren, ein Vor-sich-Hindämmern? Leider fallen mir die passenden Worte nicht ein.

Ich sag's nur ungern, aber wahr ist es doch. Ich war verloren und habe mich wieder gefunden. Das zu sagen, schäme ich mich überhaupt nicht.

Es gibt viele Menschen, die kämpfen gegen das gleiche Schicksal an, und trotzdem schaffen sie's nicht. Sie kippen aus den Latschen und finden sich nicht mehr zurecht. Dann geben sie sich auf und verlieren sich immer mehr im Dreck der Widerwärtigkeiten.

Die Arbeit ging immer im selben Trott auf verschiedenen Zellen weiter. Aber dafür bekam man seinen Lohn, wenn's auch nicht viel war. Die Arbeit war sauber. Sie gab meinem eingekastelten Dasein einen Sinn.

Die Wärter waren im großen und ganzen mit dem, was ich tat, zufrieden. Mit denen, die nicht so brutal aus der Wäsche schauten, habe ich mich sogar angefreundet. Manches schöne Gespräch hat den Alltag bereichert. Wenn man nur so geschnorrt hat, ist's einem schon besser gegangen.

Da war ein Beamter, der mir oft Schokolade geschenkt hat. An den besonders langweiligen Sonn- und Feiertagen hat er mich aus der Zelle herausgeholt. Dann durfte ich für ihn irgendwelche kleinen Arbeiten verrichten.

Fegen und Abstauben! Mir war alles gleich, wenn ich nur nicht so doof auf meiner Zelle sitzen mußte. Einfach etwas tun, das war schon eine ganze Menge wert.

Ein großes Fest war für mich, wenn ich Essen ausgeben durfte.

Dieser Wärter hat halt gewußt, daß auf mich Verlaß ist. Irgendwie hat man mich auch gemocht. Als ich einmal etwas besonders gut gemacht hatte, gab er mir sogar einen Kuß. Darüber war ich im Moment platt.

Heute lache ich darüber, aber ich bin dann doch bald entlassen worden.

Niemand hat einen sonst geliebt. Man konnte nur noch aus

seiner Erinnerung leben, und die leiert sich aus. Die wird immer dünner, und bald ist sie ganz erschöpft.

Inzwischen hatte ich so an die 20 Monate abgebrummt. Über die Behandlung durch die Wachbeamten konnte ich mich, wie gesagt, gar nicht beklagen. Es gab darunter zwar auch ein paar Spinner, das haben dann die Besseren wieder ausgeglichen.

Nur zweimal hatte ich in dieser langen Zeit Arrest bekommen, weil ich Marmelade geschmuggelt hatte. Ein andermal hatte ich mich mit einem Mitgefangenen geprügelt.

Beide Male wurde ich vor den Anstaltsleiter zitiert. Der hat dann tüchtig mit mir geschumpfen; ich hab' aber gleich gemerkt, daß er's nicht so schlimm gemeint hat. Irgendwie konnte er mich gut leiden. Von einem anderen Beamten habe ich erfahren, daß dieser Anstaltsleiter zwei kranke Kinder hatte. So konnte er unsere Vergehen richtig einschätzen.

Dieser feine Mann hat mir imponiert, weil er als Mensch seine Pflicht erfüllte. Er hat uns kleine Sünder so genommen, wie wir halt sind. Niemals hat er uns schikaniert. Drum war es leicht, sich seinen Anordnungen zu fügen. Ich glaube sogar, daß er mit uns armen Teufeln Mitleid hatte.

Ich danke noch heute diesem Mann für seine Güte. Er hatte das Jugendgefängnis gut im Griff. Er hat uns auf seine faire Art mehr gegeben als genommen.

Wie übel dagegen habe ich es im Gefängnis von Wolfach gehabt, wo man mich nur anbrüllte, wo man mich wirklich schikanierte. Man hat mir dort die Seele aus dem Leib geschlagen, jawohl. Schon das Gebäude war eine kalte Sandsteinfestung mit einer Besatzung, die nur von Gesetzen und Vorschriften vollgestopft war. Anstelle eines Herzens hatten die auch einen Stein im Leib. Sie haben sich immer darüber gefreut, wenn es einem seelisch dreckig ging.

Heute steht diese kalte Sandsteinburg leer und verlassen da. Sie kann sicher nichts dafür, daß so böse Menschen drin waren. Das waren Drecksäcke, die ich für alle Zeiten verfluche.

Ich bin immer wieder vor den verwitterten, inzwischen vermoosten Steinen gestanden, die mich nur stumm anglotzten, als wollten sie mich hinterher um Verzeihung bitten. Aber die konnten ja nichts dafür. Dagegen sollten die bösen Aufseher ihr Fett abbekommen, weil sie mir das Leben zur Hölle gemacht haben.

Ich wohne ja jetzt nur einen Katzensprung von Wolfach weg, und deshalb überkommt es mich immer wieder, wenn ich an diesem bösen Gebäude vorbeifahre.

Also, in Schwäbisch Hall hat man mir eines Tages gesagt, daß ich bald mit meiner Entlassung rechnen dürfe. Hin und wieder war ja der Anstaltsgeistliche zu mir gekommen, oder der Fürsorger hat mich mit auf sein Büro genommen und mich gefragt, was ich vorhätte, wenn ich wieder draußen sei.

Darauf habe ich nur schlecht antworten können. Es ist so eine Unsicherheit in mir gewesen. Am liebsten wäre ich sogar dageblieben. Das lag daran, weil ich von den paar guten Menschen Wärme spürte, obgleich ich im Gefängnis saß. Draußen war's sicher wieder eiskalt, und davor graute mir.

Der Weg nach Haus' war mir versperrt. Ein einziges Mal hatte mich eine der Schwestern besucht. Von den anderen Geschwistern hat sich niemand blicken lassen, ganz zu schweigen von den Eltern. Alle haben sich geschämt, einen Sträfling in der Familie zu haben.

Ich möchte dieser lieben Schwester herzlich danken, weil sie wenigstens einmal sich ein Herz genommen hat.

Ich war gefangen, und sie hat mich besucht.

Trotzdem ist es zum guten Ende in der Jugendstrafanstalt Schwäbisch Hall gekommen. Ein paar Tage vor der Entlassung wurde mir nämlich mitgeteilt, daß in Stuttgart eine Lehrstelle für mich parat sei. Das war für mich eine große Freude. Die hatten also an alles gedacht.

Wieder ging in meinem Kopf allerlei herum, und ich habe so viele Pläne geschmiedet, daß ich schon gar nicht gewußt habe, wo hinten und vorne ist.

Ich war ganz aus dem Häuschen. Kaum hatte man mich eingeliefert, wurde ich also auch schon wieder entlassen. Und was wurde aus den lieben Menschen, die es im Gefängnis so gut gemeint hatten? Würde ich wieder auf Leute treffen, die sich nicht schämen würden, mit mir zu sprechen?

Ununterbrochen habe ich über meine Zukunft gegrübelt. Man hat mich dann zum Anstaltsgeistlichen gebracht. Der hat mich auf einmal einen ganzen Haufen Dinge gefragt, die ihn zwei Jahre lang überhaupt nicht interessiert hatten.

Der hat mich früher auch nie getröstet, und jetzt auf einmal hat er schöne Worte gefunden, die aber so hohl geklungen haben. Da war nichts drin. Darum habe ich mich ganz kurz gehalten. Er aber hatte es gar nicht mehr eilig. Ich soll mich vom Alkohol und den Frauen hüten, hat er salbungsvoll dahertrompetet.

Ich hab' ihn angeschaut, daß er buchstäblich verlegen wurde. Ich nämlich, hab' ich gedacht, sitze da im Loch' über viele Monate hinweg. Und jetzt, wo's ans Verreisen geht, kommt einer, der niemals eine Minute Zeit übrig gehabt hat, und der stiehlt mir die letzte Zeit, die mir im Gefängnis bleibt und malt den Teufel an die Wand.

Ich wollte jetzt nur heraus. Den predigenden Pfarrer vor Augen, war ich glücklich, das beschissene Gefängnisleben hinter mir zu haben.

Dieses Sprücheklopfen hatte ich auch satt. Wenn er wenigstens gesagt hätte, daß ich ein Arschloch sei, für das er seine Hand nicht ins Feuer lege.

In meiner Verzweiflung habe ich zum Vater im Himmel gebetet, er möge mich von Trug und Heuchelei befreien. Eine Antwort ist mir der liebe Gott zwar schuldig geblieben, aber irgendwann hat die Predigt doch aufgehört. Wenn so einer in Fahrt ist, kann er natürlich nicht plötzlich vom Konzept loskommen. Das ist wie bei einem Schiff, wenn es plötzlich seinen Kurs ändern soll.

Ich würde schon meinen Weg finden, hab' ich gedacht. In der Ferne entdeckte ich sogar ein kleines Lichtlein. Ein neuer Tag ist in Sicht, und ich werde ihn zu nutzen wissen.

Niemand kann sich vorstellen, wie lange zwei Jahre Gefängnis sind. Die Angst, eventuell sogar vier Jahre absitzen zu müssen, sitzt mir heute noch in den Knochen.

Jetzt war ich draußen, gottlob. Und dennoch habe ich auch an meine lieben Mitgefangenen gedacht, die für feste Zeiten verurteilt waren. Die konnten nur vor sich hindämmern oder aber verzweifeln.

Im Mai 1956 gehe ich in die Lehre nach Stuttgart und fange an, die Freiheit zu begreifen.

Mein Lehrmeister hat mich in Schwäbisch Hall abgeholt und ist mit mir direkt nach Obertürkheim in die Mirabellenstraße bei Stuttgart gefahren. Er war ein großer, stattlicher Mann, der mich unterwegs ununterbrochen ausgefragt hat. Er interessierte sich für alles, was ich bisher so gemacht hatte. Dann hat er mir erklärt, daß er für mich eine schöne und gute Lehrstelle parat habe. Lehrjahre seien aber keine Herrenjahre, das hat er mir gleich aufs Brot geschmiert. Damit müßte ich mich abfinden.

Am ersten Tag hatte ich eine alte Rumpelkammer aufzuräumen, und als ich sie dann einigermaßen instandgesetzt hatte, sagte mir der Meister, dies sei meine Schlafkammer. Er würde mir heute abend nach Arbeitsschluß noch ein Bett bringen. In nächster Zeit kam dann noch ein Schrank dazu, den er günstig irgendwo auftreiben konnte.

„Gell", hat er gesagt, „im Gefängnis hast du ja auch keinen gehabt."

Und augenzwinkernd meinte er: „Wenn der im Moment noch fehlt, wirst du nicht gleich daran sterben."

Ich nickte mit dem Kopf. Mir war alles recht. Dennoch habe ich ein paarmal geschluckt. Ein bißchen einladender hätte ich mir mein Zimmer schon gewünscht.

Es wurde Abend, und ich bekam auch ein altes Eisenbett für zwei Personen. Es war eins, wie wir im Luftschutzkeller in Straßburg welche hatten.

Aber ich war froh und müde zugleich. Nur konnte ich vor Aufregung und Angst lange nicht einschlafen. Drum habe ich mich wieder angezogen und bin zur Türe gegangen. Mein Gott, die war ja gar nicht mehr abgeschlossen.

War's ein Traum?

Oder hatte ich schon geschlafen und eben wieder mal geträumt?

Nein, ich war frei, und zum ersten Male habe ich es so richtig gespürt, in einem eigenen Zimmer zu wohnen.

Frei, – was für ein komisches Gefühl.

Wirklich, ich konnte es gar nicht begreifen, und Angst hatte ich auch. Nur habe ich vergebens über den Grund nachgegrübelt. Warum ist es mir eigentlich so unheimlich gewesen? Ich wußte ja, daß jetzt keiner mehr auf mich aufpassen würde, daß ich fortlaufe.

Ich ging zurück in die alte, dunkle Rumpelkammer. Nein, ich war gar nicht empfindlich. Schon als Hirtenbub hatte ich ja eine solche Räuberhöhle gehabt.

Nur im Gefängnis hatte ich eine helle und saubere Zelle, und der Boden darin war auf Hochglanz poliert. Darauf sind zwei Teppichlumpen gelegen, um den hochglänzenden Boden nicht zu verschmutzen.

In der neuen Rumpelkammer sah ich den Boden gar nicht so richtig. Selbst am hellen Tag war es in dieser Behausung schmuddelig und dunkel.

Ich habe dann doch noch gut schlafen können. In aller Herrgottsfrühe hat am Morgen mein Lehrmeister ans Fenster geklopft und hat gerufen:„Aufstehen!“

Ich bin nicht schlecht erschrocken und mußte mich erst einmal zurechtfinden. Dann aber bin ich sofort aufgestanden und habe meine Sonntagshose angezogen. Arbeitshosen hatte ich ja keine, und im Gefängnis hatte ich Sträflingskleider getragen, die ich bei der Entlassung abzugeben hatte.

Die Schuhe waren auch fast zu klein. Am Vortag hatten mir die Zehen schrecklich weh getan. Heute war es noch schlimmer, weil sie angeschwollen waren. Aber ich hab sie halt eingezogen.

Es wird schon gehen, hab' ich mir gedacht, man muß nur wollen. Und es ist gegangen.

So machte ich mich ans Arbeiten.

So an die zehn, zwölf Mann waren in der Metzgerei beschäftigt. Die haben mich alle so komisch angesehen, als ich herein kam, aber ich wußte ja vom Meister, daß sie nicht wußten, was für ein Vogel ich war. Das muß ich meinem Lehrmeister hoch anrechnen, daß er nicht aus der Schule geplaudert hat. Einen Neuen guckt man immer neugierig an.

Manch einer hat sich gleich angebiedert und mir die Hand gegeben. „Hallo", hat einer gesagt, „bist du der neue Lehrling?" Ich freute mich über jeden, der das Wort an mich gerichtet hat. Mein Meister hat mich dann in meine Arbeit eingewiesen.

„Gell, du hilfst da, wo man dich gerade braucht", hat er gesagt. Mensch, war das toll. Beim Frühstück konnte ich so viel Wurst essen, wie ich wollte. Niemals in meinem Leben konnte ich so etwas tun. Ich hab' natürlich gleich kräftig zugepackt, und bevor ich einen neuen Wurstriegel in den Mund steckte, habe ich ihn freundlich angesehen und denselben dann genüßlich im Mund zerkaut. Ich freute mich wie ein kleines Kind. Die Gesellen grinsten gönnerhaft, und einer sagte: „Hau nur fest rein, denn nachher mußt du wieder 'ran!"

Ich ging auch wieder hinterher richtig 'ran. Ich wollte ihnen zeigen, daß ich nicht nur reinhauen konnte, sondern daß ich auch schaffen kann.

Natürlich habe ich im Anfang den Fehler gemacht, zu sehr ins Kraut zu schießen. Dies und jenes ging durch meinen Eifer schief. Aber mit der Zeit habe ich mich auf die neue Arbeit eingestellt. Schlimm war nur, daß ich gleich nach dem ersten Essen vom grünen Fleisch einen schweren Durchfall bekam. In einem fort mußte ich mich auf die Abortschüssel setzen. Das ging wie Wasser durch mich hindurch.

Schon hat der eine oder andere zu brüllen begonnen und gerufen: „Mensch, Kerle, du hockst ja die meiste Zeit auf dem Scheißhaus. So kommst du bei uns nicht durch!"

Ich hab' mich sofort entschuldigt und gesagt, daß ich halt Durchfall habe. Ich würde hoffen, daß es bald wieder besser würde.

Das Mittagessen war mit Schmalz gekocht, und ich konnte hinterher überhaupt nichts mehr zu mir nehmen. Ich saß buchstäblich in meiner Scheiße drin. Aber krank spielen, das kam für mich überhaupt nicht in Frage. Schließlich war ich ja immerhin 18 Jahre alt und hatte so eine richtige Freude, endlich wieder in Freiheit arbeiten zu können.

Drum hab' ich jetzt gefastet und nur noch trockenes Brot

gegessen. Das war ich ja von früher gewohnt. Brot war viele Jahre lang meine einzige gescheite Nahrung gewesen.

Ich habe mir das Brot in den Hosensack gesteckt und auf der Heizung im Abort getrocknet. Anschließend habe ich es in kleine Stücke gebrochen und im Munde langsam verkaut. Dazu habe ich warmes Wasser getrunken. Das hat mir gut geholfen.

Durch das viele Scheißen war ich ganz schwach geworden; im Gesicht war ich käseweiß. Doch die Arbeit ging weiter. Ich hab' oft gedacht: „Jetzt kippst du um."

Aber Gott sei Dank ist es nicht soweit gekommen. Ich habe durchgehalten.

Die schweren Fleischwannen konnte ich anfänglich nur ein wenig vom Boden wegheben. Dann mußte ich sie fallen lassen, denn beim Runtergehen ist es mir plötzlich schwarz vor den Augen geworden.

Das hat die Metzger geärgert, dafür hatten sie kein Verständnis. Sie haben sich deswegen beim Lehrmeister beschwert und gesagt: „Der hat kein' Saft und keine Kraft im Arsch. So einer sollte Schulmeister lernen und nicht Metzger!"

Wenn die gewußt hätten, daß ich nicht einmal lesen konnte. „Wartet nur", hat der Meister ganz lieb gesagt, „alles Ding will Weile haben. Der kommt schon noch dahinter, wie man so etwas macht."

Damit hat auch das Maulen aufgehört, und dahinter bin ich wirklich gekommen.

Nach vierzehn Tagen ging's täglich bergauf. Auch die fette Wurst hat mir plötzlich wieder geschmeckt, und ich konnte so richtig 'reinhauen. Ich hatte es besonders auf das rohe Hackfleisch abgesehen, und von der alten Großmutter bekam ich ein paar große Flaschen Mineralwasser aus Bad Cannstadt geschenkt. Diese Frau war die Mutter des Meisters. Sie hatte auch ein gutes Herz. Der Inhalt der Flaschen hat nach Schwefel gerochen, aber daran hat man sich schnell gewöhnt. Mir ist das Wasser gut bekommen.

Das hat der Lehrmeister gemerkt und mir oft ein paar Kisten abgefüllt, von denen ich anstandslos trinken durfte. Am Brunnen in Cannstadt konnte nämlich jeder holen, soviel er wollte.

Die anderen Metzger haben darüber nur gelacht. Die haben natürlich Bier getrunken. Aber mit der Zeit ist denen das Lachen vergangen. Ich bin nämlich immer stärker und kräftiger geworden, und bald war jedes Heben und Lupfen für mich eine Spielerei. Im Tragen habe ich manchem was vorgemacht. Lappes haben sie mich im Betrieb genannt. Und immer hat's geheißen: „Du, Lappes, bring' mir 'mal den schweren Fleischkübel!"

„Pack' die Wanne und komm' her damit", hat wieder ein anderer gerufen.

Darüber hab' ich nur noch gelacht und die Dinger wie nichts herumgetragen.

Am Abend, wenn die anderen schon längst Feierabend gemacht hatten, habe ich mich noch oft in den großen Kühlraum geschlichen und habe als Training Hinter- und Vorderviertel von schweren Bullen von einem Haken zum anderen gelupft. Keine sechs Monate sind vorbeigegangen, und schon war ich der stärkste unter den ganzen Metzgern. Ich hätte geweint, wenn einer von den anderen mehr als ich vom Platz getragen hätte. Ich habe meinen ganzen Ehrgeiz in meine Kraft gesteckt.

Schon nach den ersten paar Wochen hat mir die liebe, alte Großmutter zwei, drei Metzgerblusen geschenkt. Ihr Mann hatte sie seinerzeit getragen. Sie waren zwar überall gestopft und an den Ärmeln neu angesetzt. Sie waren mir auch zu klein. Dennoch war ich sehr froh darüber, denn ich konnte alles brauchen. Jetzt habe ich auch ausgesehen wie die anderen. Darüber war ich sehr froh.

Kaum ein Tag ging unter 13, 14 Arbeitsstunden weg. Es hatte sich eingebürgert, daß der Lehrbub am Abend nach Ladenschluß auch noch Wurstwaren in den Kühlraum tragen durfte. Das war für mich besonders anziehend. Im Geschäft gab es nämlich außer meiner Chefin auch noch drei oder vier hübsche Verkäuferinnen.

Gelegentlich hat mich auch die eine oder andere angelacht. Darüber fühlte ich mich geschmeichelt, doch hab' ich es für mich behalten. Bei der einen hatte ich den Eindruck, daß sie mit mir anbändeln wollte. Aber ich konnte mir das beim Durchdenken überhaupt nicht vorstellen. Ich hatte ja gar keine rechten Kleider. In der Tasche hatte ich keinen Pfennig Geld und hübsch war ich auch nicht. Also, bei mir kam diesbezüglich alles Negative zusammen.

Und doch hat mir die eine, die mir am besten gefiel, an einem späten Nachmittag besonders schöne Augen gemacht.

„Hallo, Schätzle", hat sie gesäuselt und mich mit Schmachtaugen angeblickt.

Aber das ist im Schwäbischen so 'ne Redensart, da war weiter nichts dran.

Anscheinend doch, denn sie hat dann weiter gesagt: „Gell, wir beide mögen uns, und heute abend, wenn der Laden geschlossen wird, hole ich dich zu mir in den Laden."

Und als sie das so lieb gesagt hat, nahm sie mich sogar in den Arm. Ich war nicht wenig überrascht und habe mich wahnsinnig auf den Abend gefreut.

Jetzt war doch eine so lange Zeit vergangen, bis mich ein schönes Mädchen wieder mal angesehen hatte und mir sogar liebe Dinge gesagt hat.

Einfach toll.

Ich kam mir vor wie im Himmel. Es gab also doch noch einen Menschen auf der Welt, dem ich nicht gleichgültig war.

Die meint es bestimmt ernst, habe ich mir gedacht, die hat es auf mich abgesehen, sonst hätte sie es doch nicht vor allen anderen gesagt.

Ich mußte vor lauter Freude immer wieder auf den Abort. Vor dem Spiegel schaute ich mich an und kämmte in der Aufregung die Haare. Ich hatte ja eine Naturlocke, die ich hin und wieder mit Margarine zum Glänzen gebracht habe. Prachtvoll ist sie mir heute gestanden, meine Locke.

Auch sonst habe ich noch an mir herumgezupft. Auch die Kleider habe ich sauber gerieben. Dann habe ich noch die Mimik ausprobiert und einige Grimassen geschnitten. Das tat ich so lange, bis feststand, wie ich besonders günstig und vorteilhaft ausgesehen habe.

Ich habe gefunden, daß mir ein kleines Lächeln am besten stünde. Meine schönen, kerngesunden Zähne kamen so am besten zur Geltung. Die oberen Hemdknöpfe habe ich aufgemacht, dann noch einmal die Naturlocke sauber hingespachtelt.

Ich hab' auch meine allerbeste Metzgerbluse angezogen. Ich meine halt eine vom alten Großvater. Die eine war etwas weniger geflickt und ausgebessert. Die paar Stellen habe ich zusätzlich mit dem Bügeleisen geplättet.

Und dann hatte ich mir schon etwas ausgedacht, wie ich die schöne Verkäuferin für mich gewinnen konnte.

Nach etlichen Abortbesuchen mit gezielten Abstechern vor dem Spiegel war der Nachmittag zu Ende gegangen. Jetzt wurde der Laden geschlossen.

Die schöne Verkäuferin hielt tatsächlich Wort, sie war da. Mir hat's vor Freude im Moment fast die Luft abgeschnürt. Wie versprochen hat sie mich am Arm in den Laden gezogen. Mensch, war das ein Gefühl. Ich habe mich sehr gefreut und sie nun aus der Nähe inspiziert. Ja, es war wirklich die Schönste von allen, und ihre Bewegungen waren anmutig. Freude und Stolz sind immer größer geworden, als sie mich mit vorsichtigem Geschick in den großen, hellen Laden zog.

Aber da waren ja auch noch die anderen Verkäuferinnen drinnen, die mich neugierig gemustert haben. Auch unsere Chefin war da. Sie war eine sehr schöne Frau, die aus dem Schwarzwald stammte.

Jetzt mußte doch bald etwas geschehen, oder doch nicht?

Ungeduldig habe ich darauf gelauert, was jetzt wohl passieren wird. Und jetzt geschah's. Die Schöne hat mir eine Stahlbürste in die Hand gedrückt und ganz leise und lieb mir ins Ohr geflüstert: „So, mein Schätzle, jetzt darfst du mir meine drei Hauklötze wieder schön weiß kratzen."

Wie angedonnert bin ich dagestanden, habe nach Luft geschnappt und die Augen verdreht. Und – dann habe ich mich an die befohlene Arbeit gemacht.

Noch einmal ist sie an mein Ohr gekommen und hat geflüstert: „Aber schön langsam mußt du hin- und herfahren, denn sonst versaust du mir die weißen Steinplatten an den Wänden mit Fleischresten, die ich schon abgerieben habe."

Also, das mit der Stahlbürste ist gar nicht so leicht gegangen. Die großen Hauklötze aus Buchenholz mußten lange bearbeitet werden, und meine neue Freundin hat genau kontrolliert. Vielleicht war wenigstens hinterher ein Treffen drin. In dieser Hoffnung bin ich aus dem Laden gegangen und bin durch die Wurstküche in meine Bude gegangen. Auf dem Weg dorthin bin ich noch an zwei oder drei Gesellen vorbeigekommen, die grinsend und hämisch die Treppe herunterschlenderten. Obwohl sie mich scheinbar nicht beachteten, ist mir ihr verstecktes Lachen aufgefallen.

Und dann sah ich, wie einer der Gesellen die Autotüre öffnete und meine Angebetete einsteigen ließ. Jetzt erst fiel es mir wie Schuppen von den Augen. Da hatte man mich mal wieder so richtig reingelegt, so mit weiblicher List und Raffiniertheit.

Der Wagen war schon um die Ecke verschwunden, als ich immer noch mit abgesägten Hosenbeinen dastand.

Es war ein schöner Sommerabend, etwa im späten Juni. Die Sonne war schon untergegangen. Da stand ich noch lange und schaute in die Ferne.

Unser Stammhaus der Metzgerei stand in Obertürkheim auf der Anhöhe, und drunten brannten viele Millionen Lichter der Stadt Stuttgart. Aber begeistert war ich an diesem Abend über die Lichterpracht nicht.

Es ist schon dunkel gewesen, als ich mit einem Schlag erkannt habe, wie ich einer Frau auf den Leim gegangen bin. Die hatte mich zu einem Narren gestempelt.

Jetzt wußte ich auch, warum die anderen Gesellen so sonderbar gelächelt hatten, so ein dünnes, schadenfrohes Grinsen.

Wer weiß, vielleicht waren das meine Vorgänger gewesen und taten sich nun an meiner Dummheit gütlich.

So bin ich wieder mal dagestanden und habe herumsinniert. Ich habe in die Ferne gestarrt, ohne eigentlich etwas wahrzunehmen. Die Geschichte mit der Schönen hatte mich getroffen.

Dann bin ich wieder zu mir gekommen, und ich habe die vielen, schön angezogenen Pärchen beobachtet, die mit einer göttlichen Duftwolke an mir vorbeiflanierten. Es waren auch einzelne Personen darunter, die es offenbar eilig hatten.

Niemand von denen hat bemerkt, wie es in mir ausgesehen hat. Da stand ich wie ein abgelegtes Handwerkszeug, wieder einmal verloren, vergessen.

Ein einziges Wort hätte genügt, und ich wäre wieder glücklich gewesen. Wenn wenigstens jemand zu mir gekommen wäre und gefragt hätte, wie es mir gehen würde.

Nichts dergleichen.

Wann gibt es auch für mich Gnade?

Oder sehen die mir an, was ich für einer bin?

Sollte es in einer solch großen Stadt nicht wenigstens jemand geben, der mit mir Mitleid hat?

Für heute abend war ich abgeschoben. Mit herumstreunenden Hunden spricht man ja auch nicht. Für die hat man höchstens einen Fußtritt, bestenfalls wirft man ihnen einen Happen hin.

Ich wollte gar keinen Happen, ein netter Blick würde mir genügen. So etwas kostet keinen Pfennig und wäre mehr wert als viel Geld.

Es war inzwischen Nacht geworden, ohne daß ich es gemerkt habe. Ich bin dann durch die Wurstküche in mein Zimmer gegangen und habe durch die schweren Eisengitter des Fensters geguckt. Eigentlich lebte ich hier auch in einem Gefängnis. Mit den verschraubten Gittern wollte man früher sicher erreichen, daß man kein Fleisch aus der Metzgerei stehlen konnte.

Mich stiehlt niemand.

Diese schweren Dinger haben mich heute belastet. Die Gitterstäbe bildeten mit dem Lichtermeer der Großstadt einen harten Kontrast. In weiter Ferne zog sich ein heller Streifen, der im Schatten am Himmel verschwand.

In dieser Nacht habe ich nur wenig geschlafen und darum auch nicht geträumt. Eigentlich war ich nur ein Nichts, ein armer Tropf. Manchmal bin ich aufgestanden und habe die Eisengitter mit meinen Händen fest gepackt. Aber so etwas kann man nicht wegreißen, auch wenn man bärenstark ist. Genau so wenig kann man seinem Schicksal entgehen, in das man hineingeworfen wird.

Kaputt, zerbrochen war ich in dieser Nacht, eine junge Ruine. Ein solcher Druck macht einen fertig, eine schwere Faust nimmt einem die Luft.

Wenn man wenigstens das Denken abstellen könnte, wie man den Wasserhahn zudrehen kann. Aber aus dem Innern drückt's überall heraus.

Oder ob Beten etwas hilft?

Plötzlich fielen warme, nasse Tropfen auf meine Hände. Mit dem einsetzenden Schluchzen wurde es mir leichter ums Herz.

Ich ging wieder zu meinem verrosteten Eisenbett hin. Und bald darauf konnte ich sogar einschlafen.

Schon oft habe ich hinterher an diesen Tag gedacht, der sich nur mit anderen Geschichten wiederholt hat: verheißungsvoller Beginn, am Abend greuliche Finsternis.

Weiter ging die Flut der Tage, total normal. Darunter verstehe ich nur Arbeit und Essen, nachts Schlafen. Damit muß man sich abfinden. Niemand will einen zum Freund, der nicht irgendeinen Nutzen aus einem ziehen kann. Damit muß man sich abfinden.

Die Schöne vom Laden hat mich hinterher nicht mehr angehimmelt. Sicher war es gar nicht so gemeint, wie ich es empfunden hatte. Gelernt habe ich etwas von dieser Enttäuschung. Man soll ein Lächeln nicht unbedingt für bare Münze halten. Man sollte immer fragen, welche Absicht wohl dahintersteckt. So ein bißchen Mißtrauen wäre nur Selbstschutz. Als geprellter Narr fällt man tief.

Aber es gab in Stuttgart einen Menschen, der auf mich gewartet hat, ohne daß ich es wußte.

Einmal durfte ich im Auftrag meiner Chefin Fleisch und Wurst zu einer älteren Dame bringen. Die Begegnung mit dieser lieben, guten Frau ist von großer Bedeutung für mich geworden. Diese Dame hat mein Leben unverhofft auf die richtige Bahn gelenkt. Sie hat meinen Lebensstil total verändert.

Ein solcher Glücksfall ist für mich ebenso unbegreiflich wie wunderbar. Er hat bewirkt, daß ich mich niemals mehr an den Gittern vor meinen Fenstern störte. Diese wunderbare alte Frau hat nämlich die Gitter in meinem Innern mit behutsamer Hand weggeräumt. Gepriesen sei diese edle Frau, die das in sich hatte, was studierte Leute Kultur nennen. Ich konnte mit diesem Wort bisher nie etwas anfangen. Für mich war es einfach dummes Geschwätz von einigen hochgestochenen Spinnern, wenn denen dieser Begriff in Windeseile über ihre schmalen Lippen lief.

Seit ich diese Dame kennenlernen durfte, erfuhr ich durch ihre Herzensgüte, was Kultur ist.

Ich möchte nun die Gepriesene kurz beschreiben. Ihr Alter hat sie mir nie verraten, und irgendwoher habe ich gewußt, daß man eine Frau nie nach ihrem Alter fragen darf. Und darauf habe ich auch immer peinlich geachtet. Sie wohnte in einem alten, schönen Haus mit einem herrlich angelegten Vorgarten. In ihren Zimmern standen viele schöne, alte Möbel. An den Wänden hingen alte Ölgemälde. Einige waren groß, andere ganz klein. Aber alle waren mit verschnörkelten Goldrahmen gefaßt. Eines der Bilder hat mir besonders gut gefallen. Ich hab der Dame das auch gleich gesagt, und sie hat sich darüber gefreut. Ein nacktes Mädchen war drauf und ein Pferd. Beide standen an einem Fluß. Das Pferd soff gerade von dem Wasser. Die Farben waren von ausgesuchter Schönheit. Man konnte meinen, Pferd und Mädchen würden leben.

Die Dame lebte in großen Räumen und spielte oft Klavier. Das wollte ich später auch lernen, aber die alte Dame hat dafür gesorgt, daß ich mich mit etwas weit Wichtigerem befaßte.

Sie war natürlich auch noch eine schöne, gepflegte, sehr intelligente Frau. Bei meinen späteren Besuchen habe ich dann von ihr erfahren, daß sie viele Jahre ihres Lebens an verschiedenen Theatern aufgetreten ist, auch in Stuttgart.

Wie gesagt, auf mich hat sie sofort großen Eindruck gemacht. Mich aber hat sie gleich durchschaut. Da ich so sehr von ihr begeistert war, habe ich ihr vertraut und ihr mein ganzes bisheriges Leben erzählt. Sie, die liebe alte Frau, die Pia hieß, hat mir stumm zugehört und nur gelegentlich Fragen gestellt. Zum Schlusse hat sie als erste zu mir gesagt, daß das ja ein ganzes Buch geben würde. Sie hat mich auf diese Spur gesetzt.

Ich widme dieses, mein Buch meiner lieben, für mich unvergessenen, leider inzwischen verstorbenen Pia. Sie hat mir das gegeben, wonach ich mich mein ganzes Leben lang gesehnt habe. Sie hat es mir in Fülle geschenkt, wonach ich mich immer gesehnt habe. Pia, ich danke Ihnen dafür in großer Liebe und hohem Respekt. Ich wünsche Ihnen ewige Ruhe.

Aber noch ist die liebe Pia voll in ihrem Element. Sie hat nicht lange gefackelt, als sie hörte, daß ich weder lesen noch schreiben konnte. Sie bestellt mich einfach zu sich ein, duldet keine Widerrede und gibt mir Unterricht. Ich bekomme sogar Hausaufgaben auf, und oft schreibe ich diese vor einem alten, großen Radioapparat, aus dem helles Licht auf mein Heft fällt. Die Arbeiten fertige ich nämlich in meiner Kammer, damit niemand merkt, womit ich mich abplage.

Diese Frau hat mich im Griff. Es läuft wie geschmiert, und mit der Zeit bekomme ich richtigen Spaß am Schreiben- und Lesenlernen. Ich gehe mindestens dreimal in der Woche abends nach der Arbeit zu ihr hin. Sie gibt mir auch Unterricht in anderen Fächern, und ich komme aus dem Lernen und Staunen nicht heraus. Sie führt mich in eine neue, interessante Welt hinein, von der ich bisher keine Ahnung hatte. Was diese Frau alles weiß, darüber kann ich nur staunen.

Was aber ist mit mir los?

Mit einem Schlag bin ich nicht mehr einsam; ich habe wieder Freude an mir selbst und an vielen anderen Dingen. Ich spüre, daß etwas in mir aufbricht. Auch die Menschen werden mir mit einem Mal sympathischer. Manchmal drängt es mich förmlich, den nächst besten, der mir auf der Straße begegnet, zu umarmen.

Auch bei der Arbeit im Geschäft klappt es immer besser. Ich werfe mich mit Lust ins Zeug. Nur der Chef kann nicht genug kriegen. Am liebsten wäre es ihm, wenn ich mit dem Schuften überhaupt nicht aufhören würde. Inzwischen habe ich es mir nämlich angewöhnt, auch mit den anderen Metzgern Feierabend zu machen. Das hat mein Chef zunächst gar nicht verstehen wollen. Aber ich war inzwischen dank meiner Pia auch selbstbewußter geworden.

Die anderen Lehrlinge hatten mir nämlich von ihrer Arbeitszeit erzählt, und der habe ich mich angepaßt. Dabei sparte ich mindestens drei bis vier Stunden pro Tag. Während dieser Zeit konnte ich nun lernen, oder ich ging zur Pia in den Unterricht.

Natürlich war ich am Abend recht müde, dafür haben wir an Sonn- und Feiertagen viele Stunden gearbeitet, und dabei ist Pia mit mir ein großes Stück vorangekommen.

Mein Chef war alles in allem schon ein rechter Mann. Nur wollte er mich von aller Herrgottsfrühe bis in die sinkende Nacht hinein an die Kandare nehmen. Da habe ich einfach nicht mehr mitgemacht. Einmal mußte ich mit ihm in den Heizungskeller hinunter. Da hat er wohl schlechte Laune gehabt. Jedenfalls wurde er mit einem Mal so böse auf mich, daß er mir zweimal in den Arsch getreten ist. Ich habe vor Wut gezittert, aber nichts gesagt. Als er mich zum dritten Male treten wollte, habe ich ihn am Fuß gepackt. Jetzt wollte er mich auf die Erde werfen und hat mich umfaßt.

Wir haben miteinander gerauft. Da hatte er sich aber böse verrechnet. Ich hab' ihn ins Sägemehl gedrückt, und er hat nach Luft geschnappt wie ein Walroß. Mir ist richtig Angst um ihn geworden. Schließlich hat er aufgegeben. Damit hatte ich zum erstenmal in meinem Leben einen großen Mann besiegt, und das ist ausgerechnet mein Lehrmeister gewesen.

Er sagte nichts mehr und ich auch nicht.

Aber von diesem Tag an konnte ich meinen Lehrmeister viel besser leiden. Er ist nämlich mit einem Mal viel netter zu mir gewesen. Wenn er mit seinem LKW vom Schlachthof mit großen Fleischstücken dahergefahren kam, habe ich die riesigen Dinger nur so auf meine Schulter geworfen, als sei nichts dran.

Ich hab's dann immer so angestellt, daß er es beim Aufladen und Wegtragen gesehen hat. Der sollte ruhig merken, wie ich mit Fleisch umzugehen wußte. Ich wußte auch, daß er sich auf keinen weiteren Ringkampf mehr mit mir einlassen würde.

Nein, das hatte ich ihm ein für allemal ausgetrieben. Mein Meister wußte jetzt, daß er unweigerlich den kürzeren zog. Ich war zwar nicht größer als er, aber eben doch viel stärker.

Das habe ich natürlich nicht ausgenutzt; ich habe meinen Lehrmeister in Ehren gehalten. Er war für mich immer noch der Chef, und das hat er mir hoch angerechnet.

Was die liebe Pia in mir freigelegt hat, das kann ich ihr nie danken. Sie hat mich mit dem Stab ihrer Güte berührt und mich in einen neuen Menschen verwandelt. Aber diese Pia hat mir nicht nur Unterricht gegeben. Ich hatte ja überhaupt keine Manieren. Wenn ich mit jemand sprach, konnte ich diesem immer noch nicht in die Augen sehen. Ich hab' dann halt weggeguckt. Bis ich das gekonnt habe, bin ich fast verrückt geworden. Aber die Pia hat's mich gelehrt.

Alles, was ich ihr schrieb, mußte ich ihr laut vorlesen. Sie hat dann beim Verbessern eine Engelsgeduld aufgebracht. Die richtige Betonung machte mir nämlich zu schaffen. Sie hat es aber auch gut verstanden, etwas an mich heranzubringen. Sie hat den Lehrstoff so interessant gestaltet, daß es mir nie langweilig wurde. Wenn ich da an die Lehrer meiner Schulzeit gedacht habe, dann war zu denen der Unterschied meiner Pia wie Tag und Nacht. Die hätten sich von meiner Pia etwas abschneiden können. Überhaupt, die haben mir ja eingeredet, ich sei ein Idiot. Und weil sie es mir unentwegt einbleuten, habe ich es mit der Zeit selbst geglaubt. Wenn man ein paar hundertmal Idiot oder Halbdackel gesagt kriegt, dann findet man sich damit ab. Wenn man dann von den anderen, die's wissen müssen, zum Deppen gestempelt wird, kommt man nie wieder von diesem Irrweg los. Ohne meine Pia hätte ich den richtigen Weg niemals geschafft.

Was heißt da schon Halbdackel. Ein Dackel kann einen mit seinen lieben Augen so freundlich ansehen, und wenn er dann noch mit dem Schwanz wedelt, könnte man ihn vor Freude an sich drücken. Es gibt überhaupt nichts lieberes als Tiere. Das weiß ich noch aus meinen Erfahrungen als Hirtenbub.

Und was die Dummheiten betrifft, muß man ganz vorsichtig sein. Heute bin ich sogar fest davon überzeugt, daß es keine dummen Menschen gibt. Aber man kann sie so bös' erziehen, daß sie hinterher dumm sind. Ich wäre sicher ein solcher Dummkopf geblieben, wenn mich meine liebe Pia nicht zum geistigen Leben erweckt hätte.

Es heißt auch, die Dummen seien die Glücklicheren. Ich aber bin lieber nicht so glücklich und habe auch ein bißchen 'was von denen, auf die man hört.

Solches wollte ich mal zwischendurch feststellen.

Ansonsten stehen Pia und ich mitten drin in unseren Arbeit. Mit einem Mal merkte sie, daß ich nicht einmal gerade stehen und so aufrecht gehen konnte, wie sich das gehört.

„Also Horst", sagte sie zu mir, „du bist tatsächlich noch ein Kind. Ich muß dir jetzt zuerst einmal das Laufen beibringen, sonst kannst du dich überhaupt nicht unter den Menschen blicken lassen."

Sie pflegte immer so schön zu sagen, daß man mit richtigen Schritten erst richtig auftreten müsse, um eine sportliche Haltung zu bekommen.

Dann lernte sie mir das Sprechen nach dem Schriftdeutsch und machte kuriose Übungen mit mir.

Und als ich im Lesen, Schreiben, Laufen und Sprechen so gut vorwärts kam, hat mich Pia auch noch in einem Sportverein angemeldet. So kam ich beim SGU in Untertürkheim in die Abteilung Boxen.

Jede Woche bin ich einmal ins Training gegangen, zweimal war eigentlich Pflicht. Das ist aber nicht gegangen, weil ich ja noch zu Pia mußte. Dafür war die Woche gar nicht lange genug. Aber immerhin hat das einen guten Ausgleich gegeben. Die vom Sportverein haben mich darum auch nur zweimal aufgestellt. Prompt habe ich beide Kämpfe verloren. Später bin ich dann ganz aus dem Verein 'rausgegangen und habe bei den Amerikanern in verschiedenen Kasernen geboxt. Nein, eigentlich müßte ich sagen, ich habe mich dort geschlagen, denn ich hatte eine gute, schnelle und harte Faust.

Ich boxte auch auswärts, zum Beispiel in Eßlingen in der Kaserne.

So 50 bis 80 DM mußten sie schon locker machen, daß ich als Sparringspartner spielte.

Das war für mich ein tolles Nebengeschäft, denn in der Metzgerei verdiente ich pro Woche sage und schreibe nur drei Mark. Später hab' ich dann fünf Mark bekommen.

Das Boxen wirkte sich vorteilhaft für meinen Körper aus. Meine Muskeln wurden noch härter, noch stärker. Bei meinen Arbeitskollegen war ich plötzlich angesehen und brauchte so in der Wurstküche nicht mehr jeden Dreck machen. Die Dakkelarbeiten waren nun mit einem Schlag anderen überlassen.

Meine Verfassung wurde nun immer besser. Ich war, wie man neuerdings sagt, top-fit. Mein Gewicht spielte sich bei 72 Kilogramm ein, nicht mehr und nicht weniger. Außerdem bekam ich die ideale Sportfigur.

Das Rauchen habe ich ganz gelassen, keinen Schluck Alkohol hab' ich mehr getrunken. Auch jetzt hat sich die Kondition noch laufend verbessert.

Das war alles der lieben Pia zu verdanken. Sie war sehr stolz auf mich und ich auf sie. Ihr ist es gelungen, meinen Geist, meinen Willen, meine Freude am Leben und meinen Körper in Einklang zu bringen.

Neben dem Beruf war jede freie Minute verplant. Ich habe das Schreiben geübt, Bücher gelesen oder eben Sport betrieben. Zwischen unserem Stammhaus und der Wohnung des Nachbarn war eine große Terrasse. Dort sprang ich fast jeden Tag 15 Minuten Seil, um immer schnell und gut beweglich auf den Beinen zu stehen. Für meine Boxübungen hatte ich einen schweren Sandsack aufgehängt. Sobald ich das Seilspringen hinter mir hatte, wurde der Sandsack mit den bloßen Fäusten bearbeitet. Ich hielt mich genau an die Vorschriften, wie sie mir der Trainer im Boxverein gelernt und gezeigt hatte. Also, volle Pulle, immer drauf. Nur niemals müde werden. Das ist auch heute noch das einzige Rezept für einen Sportler, das ihn zum Erfolg führen kann.

Wenn ich auf der Terrasse mein Training absolvierte, das war meist nach Feierabend, haben mir ziemlich viel Leute zugeschaut. Im Anfang blieb nur hin und wieder jemand stehen. Aber sobald es sich herumgesprochen hatte, standen ganze Scharen da. Das war gut für mich, denn so konnte ich zeigen, wer ich bin und was einer aus sich machen kann.

Auch unsere Verkäuferinnen und die Metzgergesellen sahen mir mit Begeisterung zu. Das hat sie sogar angemacht. Einmal nämlich wollte einer der Gesellen mit mir boxen. Leider ist er mir so unglücklich mit seiner langen Nase vor die Fäuste gekommen, daß ich ihn voll traf. Das hat ihm gar nicht gepaßt, und er hat gleich wieder aufgehört. Der hatte jetzt Muffe vor mir, und das war gar nicht so schlecht, denn eine Portion Respekt kann an einer Arbeitsstelle nie schaden, wo zwölf junge Männer miteinander zu tun haben.

Wie sich die überhaupt geändert haben. Im Anfang hatte man mich noch gehänselt. Jetzt waren es auf einmal die liebsten Kumpels, und mit der Anrede hat es auch auf einmal geklappt. Keiner wollte mich mehr verarschen. Sie fürchteten, daß das Konsequenzen für sie haben könnte. Im Moment hatte ich sogar das Gefühl, daß ich wer war. Man zollte mir Achtung, und ich fühlte mich gut aufgehoben unter den vielen Metzgern und Verkäuferinnen.

Da wir viel Wechsel im Personal hatten, wurde ich mit der Zeit der Dienstälteste, ohne daß ich es merkte. Gab es nun im Laden Probleme, hatte man für die Filialen schnell etwas zu besorgen, ging man nur noch zum Lappes, und der Lappes, das war ich. Ohne den Lappes lief in unserem Geschäft nichts mehr. Mein Lehrmeister hat mich erst in jüngster Zeit wieder besucht. Für den bin ich bis heute sein Lappes geblieben. Der Mann ist ganz in mich verschossen, denn einmal habe ich beim Gehen beobachtet, daß er nasse Augen hatte. Da konnte ich doch sehen, daß dieser hartgesottene Schwabe innen einen ganz weichen Kern und ein liebes Herz gehabt hat.

Und ich war auch sein letzter Lehrbub, den er ausgebildet hat. Meine Lehrzeit ging schon bald zu Ende, als ich mich anschickte, in der damaligen Nachbarschaft einen Besuch abzustatten. Das heißt, es gab da noch ein liebes, kleines Mädele, das später ausgewandert ist und heute irgendwo in Canada lebt. Ich muß schon sagen, die Auswanderer hatten's mir angetan.

Also, dieses kleine Mädele war damals so 15 oder 16 Jahre alt und war eine von denen, die mir regelmäßig beim Training zugeschaut haben. Dies ist mir besonders deshalb aufgefallen, weil sie nach meinen Übungen immer noch ein bißchen stehen geblieben ist. So haben wir uns kennengelernt und sind dann miteinander in den wunderschönen Weinberg von Uhlbach gegangen. Das ist ein Ort, der bei Obertürkheim liegt. Dort wächst einer der besten und bekanntesten Weine von Württemberg. Ich möchte an dieser Stelle keine Werbung machen, aber wer diese Zeilen liest, der weiß auch bestimmt, von welchem guten Wein ich schreibe.

Durch die Bekanntschaft mit diesem Mädchen sind die Götter der Liebe sehr nahe an mich herangekommen.

Ich weiß nicht, wie das bei anderen Menschen ist, aber seit ich die Dame Pia kannte, klappte einfach alles, was ich in die Hand nahm. Früher hat sich kein Mädchen um mich gekümmert. Jetzt, seit ich ein Sportler war, liefen sie mir buchstäblich nach. Ich wurde sogar angesprochen und nach Hause eingeladen. Aber mein liebes kleines Mädel vom Nachbarhaus ließ mich nicht mehr aus den Fingern, und ich spürte, daß sie gar nicht glücklich war, wenn ich trainierte und andere Mädchen auch zuguckten. Sie hat mich dann unruhig beobachtet. Dabei habe ich überhaupt nichts falsch gemacht.

Was ist das für ein Leben?

Zuerst hatte ich nichts als zu leiden, und jetzt, auf einmal fliegt mir alles zu.

Das liebe Schätzel vom Nachbarhaus hat zum Beispiel meine Hemden und die Unterwäsche einfach weggeholt und für mich gewaschen. Außerdem hat sie mir jede Woche einen kleinen Kuchen gebacken. Dann hat sie mir die schönsten Liebesbriefe geschrieben, die ich je in meinem Leben empfangen habe.

Ich möchte ihr an dieser Stelle auch herzlich danken. Denn es könnte ja sein, daß auf irgendeinem Umweg dieses Buch nach Nordamerika in ihre Hände gerät, geschmückt mit handgezeichneten Blumen und kleinen Gedichten.

Dieses Mädchen hat mir auch viel gegeben. Durch sie konnte ich mich im Lesen und Schreiben verbessern. Der lieben Pia habe ich natürlich das nie erzählt. Die hätte sich sonst sicher Gedanken darüber gemacht, und das wollte ich ihr nicht antun.

Mein Mädele aus dem Nachbarhaus war etwa 170 Zentimeter groß, trug ganz schwarzes, langes Haar und hatte einen dicken Schmollmund in einem schönen, frechen Mädchengesicht. Ihr Körper zeigte die Merkmale, die der große Peter Paul Rubens für ein schönes Aktbild geschätzt hätte. Dieses Mädchen hätte diesen Maler sicher begeistert. Sie war zudem noch ein guter Kumpel, ein lieber Kamerad, eine attraktive, junge Frau.

Gelegentlich haben wir uns auch gezankt, dann wieder miteinander gespielt, uns gerauft und einander richtig schön geliebt.

Ich stand jetzt vor meiner Gesellenprüfung. Die legte ich dann im Stuttgarter Schlachthof am 9. 10. 1958 vor der Fleischerinnung Stuttgart mit der Note gut ab.

Ich fing aber schon vorher an, mich nach einer Stelle umzusehen. Darum kaufte ich mir ab und zu eine Zeitung und begann Briefe zu schreiben.

Das Stellenangebot war damals enorm. Mensch, wie ich da hätte auswählen können. Ich kam mir richtig groß vor. Und beim Lesen der Zeitung war ich darauf bedacht, daß es die anderen auch sahen, wie gut ich das konnte. Meine Vergnügungen waren eine schöne Arbeit, lieben können, geliebt werden,

Geld verdienen, selbst schreiben und lesen können. Das alles lief nun wie am Schnürchen. Wenn ich am Morgen aufgewacht bin, habe ich oft an meinem Glück gezweifelt. Aber je mehr ich wach wurde, um so mehr wurde mir klar, daß ich nicht träumte. Dann kam auch meine elende Vergangenheit über mich. Die drängte ich aber mit aller Macht zurück. Für mich gab es nur noch die Zukunft.

Vorwärts, weiter so, habe ich mir oft selbst vor dem Spiegel gesagt. Seit neuestem führte ich Selbstgespräche. Die liebe Pia hat mich solche Unterhaltungen vor dem Spiegel gelehrt. Sie hielt das für dringend nötig, und was Pia sagte, war für mich das Evangelium. „Man kann sich nicht genug beobachten und selbst kontrollieren", hat sie mir immer wieder eingeschärft.

Und meine liebe Pia hat nun auch von meiner Freundschaft zum Mädele aus dem Nachbarhaus erfahren. So arg glücklich ist sie darüber nicht gewesen. Sie hat still vor sich hingesehen und dann gesagt: „Ihr jungen Leute habt halt eure eigenen Flöhe im Gehirn. Ihr macht ja sowieso immer das Gegenteil von dem, was euch zum Guten verhelfen würde!"

Aber böse ist sie deshalb nicht gewesen. Sie gab mir gute Ratschläge, wie man es fertigbringt, Frauen froh und glücklich zu machen. Sie hatte auch prima Rezepte zur Hand, wie man Frauen an sich bindet. Sie selbst war ja auch sehr erfolgreich gewesen. Aber vom Glück war sie auch nicht verwöhnt worden. Darüber hat sie oft mit mir gesprochen.

Ich wollte natürlich die liebe Pia nicht verletzen und habe ihr versprochen, ihre Ratschläge zu beherzigen. Heute kann ich sagen, daß ich sie größtenteils angenommen und verwirklicht habe. Was mir diese wunderbare Dame Pia alles gegeben hat, habe ich erst so richtig gemerkt, als ich längst nicht mehr in Stuttgart weilte. Sie hat meine Anlagen geformt, sie ist überhaupt nicht aus meinem Leben wegzudenken. Ohne sie wäre ich ein Nichts geblieben. Wenn ich daran denke, daß es sie nicht gegeben hätte, läuft es mir siedend heiß den Rücken herunter.

Oder wenn ich sie nicht gefunden hätte?

Es hätte ja sein können, daß die Meistersfrau einen anderen Lehrbuben zu ihr geschickt hätte!

Aber das mußte so kommen. Pia wurde mir vom lieben Gott

geschenkt. Waren es vielleicht meine flehentlichen Gebete gewesen, die er durch sie erhört hat? Sie selbst war eine strenge, gute Frau, erfolgreich und fromm. Sie redete oft zu mir über Gott, über die Menschen und den Himmel. Dort oben ist sie nun schon seit vielen Jahren und schaut sicher liebevoll zu mir herunter.

Liebe Pia, ich grüße dich tausendmal und danke dir.

Ihre Ratschläge haben mich zum Menschen geformt, ihre Manieren haben sich unbewußt auf mich groben Klotz übertragen und mich veredelt. Sie hat mich zu den wahren Quellen dieser Welt geleitet; sie hat mir den Sinn des Lebens geschenkt. Mit ihr begann für mich die Freude des Lebens. Aus der Stumpfheit hat sie mich zum Licht geführt. Durch sie habe ich erkannt, daß jeder Mensch das Recht auf seine eigene Welt haben darf.

Seither beschäftige ich mich mit fremden Menschen. Auch von denen kann man lernen. Glück und Freude stellen sich im Umgang mit anderen ein. Das möchte ich vor allem jenen Menschen sagen, die immer am Verzweifeln sind.

Ich war voller Tatendrang, daß meine Tage und Nächte für mein Leben kaum noch ausreichten.

Ein Leben voller Freude, Liebe, Glück.

Das Leben ein Traum?

Das Wort Problem hat es mit einem Schlag in meinem Leben nicht mehr gegeben.

Oder doch?

Ich schrieb jetzt auch meiner Mutter Briefe. Alle Welt sollte sehen, daß es mir leicht fiel, Gedanken zu formulieren. In meinem Übermut habe ich sogar die Anfangsbuchstaben verziert und die Blätter bunt bemalt. Das machte ich aber nur bei Menschen, die ich mochte. Da ich nun mit mir im klaren war, konnte ich auch andere Menschen besser lieben und verstehen.

Im letzten Brief an meine Mutter kündigte ich ihr an, daß ich bei der nächsten günstigen Gelegenheit zu ihr kommen wolle. Aber ich hatte noch eine Unmenge von Verabredungen und Terminen zu erledigen. Es galt für mich, verlorene Zeit aufzuholen. Die würde mir sonst einmal später fehlen, so dachte ich.

Der Sport ließ mich nicht mehr los. Ich spielte neuerdings Hallenhandball und betätigte mich nebenher in der Leichtathletik.

Also, ich bin zwischendurch einfach mal in den Schwarzwald nach Wolfach gefahren. Meinen Eltern brachte ich kleine Geschenke mit. Auch die wenigen Geschwister, die noch daheim waren, freuten sich über meine Rückkehr. Die meisten waren ja schon ausgeflogen. Es wurde viel erzählt und geredet.

Aber am Abend mußte ich nochmal nach Stuttgart zurückfahren. Auf dem Hauptbahnhof hatte ich noch ein tolles Erlebnis, das sich über zwei Tage hinstreckte. Vielleicht werde ich mal darüber eine gesonderte Geschichte schreiben.

Wieder ging es ran an die Arbeit. Die beiden Fehltage mußten aufgeholt werden. Jetzt wollte ich wieder so richtig reinhauen. Dies war wohl die schönste Arbeitszeit in der Metzgerei. Wir teilten die Freuden und waren füreinander da. Und gerade deshalb raste die Zeit nur so dahin. Ich konnte jetzt nach der Gesellenprüfung ganz selbständig wirken. Das half mit, daß der Uhrzeiger nur so sauste.

So mitten drin im Rummel bekam ich dann von der Mutter einen lieben Brief, den ich bis heute aufbewahrt habe. Darin bat sie mich, ich solle so schnell wie möglich nach Wolfach zurückkommen. Es ginge um eine ganz wichtige Sache, die auch meine spätere Zukunft betreffe. Ich schrieb an meine Mutter in höflicher Form, daß ich in den kommenden Wochen gerne wieder einmal zu ihr fahren wolle. Aber bald darauf kam schon wieder ein lieber, schöner Brief von ihr, aus dem ich die Unruhe der Mutter herausspürte. Sie meinte, man müsse diese Sache rasch erledigen, sonst könne man sich am Ende noch einen Vorwurf machen.

Das klang ja recht geheimnisvoll.

Es schien wirklich eine wichtige Sache zu sein. Nie im Leben hatte mich meine Mutter so gedrängt.

Also schrieb ich zurück, daß ich so schnell wie möglich kommen würde. Sobald es sich gab, löste ich eine Fahrkarte und fuhr mit dem Bummelzug über Freudenstadt nach Wolfach in den Schwarzwald.

Meine Mutter hatte es wichtig. Morgen schon, so sagte sie,

wolle sie eine Person holen, die wolle mit mir dringend reden. Es ginge um meine Zukunft.

Das waren natürlich große Worte, und ich war sehr gespannt, was dahinterstecken würde.

Tatsächlich reiste meine Mutter tags darauf ab und kam mit einer kleinen, runden Frau zurück, die sich als Metzgersfrau aus Wolfach entpuppte.

Mir war die Frau völlig unbekannt. Dennoch begrüßte sie mich überschwenglich und lobte mich.

„Ja, ja, das ist der richtige Mann, so einen suchen wir", hat sie immer wieder gesagt.

Ich lachte die unbekannte Frau an und fragte, ob sie eventuell die Absicht habe, mich zu kaufen.

„Nein", sagte sie höflich, „das kann man leider nicht, aber wenn's möglich wäre, würde ich's glatt tun."

Es brach dann wie ein Wasserfall aus ihr heraus. Sie und ihr lieber Mann hätten ein großes Problem. Sie könnten nämlich keine Kinder kriegen. Und deshalb würden sie einen richtigen, kräftigen jungen Mann suchen, den sie in ihr Geschäft anlernen wollten. Der sollte dann später einmal alles erben.

Und sie schaute mich bittend an und sagte wie vorher: „Sie wären der richtige junge Mann. Bitte, kommen Sie zu uns. Sie sind doch ein urechter Schwarzwälder. So einer muß einfach in seine Heimat zurück."

Sie beschwor mich noch einmal, das Angebot nicht auszuschlagen. Ich möge ruhig nach Stuttgart zurückkehren, sie würde mich in Bälde noch einmal anrufen. Vom Schreiben halte sie nichts, sie wolle lieber telefonieren.

Beim Auseinandergehen nahm sie mich lieb in ihre Arme und drückte mich so herzhaft an sich, als ob sie meine Mutter wäre.

So allmählich bekam ich zu der Sache Appetit. Ich hatte einen wirklich guten Eindruck von der netten, wohlgeformten, molligen Metzgersfrau.

Artig hat sie sich verabschiedet, wirklich adrett und lieb. Sie hat sich noch mehrmals umgedreht und gewinkt, als würde sich eine junge Geliebte von ihrem noch jüngeren Liebhaber verabschieden. „Mein Gott, was soll ich tun?"

Solches dachte ich, als ich im Zug wieder nach Stuttgart zurückfuhr. Meinen prima Arbeitsplatz, mein warmes Nest aufgeben, einen Ort verlassen, an dem ich doch so liebe Freunde hatte?

Was war richtig, was falsch?

Es wurde für mich eine schwere Entscheidung.

Mit schwerem Herzen verlasse ich im März 1959 Stuttgart. Was wird mir die neue Stelle einbringen?

Das Angebot der dicken, kleinen Metzgersfrau hat mir in allen Gliedern gejuckt. Ich hab' alle Eventualitäten abgewogen. Dann bin ich doch zum Entschluß gekommen, in den Schwarzwald zu gehen. Vielleicht würde mir ein Wechsel auch gut tun. Man soll immer dann weggehen, wenn's am schönsten ist.

„Also", habe ich mir gesagt, „sei stark. Du hast schon viel Schlimmeres geschafft als solch ein Wechsel."

Das sagt man so im jugendlichen Leichtsinn. Dann ist mir der Abschied doch verdammt schwer gefallen. Zuerst habe ich mich von meiner lieben Dame Pia verabschiedet. Sie war sehr traurig, aber mir ist es bestimmt noch viel schwerer gefallen. Denn diese Frau hatte mir nur immer gegeben, und ich habe einfach zugegriffen. Sie hat meine Innerlichkeit geöffnet und meine paar Fähigkeiten zum Blühen gebracht. Ohne sie wäre ich ein Nichts geblieben, einer, wie die meisten sind.

Das habe ich erst hinterher richtig begriffen. Ich bin erst darauf gekommen, als ich diese hohe Dame zu vermissen begann.

So sind die Menschen.

Aber trotz der Ferne meiner guten Dame Pia hatte ich sie noch lange nicht verloren. Es ist mir nämlich heute noch so, als würde sie mich umfließen, so wie Odesa auch immer noch um mich ist.

Auch nach ihr sehne ich mich immer noch und kann sie nicht vergessen.

Ein Mann würde so etwas nicht fertigbringen. Nur Frauen haben eine solche Ausstrahlung. Das sind andere Wesen als wir Männer. Ich verehre meine wunderbare Dame Pia bis an mein Lebensende. Dann kam der Abschied von meinem lieben Nachbarhaus-Mädele. Wir beide hatten uns wie Geschwister ancinander gewöhnt. Wir haben uns wie Kinder geliebt. Wie konnten wir zusammen lachen, miteinander spielen, herumbalgen wie kleine Katzen. Und wenn wir uns gezankt haben, war auch das schön.

Ich habe wieder an die schönen, kleinen Kuchen gedacht, die sie mir wöchentlich gebacken hat. Oft lag eine oder zwei Blumen dabei. Wenn sie mir aber noch ein liebes, nettes, kleines Brieflein geschrieben hatte, war ich besonders glücklich. Schon in der Wochenmitte habe ich mir überlegt, welche Überraschung sie mir am Samstag bereiten würde. Sie wollte mir halt einfach immer Freude bereiten.

Auch sie war sehr traurig und erzählte mir zum Abschied, daß sie mit ihrer Familie nach Nordamerika auswandern würde, dorthin, wo es ja auch mich mal hingezogen hatte.

Weinend gingen wir auseinander. Aber Weinen ist ja auch schön; es macht frei.

Ich packte nun meine zwei großen, schweren Koffer mit der Wäsche und allerlei Kruscht. Dann ging's ans Verabschieden bei jedem einzelnen Metzger und bei den Verkäuferinnen. Jeder Person gab ich einzeln die Hand.

Bei der Frau Meisterin hat es mich schon ein wenig gepackt, und bei meinem Lehrmeister, der doch ein richtiger, herber Schwabe war, wollten mir sogar die Tränen kommen. Er gab mir die Hand und sagte mit lauter, kräftiger Stimme: „Lappes, mach's gut und bleib' ein Kerle. Dir wünsch' ich alles Gute, denn du hast's verdient."

Dann drehte er sich herum und weinte wie ich. Spätestens jetzt habe ich gemerkt, daß auch ein großer, starker, rauher Schwabe über ein gutes Herz verfügt.

Ich wollte die Verlegenheit beenden und packte schnell meine beiden schweren Koffer.

Ich hatte einen schönen Ort verlassen, wo ich nach schweren Jahren gute Menschen gefunden hatte. Es waren Menschen, die mir Wärme und Liebe gespendet hatten. Das vergesse ich nie. Und so ist es gekommen, daß ich mich heute noch freue, wenn ich die schöne, schwäbische Sprache höre. Dann träume ich und gerate ins Schwärmen; dann läuft ein schöner Film in meinem Innern ab.

Ich danke Euch, Ihr lieben Schwaben, Ihr habt aus mir einen Menschen gemacht, der fühlt und liebt, hofft und ein Ziel hat.

Daß ich nicht zu schnell daheim war, habe ich mir extra einen besonders langsamen Bummelzug herausgesucht. Viel zu früh bin ich auf dem Bahnhof gestanden. An diesen großen Stuttgarter Bahnhof bindet mich, wie schon erwähnt, ein einmaliges Erlebnis, ein Stück Wahrheit aus meiner schwäbischen Zeit.

So lief ich zwischen den Menschenmassen hindurch, die auch alle irgendein Ziel hatten und doch wie Ameisen durcheinander liefen.

Nun saß ich in meinem Zug, und mit einem kleinen Ruck merkte ich, daß das Band gerissen war. Ein Stück Leben blieb hinter mir, bewußtes Leben, nicht Vegetieren. Ich war zu sehr aufgewühlt, als daß ich einen klaren Gedanken fassen konnte. Das Anhalten, Weiterfahren und wieder Halten erinnerte mich daran, daß die große Strecke in lauter kleine Stücke zerhackt wurde und daß ich im Schwarzwald viele Stationen von Stuttgart entfernt leben mußte.

So vergingen ein paar Stunden mit Aufenthalten, Umsteigen, und zuletzt hielt der Zug in Wolfach. Mit gemischten Gefühlen strebte ich dem alten Engelschulhaus zu.

Meine Mutter hat sich über mein Kommen gefreut. Das habe ich gespürt. Sie begrüßte mich mit den schönen Worten: „So, jetzt haben wir das Sorgenkind wieder daheim. Wenn dich irgend etwas bedrückt, dann kommst du halt zu mir, gell?"

Ich drückte meine Mutter an mich und küßte sie auf die Stirne. Dabei stellte ich fest, daß meine einst so schöne Mutter inzwischen alt und grau geworden war. Sicher gingen viele der grauen Haare auf mein Konto. Aber ich wußte auch, daß ich ihr in Stuttgart nur Ehre gebracht hatte.

Sie führte mich dann in mein ehemaliges, altes Schlafzimmer und sagte: „Hier hast du dein schönes Zimmer ganz für dich allein. Ich hoffe, daß du dich hier einleben wirst und dich bald wohlfühlst."

So habe ich als fast Verlorener den Weg zurück in mein Elternhaus gefunden.

Schon am nächsten Tag ging's in der neuen Metzgerei los.

Die kleine, dicke Frau des Chefs empfing mich sehr freundlich. Gleich führte sie mich im ganzen Haus herum und zeigte mir mehr, als mir lieb war.

Am Schluß nahm sie mich auf die Seite und sagte: „Dies wird alles mal dir gehören. Jetzt können wir aber noch arbeiten, mein Mann und ich. Aber später wirst du der Besitzer werden."

Sie zog mich dann ins Vorzeigezimmer. Dort mußte ich mich setzen, und jetzt wurde sie vertraulich: „Wir bezahlen dich nicht so gut wie in Stuttgart. Aber dafür wirst du einmal Eigentümer von allem, was du jetzt gesehen hast. Davon hast du ja mehr."

Dann flüsterte sie noch, indem sie sich zuerst umsah: „Den beiden andern Gesellen darfst du natürlich nichts davon erzählen, sonst würden sie nur sauer auf dich, und das wäre für uns alle schlecht."

Und schon wieder fing sie an: „Gell, darauf müssen wir uns verlassen können."

Ich nickte. Nur so wohl ist mir in meiner Haut gar nicht gewesen. Diese Heimlichtuerei ging mir auf die Nerven.

Jetzt packte mich die runde, dicke Metzgersfrau am Hals und drückte mich fest an sich. Ich ließ diese Überschwenglichkeit halt über mich ergehen.

Dann ging's an die Arbeit. Ich erkundigte mich über Kessel, Rauch und andere notwendigen Einrichtungen. Die beiden anderen Gesellen waren sehr nett. Sobald sie merkten, daß ich irgendwo Schwierigkeiten hatte, waren sie sofort zur Stelle und halfen mir aus der Klemme. Ich mußte ja erst rausfinden, wo was ist usw.

Einen konnte ich besonders gut leiden. Es war ein so froher und lebenslustiger Mensch, der aus dem kleinen Hirschbach bei Schapbach stammte. Wir sind auch öfters miteinander ausgegangen und haben einen gehoben. Das hat uns noch näher gebracht.

Mit der Arbeit ging's flott voran. Aber etwas mehr Geld hätten sie mir schon zahlen müssen. Das dachte ich immer wieder so nebenbei.

Aber das mit dem Erben war ja schon eine feine Sache. Bei diesem Gedanken mußte man schon zurückstecken.

Daran dachte ich immer, wenn es mich ärgerte, daß man für die schwere Arbeit fast nichts in der Lohntüte hatte.

Bald lief alles wie geschmiert. Wir drei Gesellen schafften bestens zusammen, und abends gingen wir manchmal zu einem Kundenschoppen, so sagte man damals. Meistens suchten wir solche Gasthäuser auf, die von uns mit Fleischwaren beliefert wurden. Die sahen es gerne, wenn wir Metzger uns bei ihnen in der Gaststube blicken ließen. Das taten wir auch unserem Chef zuliebe.

Ja, wir drei waren ein ideales Kleeblatt. Durch nichts waren wir auseinanderzubringen. So saßen wir wieder einmal bei einem gemütlichen Bier zusammen. Es war schon 12 Uhr nachts, als plötzlich vor jedem nochmals ein volles Glas Bier stand.

Es stellte sich dann heraus, daß einer von den beiden anderen Gesellen Geburtstag hatte. Das war natürlich ein Grund zum Feiern. Schon war die nächste Runde dran. Keiner wollte sich jetzt lumpen lassen, und so ging es feuchtfröhlich weiter.

Je mehr Zeit verstrich, um so mehr kamen wir in Fahrt. Weiß der Teufel, wie es geschah, plötzlich sprachen wir über unseren Lohn. Und da sagte einer der beiden anderen Gesellen; er bekäme zwar weniger Lohn, dafür aber würde er später das ganze Geschäft erben.

Gleich sprang der andere vom Stuhl hoch und schrie: „Nein, ich erbe den ganzen Bettel!"

Auch mir war die Spucke weggeblieben. Ich fühlte mich ja schon lange als der Alleinerbe. Ein Lichtlein ging plötzlich in meinem etwas duster gewordenen Schädel auf. Schau, die alte, dicke, raffinierte Metzgersfrau, diese hinterlistige, böse Vettel hatte also alle drei 'reingelegt.

Jetzt wurde mir klar, warum sie mich seinerzeit beschworen hatte, niemandem etwas zu erzählen. Ja, das war raffiniert eingefädelt. Wieder einmal kann man den Spruch zitieren:

„Wer sich verläßt auf das Erben,
Bleibt ein Narr zum Sterben."

Mich hatte man ja bisher genug zum Narren gehalten. Ich wollte jetzt keiner mehr sein. Was waren das für nette, feine Metzgersleute, die mit einem bestens funktionierenden Trick uns unseren Lohn stahlen. Das hätte ich diesen beiden biederen Personen nimmermehr zugetraut.

Und wenn's einen nicht betrifft, hört man's besonders gerne: „Des hätt ich au net denkt, von dem scho gar net." Wir sind dann alle drei ziemlich bedeppert heimgegangen.

Am nächsten Morgen ging ich brav in die Metzgerei und holte meine Messer, die Schürzen und den Abziehstahl ab. Darauf ging ich zu der lieben, dicken, lustigen Metzgersfrau und sagte leise: „Drei Erben sind mir für den kleinen Laden doch etwas zuviel."

Ihr lustiges Gesicht hat nun mit einem Mal gar nicht mehr lustig ausgesehen. Es hat sich nämlich tiefrot verfärbt, fast wie die Schnudernase eines Truthahns, wenn er eine Wut bekommt.

Und das Maul hat sie gar nicht mehr zubekommen. Bevor sie gemerkt hat, wo sie nun dran war, bin ich ohne Abschiedsgruß auf und davon.

Etwas hatte ich allerdings hinzugelernt, eine große Lebenserfahrung, die ich nicht mehr missen wollte in meinem Leben: Trau keinem Menschen, wenn sie so schön tun und so vertraut daherreden.

Daheim habe ich diese drollige Geschichte meiner lieben Mutter erzählt. Auch sie war platt. Und wieder kam der schöne Satz: „Des hätt' i von dene net denkt!"

So sehr habe ich mir die Angelegenheit gar nicht zu Herzen genommen. Ich machte ein paar Tage frei und habe dann in einer kleinen Maschinenfabrik Arbeit gefunden. Im Moment war ich vom Metzgerhandwerk bedient. Ich war mehr als bedient, und auf eine neue Erbschaft wollte ich es auf keinen Fall ankommen lassen.

Nach kurzer Einarbeitungszeit bin ich dann in der Maschinenfabrik gut zurechtgekommen. Wir waren ein nettes Team von so acht bis zehn Arbeitern.

Da es geregelte Arbeitszeiten gab, hatte ich jetzt natürlich auch viel mehr Freizeit. Daß man in meinem Beruf immer am Sonntagabend Vieh bei den Bauern holen mußte, hatte mir schon immer gestunken. Natürlich war diese zusätzliche Arbeit in Erwartung der Erbschaft auch in den kümmerlichen Lohn einbegriffen.

Ich trieb wieder Sport und kaufte mir zwei schöne Motorräder. Damit kam ich im ganzen Schwarzwald herum. Ich lernte jetzt auch in der Heimat nette Leute kennen. Man hatte mich voll akzeptiert. Der Drang in die Ferne, auch nach Stuttgart, war mit einem Male wie weggeblasen.

Natürlich gab es immer noch Leute, die höchnäsig auf mich armen Schlucker und ehemaligen Gefängnissitzer herunterschauten. Aber die hab ich einfach geschnitten. Dafür gab es viele andere, die sich freuten, daß ich mit ihnen verkehrte. Und an die habe ich mich gehalten.

Das Glück ist mir von neuem hold gewesen, denn an einem milden Sommerabend war in Wolfach Hammeltanz. Da hat's auch mich in den Knochen gejuckt. Eigentlich wollte ich nur zusehen, aber dann ließ ich mich doch von einem netten Mädchen zum Mitmachen überreden, ging auf die Bühne und gewann den Hammel.

Die Blechmusik spielte mir einen Tusch, wie das so Sitte und Brauch ist. Aber die meisten waren so verblüfft, daß sie zu klatschen vergaßen. Auch darüber habe ich nachgegrübelt, aber bis heute keinen Grund gefunden. Ein paar haben schon noch Beifall gespendet, aber er war dünn und kaum hörbar. Für mich ist es dennoch ein froher, heiterer Abend geworden.

Das nette, mir unbekannte Mädchen hat mir später erklärt, daß sie von Hornberg stamme und bei einer Tante auf Besuch sei. Sie hatte hier ein paar Tage Ferien gemacht und wollte nächstens wieder abreisen.

Ich habe dem schönen, schweren Schafbock ein nettes Seil ganz locker um den Hals gebunden, so behutsam, wie man das bei einem Hund macht, den man liebt. Den anderen Arm hatte ich um das Mädchen gelegt. Froh und heiter, im Innern zufrieden gingen wir drei dann durch das alte Wolfach, zum Schloßtor hinaus in Richtung des Kinzigstrandes. Die Blumen und Rosen dufteten betörend in den Anlagen; überall standen schöne Bänke zum Ausruhen herum.

Die liebe Unbekannte und ich verbrachten unsere Zeit mit Erzählen und Schmusen, während sich der liebe Hammel an den schönen Blumen und Rosen des Parkes labte. Für seine Henkersmahlzeit war das gerade gut genug.

Wir beide hatten nichts als eine harte Bank zur Verfügung, und der Hammel wäre vermutlich auch lieber auf einem Kleefeld gestanden. Trotzdem waren wir drei so richtig glücklich und zufrieden.

Schon fing der Morgen an zu dämmern, als ich das liebe, süße, kleine Mädel zum Haus ihrer Tante brachte. Sie war barfuß, und ich hatte mit ihren schönen Zöpfen spielen dürfen. Ich hatte die Zöpfe auch aufgemacht. Und wie sie mit ihren langen Haaren so dagesessen ist, hat sie ausgeschaut wie ein kleiner Engel oder wie eine süße Schäferin. Für mich war sie in dieser schönen Nacht beides.

Als ich ihr zum Abschied noch einen Kuß gab, roch sie schon richtig nach Schlaf. Ein richtiges Naturkind darf auch nach Schlaf riechen, dachte ich, und verschwand mit meinem lieben Hammel in Richtung Engelschulhaus.

Tags darauf ging ich nochmal mit meinem lieben Hammel zur Kinzigwiese, wo er lange Zeit ausgesuchte Kräutlein fressen durfte. Er trank aus dem klaren Bach und sah mich so dankbar an. Es wäre schon lieb gewesen, wenn ich ihn hätte behalten dürfen. Aber mein Vater hat es nicht geduldet, daß ich ihn mit auf mein Zimmer genommen hätte. Und so mußte ich ihn zu meinem Freund nach Wolfach bringen. Und dieser hat heute noch eine gute, eigene Metzgerei.

Die schöne Schäferin habe ich hinterher nie wieder gesehen.

Ich mache das Glück meines Lebens.

Die Zeit verrann im Nu; man schrieb das Jahr 1960. Ich hatte alle Hände voll zu tun mit Arbeiten, der Freizeit, mit Sport. Gelegentlich ging ich auch das Tanzbein schwingen; das war für mich dann immer ein besonderer Höhepunkt.

Wie's der Himmel will, ging ich wieder einmal so völlig allein und ahnungslos zu einem Fasnachtsball nach Wolfach, der im alten Kranzsaal gegeben wurde. Längst hat man dieses Gebäude eingeebnet und in einen Parkplatz verwandelt.

In diesem Saal war an jenem Abend allerhand los; er war gerammelt voll. Es war unmöglich, noch einen freien Stuhl zu bekommen. Ich habe mich am Saaleingang niedergelassen, und plötzlich kamen zwei nette junge Mädchen herein. Beide waren enttäuscht, daß sie keinen Sitzplatz mehr finden konnten.

Ich nahm beide am Arm und machte ihnen Mut: „Wenn die Musik zu spielen anfängt, besorge ich euch zwei Stühle."

Ungläubig haben sie mich angesehen. Aber dazu hatten sie gar nicht viel Zeit, denn schon fing die Kapelle zu spielen an. Ich wollte mich natürlich nicht lumpen lassen und ging zum anderen Saalende, wo ich zwei Stühle ergatterte. Damit ging ich durch die tanzende Menge und mußte vielemal sagen: „Vorsicht, bitte Vorsicht." So bin ich durchgekommen, denn jedermann hat mich für einen Saaldiener oder Platzordner gehalten. Das war mir völlig gleich. Jedenfalls war somit die Situation gerettet. Die beiden netten, jungen Damen haben sich über meine Hilfe sehr gefreut.

Wir haben uns auch nett unterhalten, und eine hat mir ganz besonders gut gefallen. Ich hab sie zum Tanzen aufgefordert, und wir sind auch mit den Tanzschritten ganz gut zurechtgekommen. Es wurde geplaudert und getanzt. Als sich aber die beiden von mir verabschieden wollten, habe ich ihnen vorgeschlagen, ich würde sie gerne an ihr Auto bringen. Denn an Fasnacht sind nicht nur Narren unterwegs. Da kann's für junge Mädchen gefährlich werden. Ich durfte mitgehen, und die, welche mir gefallen hat, habe ich an der Hand genommen, weil ich sie besonders gut schützen wollte.

Wir sind auch ohne Schwierigkeiten beim Auto angelangt, und bevor sie eingestiegen sind, habe ich dem einen lieben Mädel einen kleinen Kuß auf die Stirne gedrückt. Dann habe ich mit dem Finger symbolisch ein Kreuz draufgemacht. Das hat ihr glaub' ich gut gefallen, denn als ich sie noch nach ihrem Namen fragte, hat sie ihn mir gerne gesagt. Auch ihre Adresse hat sie mir verraten mit einem schönen Lächeln im Gesicht.

Ich hab' ihr nochmal tief in die Augen gesehen, so ganz in den Seelengrund hinab. Und mit jedem Blick hat sie mir besser gefallen. Schlagartig ist's mir durch den Kopf gegangen: Ich glaube, mich hat's erwischt.

Inzwischen sind die beiden mit dem Wagen weggefahren, und ich bin winkend dagestanden, bis ich vom Scheinwerfer nichts mehr sehen konnte.

In den darauffolgenden Tagen habe ich unentwegt an dieses nette, einfache Mädchen gedacht, das so etwas ganz Besonderes an sich hatte, das ich überhaupt nicht beschreiben kann. Aber sie hat mich unentwegt in all meinem Tun begleitet.

Wo ich ging und stand, immer habe ich sie gesehen. Mir war so seltsam zu Mute; ich wußte nicht, was mit mir geschehen war. Nur eines wußte ich genau: ich mußte dieses Mädchen wieder sehen, und wenn ich tausend Kilometer barfuß durch Gestrüpp und über spitze Steine gehen müßte.

Ich bin dann auch daheim wie geistesabwesend so öd' herumgehockt. Schließlich habe ich es nicht mehr ausgehalten. Drum habe ich mich auf mein Motorrad gesetzt und bin einfach zu ihr hingefahren.

Beim Fahren ist mir dann eingefallen, daß ich nicht einfach zu ihr ins Haus gehen konnte. Das hätten ihre Eltern sicher übelgenommen. So etwas mußte sich entwickeln.

Dann bin ich nochmal böse erschrocken. Sie hat nämlich in einem riesengroßen Bauernhaus fast mitten im Wald gewohnt. Da hab' ich doch nichts zu suchen, hab' ich gedacht, ich bin doch nur ein Habenichts.

Aber ich hatte Glück. Als ich nämlich das Motorrad vor dem Hause abstellte, ist sie herausgekommen und hat wieder so schön gelächelt. Ich war ganz verzaubert.

Dann durfte ich ihr von mir erzählen, und es hat mir so gefallen, daß sie sehr gut zuhören konnte. Das Gespräch hat wohl ziemlich lange gedauert, denn einmal mußte sogar ihre Schwester nach ihr sehen, sicher auf Befehl der Mutter.

Beim zweiten Besuch habe ich es ihr gleich gesagt, was mich bekümmerte. Man hatte mir gesagt, daß ihr Elternhaus einer der größten Höfe im Kreis Wolfach sei. Da wäre es für sie wohl besser, wenn ich nicht mehr käme. Ich sei nämlich ein armer Teufel, den die Wolfacher nicht mögen. Ich sei auch ein Zugereister und stamme aus einfachsten Verhältnissen. Wir hätten daheim nicht einmal ein eigenes Haus, und das sei doch wohl das mindeste, was man im Schwarzwald vorweisen müßte, um als Freier ernst genommen zu werden.

Aber sie hat mich nur wieder mit ihrem schönen Lächeln angesehen und gemeint, daß Geld, Hab und Gut noch lange nicht das Wichtigste auf der Welt seien.

Sie hat von der ersten Stunde an zu mir gehalten und hat mir versprochen, mir zu helfen, gleichgültig, welchen Lauf das Leben mit uns zusammen nehmen würde.

Jetzt liebte ich sie noch mehr. Wie meine liebe Odesa, wie die Dame Pia aus Stuttgart ist sie treu zu mir gestanden. Das hat mir enormen Auftrieb gegeben.

Wir trafen uns gelegentlich auch bei mir in Wolfach und gingen zusammen ins Kino oder besuchten ein kleines Café.

Beim Spazierengehen haben wir uns immer prima unterhalten. Wir hatten uns etwas zu sagen.

Inzwischen hatte es sich herumgesprochen, daß wir miteinander gehen würden. Das hat mich sehr stolz gemacht. Ich habe mir gedacht, daß ich alles für unser Glück tun würde und jeden Kampf bestehen könnte, um dieses liebe Mädel zu meiner Frau zu bekommen.

Man hat mir einen Draht über die Straße gespannt, als ich mit meinem Motorrad daherfuhr. Der hat mich vom Sitz gerissen. Er hat mich auf die Straße geworfen, aber verletzt wurde ich nicht.

Man hat sich meinem Glück in den Weg gestellt; man hat mich elend schikaniert.

Wir haben in Liebe zusammengehalten.

Das liebe Mädel ist ganz allein dagestanden, weil ich alle gegen mich hatte, aber sie hat die Prüfungen glänzend bestanden. So ein Kampf macht ja einen nur noch stärker und verbindet unzertrennlich.

Und am 26. Oktober 1961 gingen alle unsere Wünsche in Erfüllung, denn an diesem Tag wurde dieses schöne Mädel, meine geliebte Lina-Rosa, in der Heilig-Geist-Kirche zu Schramberg meine liebe Frau.

Unser beider Trauspruch heißt vielleicht nicht nur zufällig: „Bis an Dein selig Ende!"

Staighof